国家社科基金项目最终结项成果(项目编号：13BTJ011)

综合评价方法优良标准研究

朱喜安 著

WUHAN UNIVERSITY PRESS
武汉大学出版社

图书在版编目(CIP)数据

综合评价方法优良标准研究/朱喜安著.—武汉:武汉大学出版社,2020.12

ISBN 978-7-307-21828-4

Ⅰ.综…　Ⅱ.朱…　Ⅲ. 综合评价—研究　Ⅳ.F224.12

中国版本图书馆 CIP 数据核字(2020)第 195077 号

责任编辑:韩秋婷　　责任校对:李孟潇　　版式设计:马　佳

出版发行: **武汉大学出版社**　(430072　武昌　珞珈山)

(电子邮箱:cbs22@ whu.edu.cn 网址:www.wdp.com.cn)

印刷:武汉邮科印务有限公司

开本:720×1000　1/16　印张:15.5　字数:223 千字　插页:1

版次:2020 年 12 月第 1 版　　2020 年 12 月第 1 次印刷

ISBN 978-7-307-21828-4　　定价:56.00 元

前　言

综合评价方法是现代经济决策和统计理论的重要分支。最早的综合评价的实践和应用可以认为与统计学的产生几乎同步。英国统计学家威廉·配第在《政治算数》中，对当时英国、法国和荷兰三国的国情、国力进行综合评价及比较，得出了令人信服的基本结论。威廉·配第在《政治算数》中所使用的方法就是综合评价的基本方法。事实上，我们无论何时做出任何决策，都离不开综合评价。例如我们买一台电脑，需要从性能、价格和售后服务等方面评价各种品牌，在评价的基础上作出购买的意向决定。综合评价的实践活动一直与人们的认识实践活动紧密关联，并同步发展。在投资决策和财务评价上，基本离不开综合评价实践活动。随着综合评价实践活动的不断积累，人们开始总结这些活动的基本理论，特别是第二次世界大战前后，伴随着经济决策理论的发展，“综合评价方法”作为一门学问正式产生。但是在我国，开展真正意义上的综合评价活动和综合评价方法研究还是在改革开放以后。主要包括工业经济效率综合评价、区域科技能力比较、区域竞争力排序等。一些学者出版了综合评价的相关著作，介绍了综合评价及其相关应用。然而，尽管这些综合评价实践活动和相关文献都展现了大量的综合评价的基本方法及其应用特征，但现有综合评价实践活动和相关文献，在介绍和运用综合评价方法时都比较随意。它集中体现在指标体系建构和综合评价方法选择上没有统一的标准，对综合评价的结果优劣无法给出合乎逻辑的科学判断。这就是笔者撰写本书的基本背景。

作者从综合评价的基本过程出发，分别讨论了综合评价中指标体系建立的基本优良标准、数据处理的优良标准、综合评价赋权方法的优良标准、综合评价模型选择的优良标准等，并在此基础上，给出了我们认为相对较好的综合评价方法——贝叶斯正则神经网络综合评价方法。最后对不同方法下的综合评价优良标准进行了验证。

通过本书的研究，能使综合评价方法的应用更加规范和科学，也能使综合评价方法的应用更加具有广泛性和较强的适应性。

本书的主要工作是建立综合评价方法的优良标准，主要包括以下几点：

①本书给出了指标初选和筛选方法、指标体系整体检验方法。这是讨论指标体系优良性的重要内容，也讨论了同一问题不同指标体系综合评价过程中如何选择的问题。本书提出了指标体系整体优良性的检验方法和基本思路，将单一指标选择和指标体系整体的优良标准分析分开讨论，给这一领域增添了新的理念。

②本书分析了数据处理的优良标准，并提出了赋权方法优良标准检验方法；分析了数据处理方法的基本性质，提出了无量纲化和一致性处理的优良标准。本书对赋权方法进行了系统的检验，给出了检验方法和检验标准。

③本书提出了一种新的综合评价方法，即贝叶斯正则化的神经网络综合评价方法。该方法在传统神经网络综合评价方法的基础上，通过一系列的修正和改造，包括迭代次数和学习目标、改变节点等，解决熵权法赋权中的奇异值问题；通过改进贝叶斯正则化神经网络法，有效地防止了普通神经网络赋权的过拟合现象，使得输出结果更加可信。本书改善了综合评价的结果，并通过实例综合评价对该综合评价方法进行了应用验证。

④本书按照新的综合评价方法对 13 个城市的生活环境进行了评价验证，并验证了相关方法的优良性。本书利用一系列常用的综合评价方法引入相关联的判定准则进行实际论证，最终得出 T-S 模糊系统评价方

法在实例中的结果最优，进而验证了笔者提出的新的综合评价方法是有效可行的。

本书系笔者主持的国家社会科学基金“综合评价方法优良标准研究”(项目批准号：13BTJ011)的研究成果，成果的出版得到了国家社会科学基金委员会和中南财经政法大学统计与数学学院的经费资助。

在本书的撰写过程中，笔者的博士生和部分硕士生，如陈战波、王晓娟、李良、郝淑双、李文静、魏国栋等都付出了艰辛的劳动。正是他们的付出，才使本书得以顺利完成。

在本书的出版过程中，得到了中南财经政法大学科研处赖思源老师和武汉大学出版社韩秋婷编辑的大力帮助。正是她们的大力帮助，才使本书得以尽快出版。

在此一并表示感谢！

由于笔者学术水平有限，书中一定存在不少的错误和疏忽，恳请广大读者批评指正。

朱喜安

2020 年 3 月 25 日

目　录

第一章　导　　论

第一节　综合评价方法优良标准问题的提出

一、研究背景

综合评价方法及其实践活动是伴随着统计学、数学、决策理论和其他相关理论的产生和发展而逐步发展起来的交叉科学。随着现实问题越来越复杂，以及人们对世界认识的深入，人们逐步意识到综合评价及其应用的重要性。当前，综合评价方法已经成为人们分析问题和进行科学决策的重要工具，社会经济生活中的许多领域都离不开综合评价。例如工业企业综合经济效益评价、企业竞争力排名、高校综合实力排序、社区环境评价、可持续发展水平综合评价、绿色发展水平排序和普惠金融水平排序等综合评价问题。综合评价是综合分析现实问题的重要工具，是一种科学评估，没有合理恰当、符合实际的评估，就不可能正确地认识现象本质，也不可能制定出恰如其分的政策。因此，进行规范科学的综合评价就显得尤为重要。尽管人们对于综合评价方法中的指标、权重、模型和结果等问题都进行了一系列的研究，甚至分析了这些问题的本质，也提出了许多解决方案，然而，目前综合评价中仍然存在着诸多值得研究的问题，主要存在的问题就是综合评价方法选择的优良标准问题。综合评价之所以受到一些人的诟病，其根本原因就在于各个环节的规范性问题和选择的优良标准问题，所以，建立综合评价方法的优良标准，并对其开展系统地研究，是符合现实需要的一项重要工作。只有让综合评价方法及其各个环节规范化，综合评价才能真正服务于社会经济活动，才能服务于经济分析和经济决策。

二、综合评价实践中具体存在的主要问题

尽管综合评价方法在实际中广泛应用于社会经济生活的各个方面，但是综合评价方法的优良选择问题始终是困扰方法研究的理论工作者的一项重大问题，具体体现在以下几个方面：

第一，综合评价指标体系构建过程中，包含的指标和准则不唯一，指标体系结构的随意性很大。人们在进行综合评价时，评价指标体系构建完全按照自己的理解和意志进行，甚至随意挑选容易获得的指标数据构成指标体系。指标体系的构建直接影响到综合评价的结果。综合评价指标体系的随意性，导致整个综合评价结果的不确定性，甚至几个机构对于同一个问题同时开展综合评价，会得出完全相反的排序结果。所以，指标体系建构的优良标准，是整个综合评价的重要基础。对评价指标的优良性进行测度、检验和研究，成为当前综合评价领域的重大理论问题，值得我们深入研究。当前众多现实问题中，综合评价者或评价机构对指标选择分析不到位，以及根据数据的可获得性主观地选取指标，造成了许多不良的影响。因此，综合评价的指标如何选取，指标体系按什么逻辑关系构建，如何保证指标体系整体优良性等，是当前要研究的核心问题之一。

第二，综合评价中各个指标的重要性及其在综合评价中所起的作用不同，理应赋予不同的权重，但目前理论界对赋权方法的选择也缺乏统一的标准和要求。权重是影响综合评价结果的第二个重要因素，由于每一个指标的作用不同，指标对最终评价结果的影响程度也是不一样的，

这就要求对不同指标作出合理的赋权选择。如果不对各个指标按其在综合评价中的作用和指标的重要性赋予不同权重，综合评价结果很有可能偏离客观实际，从而导致综合评价方法的失效。在现有的综合评价赋权方法中，如何选择赋权方法才能使综合评价结果可信，需要理论工作者研究综合评价赋权方法选择的优良标准和提出全新的、更加符合需要的赋权方法。什么样的赋权方法是理想的、优良的赋权方法？这个现实的问题是十分复杂的，而且也是不容易解决的，需要理论工作者付出大量的劳动来加以研究。

第三，综合评价方法及其对应的综合评价模型也是影响综合评价结果的重要方面，但现实是综合评价模型大量使用线性模型，其形式单一，大量非线性模型如何选择没有标准。理论上，无论何种综合评价模型，都有其适用的前提和条件，选择合适的综合评价方法和对应的综合评价模型，使综合评价结果更加符合客观实际和需要，也是一项重大的理论问题。目前一些学者运用几种综合评价模型按照各种准则对同一问题开展综合评价，并通过评价结果的比较选优，或者组合不同模型开展评价，希望提高综合评价最终结果的优良性，这些研究有一定的成效，但也给理论界留下了许多的不确定性和一些未解决的问题。因此，最优综合评价模型的优良性问题需要继续深入研究。

第四，要确保综合评价结果的有效性和优良性，也需要我们对评价结果进行有效度量和分析。很多学者只关注综合评价模型的选择和构造，只关注权重的优良选择，却很少对综合评价结果的合理性和优良性进行分析。对于综合评价结果的有效性如何度量，需要进一步的研究。

此外，综合评价方法是否有一种全新而又满足更多优良标准的新方法，也是理论界长期探索的根本任务之一。对综合评价中的新方法需要通过实际案例来加以验证和检验，在本书中，针对不同环节和资料的实用性，选择了绿色发展水平、普惠金融发展状况和城市生活环境评价作为案例，目的主要是让我们提出的方法和各个环节的优良标准能够更好地服务于综合评价的实践。通过这些实例和数据，我们力求展现在不同环节中综合评价的优良性选择的实际操作过程，为真正开展综合评价提供一个基本模式。

三、综合评价优良标准研究的意义

（一）理论意义

综合评价方法的优良标准问题是综合评价方法中的理论问题之一。尽管国内外学者对综合评价方法展开了一系列卓有成效的研究，取得了许多有价值的结论，提出了许多新的方法，但也有许多值得进一步研究的问题。对这些影响综合评价方法及其应用条件的问题的进一步研究，能极大地促进综合评价方法的规范性和综合评价方法研究的进程。因此，本书的研究具有重要的理论意义。

第一，本书通过一系列的研究和评价结果分析拓展了综合评价的基本方法。

第二，通过本书的研究，使得综合评价更加科学化和系统化。

第三，改进的贝叶斯正则化神经网络模型方法的研究，大大丰富了综合评价方法的理论研究。

第四，对于评价结果合理性的分析研究，完善了综合评价结果的系列评价研究，也为综合评价合理性提供了基本目标。

第五，本书的研究可以有效提高评价结果的优良性和科学性，拓展综合评价的使用领域。

（二）现实意义

对综合评价方法优良标准的一系列研究，为综合评价实践提供了理论依据和技术指导，为更好地开展综合评价实践奠定了良好的理论基础。本书以绿色发展水平、普惠金融状况和城市生活环境竞争力问题作为评价实例，也为这些领域的综合评价实践提供了范例。随着人们对生活环境的重视，绿色发展和金融服务问题也越来越得到重视，因此，需要对不同城市的生活环境、绿色水平和金融服务做出合理的评价，这些实际综合评价涉及很多环节，任何一个环节不合理，都会造成评价结果的不可靠，从而失去评价的意义，本书的研究能使这些领域的综合评价变得更加科学。

总之，研究综合评价结果的优良标准，无论是从理论上还是实践上都有助于更好地开展综合评价活动，有助于丰富综合评价的理论体系和实践活动，特别是综合评价各个环节优良标准的建立及综合评价结果优良性的分析，有效解决了综合评价的一系列不足和弊端，填补了这一领域的研究空白。因此，本书的研究，既是综合评价实践的必然需要，也是解决综合评价实际应用中许多问题的需要。

第二节　国内外研究成果与动态

自 19 世纪以来，综合评价理论经历了从产生到发展的过程，在越来越多的评价理论与先进的评价方法得到建立的同时，综合评价理论也亟待走向逐步完善。在现今的综合评价理论体系中，存在着指标选择、赋权方法、模型选取与评价结果方面缺少优良标准的核心问题。庆幸的是，综合评价方法优良标准的研究正引起学术界越来越多的关注，迄今为止，国内外的相关学者也对此进行了许多的尝试。

一、国外研究动态与成果综述

Edgeworth 于 1888 年开启现代综合评价系列研究，他在英国皇家统计学会的杂志上发表了《考试中的统计学》一文，着重对考试中的不同学科或内容应如何加权问题展开了研究，综合评价最常用的加权问题被根据实际需要应用于解决实际问题。Spearma 于 1913 年发表了《和与差的相关性》论文，论述了加权方法的不同的基本作用。20 世纪 30 年代，Thurstone 作为因子分析的创始人，对定性计分综合评价方面的工作给予了新的研究，如何确定权重或对不同的量进行简单相加，成为这些研究工作的基本核心。20 世纪七八十年代是现代综合评价蓬勃兴起的年代，综合评价方法和理论也得到了相应的发展，产生了多种广泛应用的综合评价方法及相关理论，例如 ELECTRE 法(1983)、层次分析法(Analytic Hierarchy Process，AHP)(1977)、数据包络分析法(Data Envelopment Analysis，DEA)(1978)、模糊数学综合评价理论、灰色理论综合评价等。这些研究都对综合评价理论和实践的发展具有开创性的贡献，为本书综合评价方法的优良性分析和研究奠定了理论基础。

20 世纪 80 年代以来，综合评价科学在多个研究领域进一步深入发展。Roy(1991)提出并研究了多准则决策方法 ELECTRE。① Hwang Yoon (1981)和 Dyer(1992)对综合评价方法相关问题及多准则决策分析进行了研究，逐步提出了多目标综合评价和多属性决策问题，② 并展望了多准则决策和多属性效用理论未来 10 年的发展。③ Yang Jianbo 等(1994)提出用证据推理的方法解决不确定性综合评价问题，④ 为综合评价问题的研究提供了重要的理论借鉴。

国外学者在 21 世纪以来对于综合评价理论和方法的研究，都取得

① Rern，Roy. The Outranking Approach and the Foundations of Electremethods [J]，Theory and Decision，1993，31.

② Ching Lai Hwang，Kwangsun Yoon . Multiple Attribute Decision Making: Methods and Applications [M]. Berlin，Heidelberg：Springer，1981.

③ James S. Dyer，Peter C. Fishburn，Ralph E. Steuer，Jyrki Wallenius，Stanley Zionts. Multiple Criteria Decision Making，Multiattribute Utility Theory：The Next Ten Years[J]. Management Science，1992，38(5).

④ Yang Jianbo，B，Singh MG. An Evidential Reasoning Approach for Multiple—Attribute Decision Making with Uncertainty[J]. IEE Transactions on Systems，Man and Cybernetics，1994，1-18(24).

了较大的进展，主要表现在以下几个方面：Butler 等(2001)研究了根据效用理论来进行排序和优选排序理论，① 实际上这就是综合评价问题。此外，Fredericks 等(2002)认为应该更注重多方沟通来解决基于政策科学的综合评价问题；② Greene(2005)认为，在综合评价活动具体实施过程中，所有利益相关者都应该参与综合评价，并通过一系列协商来解决现代综合评价中不唯一和不确定问题；③ Rallis 等(2007)认为综合评价中最为重要和最为紧迫的问题是如何实现综合评价的可靠性问题；④ Wallenius(2008)对综合评价理论和方法的研究进行了系统总结，认为综合评价领域最重要的是新理论问题；⑤ Sridharan 和 Nakaima(2011)认为，现代综合评价一般应该遵循一定程序和基本步骤；⑥ Saaty(2009)深入研究了网络层次分析法(ANP)及相关理论，为综合评价领域增添了新的气息；⑦ Purba(2014)与 Celotto(2015)提出将模糊数学及其方法应用于综合评价的问题等；⑧ 美国运筹学家 Saaty 教授于 20 世纪

---

① John Butler, Douglas J. Morrice, Peter W. Mullarkey. A Multiple Attribute Utility Theory Approach to Ranking and Selection[J]. Management Science, 2001, 47(6).

② Fredericks K A, Carman J G, Birkland T A. Program Evaluation in a Challenging Authorizing Environment: Intergovernmental and Interoganizational Factors [J]. New Directions for Evaluation, 2002, 5-22(95).

③ Greene J C. A Value-engaged Approach for Evaluating the Bunche-Da Vinci Learning Academy[J]. New Directions for Evaluation, 2005: 27-45(106).

④ Ralls SF. Rossman GB. Gajda R. Trustworthiness in Evaluation Practice: An Emphasis on the Relational[J]. Evaluation and Program Planning. 2007, 30(4): 404-409.

⑤ Jyrki Wallenius James S. Dyer, Peter C. Fishburn, Ralph E. Stever, Stanley Zionts, Kalyanmoy Deb. Multiple Criteria Decision Making, Multiattribute Utility Theory: Recent Sccomplishments and What Lies Ahead[J]. Management Science, 2008, 54(7).

⑥ Sridharan Sanjeev, Nakaima April. Ten Steps to Making Evaluation Matter[J]. Evaluation and Program Planning, 2011, 34(2).

⑦ Saaty T L, Gholamnezhad H. High-Level Nuclear Waste Management: Analysis of Options[J]. Environment and Planning B: Planning and Design, 1982, 9(2).

⑧ Purba J H., Lu Jie., Zhang Guanquan, et al. A Fuzzy Reliability Assessment of Basic Events of Fault Trees Through Qualitative Data Processing[J]. Fuzzy Sets and Systems, 2014, 243(5).

70 年代初期提出了层次分析法，从判断矩阵中计算得到综合评价的指标权重，Saaty 也采用特征向量排序法(EM)对综合评价指标的权重进行度量，并建议优先使用所谓 Perron-Frobenius 右特征向量；Johnson 等(1979)也提出使用左特征向量，并证明了它在综合评价中的相对适用性；① Crawford、William(1985)和 Cogger (1985)分别提出采用最小二乘法(LSM)法②和对数最小二乘法(LLSM)③计算权重向量。

总之，这些国外学者对综合评价理论和方法的产生与发展做出了较大的努力，经过众多学者的共同努力，形成了理论体系和学科雏形，他们对于指标体系、综合评价方法和赋权问题等都提出了自己的观点和见解，为引导青年学者继续深入地研究指明了方向。

二、国内研究动态与成果综述

(一)理论与方法的综合研究

目前，国内有关综合评价的研究成果也十分丰富，陈挺(1987)的《决策分析》讨论了综合评价问题；彭勇行(1988)出版的《管理决策分析》中提出了一些可用于综合评价的基本方法；顾基发(1990)在《评价方法综述》中对综合评价问题进行了较为系统的阐述；还有邱东、陈晓剑、郭亚军、王宗军、苏为华、胡永宏、陈国宏、金菊良、魏一鸣、白宪春等学者发表和出版了一系列论文和著作，他们都从不同的角度阐述

① Johnson C. R, William B. Beine, Theodore J. Wang. Right-Left Asymmetry in an Eigenvector Ranking Procedure [J]. Journal of Mathematical Psychology, 1979, 19 (1): 61-64.

② Crawford G, William C A. A Note on the Analysis of Subjective Judgment Matrices[J]. Journal of Mathematical Psychology, 1985(29): 387-405.

③ Cogger K O, Yu P L. Eigen Weight Vectors and Least Distance Approximation for Revealed Preference in Pairwise Weight Ratio[J]. Journal of Optimization Theory and Application, 1985(46): 483-491.

了综合评价的基本理论、方法步骤、基本原理，有的还介绍了国外关于综合评价的一些新的理论与方法，还有的讨论了综合评价领域的规范性问题，提出了很多有见地的观点理论，对国内综合评价理论和实践的发展起到了重要的影响和推动作用，这些著作主要有邱东等的《多指标综合评价的系统分析》，陈晓剑的《系统综合评价方法》，王宗军的《综合评价发展综述》，苏为华的《统计指标理论与方法问题研究》《组合评价及其计算机集成系统研究》与《多指标综合评价理论与方法研究》，胡永宏等的《综合评价方法》，郭亚军的《综合评价理论与方法》与《综合评价理论、方法及应用》，秦寿康的《综合评价原理与应用》，金菊良等的《复杂系统广义智能评价方法与应用》，白宪春的《统计综合评价方法与应用》，等等。

上述这些文稿从不同角度对综合评价理论、方法和实际应用开展研究，成果非常丰富。学者陈述云和张崇甫(1994)提出，解决多种综合评价方法的优化选择问题可使用等级次序检验法来解决，该方法为评判各种评价方法的优良性问题提供了新的思路。① 杭州商学院省自然科学基金课题组(1996)提出了“序号总和理论”，利用“序号总和理论”给出了较为准确的综合评价排序方法。②

21世纪以来，综合评价理论与方法在国内发展迅速，本领域专家学者围绕着综合评价理论与方法的比较和优良标准的问题进行研究，包括指标体系、赋权方法和综合评价模型选优问题。尚卫平(2003)认为可以根据得到的等级排序与标准排序的关系来判断合理的综合评价方法。③ 陈衍泰等(2004)提出了综合评价结果的不一致问题，并将各领

① 陈述云，张崇甫．多指标综合评价方法及其优化选择研究[J]．数理统计与管理，1994(3)：18-21.

② 杭州商学院省自然科学基金课题组．“序号总和理论”及其在综合经济效益排序中的应用[J]．数量经济技术经济研究，1996，1(1)：60-62.

③ 尚卫平．多指标综合评价方法的优选[J]．南京经济学院学报，2003(2)：50-52.

域的综合评价方法归纳分类，讨论了各种方法的优缺点。① 桂文林、舒晓惠等(2005)研究了如何通过最小均方误差决定机制判别各方法优劣的标准。② 张卫华和靳翠翠(2007)提出了区间综合评价合成技术，给出量化检验标准，他还认为该方法具有众多优点，使评价结果更加全面、客观。③ 郭亚军等(2010、2011)分析了几种常用无量纲化方法对拉开档次法的评价结果的影响，分别研究了基于TOWA算子的动态综合评价模型，给出了一种确定时间权重的方法——最小方差法④，给出了如何科学合理地选择无量纲化方法的依据。⑤ 苏为华(2012)详细研究了我国30多年来综合评价方法指标的发展情况。⑥ 李红、朱建平(2012)提出了基于大数据的新的综合评价思想⑦。李美娟等(2013)提出了基于模糊聚类分析方法的动态组合评价方法。⑧ 彭张林等(2015)对国内外综合评价理论与方法展开研究，给出了综合评价理论未来的研究方向。⑨

① 陈衍泰，陈国宏，李美娟. 综合评价方法分类及研究进展[J]. 管理科学学报，2004(2)：69-79.

② 桂文林，舒晓惠，伍超标，刘建平. 上市公司经营业绩综合评价方法的比较与实证研究[J]. 经济管理，2005(2)：84-90.

③ 张卫华，靳翠翠. 多指标综合评价方法及方法选优研究[J]. 统计与咨询，2007(1)：32-33.

④ 郭亚军，唐海勇，曲道钢. 基于最小方差的动态综合评价方法及应用[J]. 系统工程与电子技术，2010(6)：1226-1228.

⑤ 郭亚军，马凤姝，董庆兴. 无量纲化方法对拉开档次法的影响分析[J]. 管理科学学报，2011(5)：20-26.

⑥ 苏为华. 我国多指标综合评价技术与应用研究的回顾与认识[J]. 统计研究，2012(8)：98-107.

⑦ 李红，朱建平. 综合评价方法研究进展评述[J]. 统计与决策，2012(9)：7-11.

⑧ 李美娟，陈国宏，陈勃，徐林明. 基于方法集化的动态组合评价方法研究[J]. 中国管理科学，2013，4(2)：132-136.

⑨ 彭张林，张强，杨善林. 综合评价理论与方法研究综述[J]. 中国管理科学，2015，11(23)：245-256.

(二)综合评价的概念

在现实生活中，综合评价已经深入人心，人们在社会经济管理活动中离不开综合评价分析。人们通过一些确定的判断标准，评价有关事物的价值和好坏，指导一定的决策行为，这就是评价。

评价(evaluation)本来是指“根据确定的目的来测定对象系统的属性，并将这种属性变为客观定量的计值或者主观效用感受的行为”①。许多人认为，综合评价能力是现代管理中必备的能力，是做出科学的管理战略决策的重要依据。随着人们活动领域的进一步扩展，所面临的评价对象和事物日趋复杂化，认识社会变得不太容易，认识问题必须全面、系统和深入地进行，综合评价方法便由此而产生。② 综合评价方法是一种综合性的评判。③ 综合评价方法，就是按照一定方法和要求，综合对象的多个指标(即多维信息)的信息，并得到一个综合指标(一维)，对评价对象做一个整体上的评判，其目的就是对评价对象进行排序比较。④

许多学者以为，多指标综合评价是利用一定的指标体系，采用一定的方法，对被评价对象的数量特征进行归纳和综合，变多维数据为一维评价值，较好地确定现象的优劣，从而进行排序分析的一种基本的研究方法。

李红和朱建平认为，综合评价是根据评价目的，按照影响评价对象的因素，选择恰当的办法，将影响因素或指标的共同信息提取出来，以

---

① [日]三浦武雄，浜冈尊. 现代系统工程学导论[M]. 北京：中国社会科学出版社，1985：142-144.

② 李博，多指标综合评价方法应用中存在的问题与对策[J]. 沈阳工程学院学报(社会科学版)，2010(2)：200-202.

③ 苏为华，多指标综合评价理论与方法问题研究[D]. 厦门大学，2000.

④ 苏为华，多指标综合评价理论与方法问题研究[D]. 厦门大学，2000.

便综合反映评价对象的总体特征的过程。① 根据研究领域的不同，综合评价的方法也会有所不同。

王宗军指出，综合评价一般概指对以多属性指标体系描述的对象系统做出全局性、整体性、综合性的评价，也就是对评价对象，根据所给数据，采用一定的方法，给每一个评价对象赋予综合值，再根据该综合值择优或排序的过程。② 综合评价方法又称为多变量综合评价方法、多指标综合评估技术。目前对综合评价问题的研究热点问题主要有两个方向：一是对综合评价指标体系构建的理论研究，二是对综合评价方法，也就是综合评价模型和赋权方法的研究。第二个研究方向是评价研究领域中最重要且最具研究前景的研究方向之一，它的研究是综合评价中最科学的问题之一。评价方法的科学性又是客观评价的基础，因此，综合评价方法的研究对整个综合评价领域都具有广泛的意义。

(三)综合评价中指标选择优良标准研究

指标的选取是综合评价过程中的基础。在综合评价过程中，评价者的意志需要通过指标体系来得到具体体现，而指标体系的设计又直接影响到综合评价的最终结果。从这一角度来看，评价指标体系建构的合理性和优良性是综合评价最终成败的关键之一。一般来说，指标的选取主要存在以下几个问题：一是往往不能突出评价对象的特点；二是为追求“全面”，罗列过多的指标，导致求解难度加大和成本浪费的问题；三是为避免资料取得的困难而自创一些似是而非的指标；四是评价指标与评价目标不一致，甚至相互矛盾。

① 李红，朱建平. 综合评价方法研究进展评述[J]. 统计与决策，2012(9)：7-11.

② 王宗军. 综合评价的方法、问题及其研究趋势[J]. 管理科学学报，1998(1)：75-81.

就此，徐明强等(2005)提出了一种面向对象的指标体系构建方法。① 他们将评价过程包装成类似于面向对象编程思想(OOP)中的"类"(class)的形式，根据分析生成类别实例(instance)和子类，再根据具体的评价对象和评价内容扩充各类集资类的相关内容，并将各模块或类别按对象实例化。这种方式为我们构建指标体系提出了一个清晰的思路，通过对问题进行结构化描述，可为我们进一步的精确评价工作奠定基础。但是，它毕竟只是一个思想体系的建立过程，尚不具备进一步解决问题的能力。

针对具体的指标选择工作，白雪梅和赵松山(1995)通过定量分析，对社会经济问题评价中的指标选择方法进行研究，简化了指标选择的基本过程。② 他们将指标的选择划分为四个基本步骤：建立地区社会经济发展的预选指标集→指标隶属度分析→指标鉴别力分析→指标相关分析，从而筛选出具有可观测性、目标关联性、较大隶属度、较大鉴别力和最小相关性的指标构成初步指标集合，再运用多元统计分析方法，即主成分分析、因子分析和聚类分析方法进行二次筛选，以构建得到最终的指标体系。张立军和罗珍(2008)提出了一种主客观相结合的指标筛选方法。③ 他们首先将评价指标分为若干基本类别，然后再针对这些类别选出若干个候选指标，利用聚类分析的方法把这些指标群分成更小的子类，并通过相关分析和其他分析方法从子类中选择代表性指标，达到基本兼顾指标体系的全面性和代表性的要求。

高杰等(2005)分析了弱权重指标对决策精度的影响，提出利用层

① 徐明强，谈毅，仝允桓. 基于属性的技术评价方法匹配研究[J]. 中国管理科学，2005(1)：49-53.

② 白雪梅，赵松山. 指标选择与简化的定量分析方法探讨[J]. 财经问题研究，1995(4)：63-66.

③ 张立军，罗珍. 上市公司经营业绩评价指标的筛选方法[J]. 统计与决策，2008(18)：63-65.

次分析的区间估计剔除弱权重指标。① 张朝阳等(2009)提出指标约简方法，该方法基于粗糙集理论，以企业创新能力评价指标体系的约简化为例进行实际验证，指出该方法的应用特点和优势。② 石宝峰和迟国泰(2014)在进行绿色产业评价中，依据信息含量最大和冗余信息剔除原则定量筛选指标，并通过实证证明了其具有一定的科学性。③ 杜俊慧(2014)提出灰色聚类理论和粗糙集属性约简相结合的指标筛选方法，利用灰色聚类代替经典粗糙集中的等价关系进行分类，并采用 F 统计量确定灰色聚类的临界值以实现了综合评价指标的筛选，④ 她以物流供应商的选择为例，验证了该方法的应用特点和优势。孙友良等(2014)在进行水闸安全评价时，提出一种基于离差最大化法的分配系数计算方法，将绝对灰色关联度和相对灰色关联度有机结合，形成了基于改进广义灰色关联度法的筛选指标机制。⑤ 他们将该法应用于水闸安全评价的指标筛选中，得到了较为合理的水闸安全评价指标体系。

(四)综合评价中赋权方法优良标准研究

多数综合评价问题都要涉及权重的确定，综合评价理论发展至今，也已建立了相对成熟的权重确定方法。现实工作中常用的赋权方法有许多种，有层次分析法、数据包络分析法、灰色关联分析法、主成分分析法、专家意见法以及模糊综合评判法。

---

① 高杰，孙林岩，李满圆. 区间估计：AHP 指标筛选的一种方法[J]. 系统工程理论与实践，2005(10)：73-77.

② 张朝阳，赵涛，王春红. 基于粗糙集的属性约简方法在指标筛选中的应用[J]. 科技管理研究，2009(1)：78-79.

③ 石宝峰，迟国泰. 基于信息含量最大的绿色产业评价指标筛选模型及应用[J]. 系统工程理论与实践，2014(7)：1799-1810.

④ 杜俊慧. 基于灰色粗糙集的评价指标筛选方法研究[J]. 中北大学学报(自然科学版)，2012(5)：559-562.

⑤ 孙友良，闫滨，赵波，张超，刘桐渤，张贺. 基于改进广义灰色关联分析法的水闸安全评价指标的选取[J]. 水电能源科学，2014(4)：102-105.

章志敏等(1999)研究证明了特征向量几何平均排序法具有强条件下保序性等性质，并给出了特征向量排序法和最小偏差法具有相同排序向量的充要条件。① 截至目前，对于判断矩阵的排序已衍生出 20 多种不同的方法，而排序方法的选择对于层次分析法而言，也是对优良标准的探索。代雪静和田卫(2011)对主成分分析法、污染超标赋权法和层次分析法进行了比较，他们以查干湖监测数据为例进行模糊综合评价，并对不同赋权方法得出的权重值与评价等级进行比较分析，② 得出了主成分赋权法对权重值的确定能如实反映每一个评价因子在整个环境中的重要性的结论。许涤龙和封艳红(2014)比较了主成分分析法、因子分析、卡尔曼滤波法和 VAR 模型、联立方程模型在内的经济模型赋权方法，他们将其应用于金融状况的指数评价，进而分析了各方法的优缺点及其适用范围。③ 张平和马力(2013)将层次分析法和变异系数法结合，通过组合赋权以确定被评价指标的权重值，再基于灰色理论进行目标单位的综合评价。④ 他们以房地产投资方案决策案例为例，并与基于熵权理论的优选方法进行比较，发现组合赋权和灰色理论相结合的优选决策方法可作为房地产投资决策的一种有效方法。易欣等(2013)根据 vague 集理论提出了一种新的区间值客观赋权方法，然后采用区间数层次分析法再次对指标进行主观赋权，⑤ 他们以业主项目群管理中选择最合适项

① 章志敏，张菊亮，李继乾. 左右特征向量几何平均排序法[J]. 系统工程理论与实践，1999(5)：135-137.

② 代雪静，田卫. 水质模糊评价模型中赋权方法的选择[J]. 中国科学院研究生院学报，2011(2)：169-176.

③ 许涤龙，封艳红. 金融状况指数赋权方法的比较与选择[J]. 中国统计，2014(3)：58-59.

④ 张平，马力. 组合赋权和灰色关联分析在房地产投资决策中的应用[J]. 建筑经济，2013(10)：78-81.

⑤ 易欣，张飞涟，邱慧. 基于 vague 集和 IAHP 组合赋权的建设项目群优选[J]. 统计与决策，2013(20)：34-37.

目组成的问题为例，证明了该方法可以较好地避免由于采用主、客观赋权法所带来的评价结果上的差异，能有效提高权重的赋值优良性。

(五)综合评价模型优良标准研究

综合评价模型是决定综合评价成败的因素之一，模型选择的优劣对于综合评价的成败具有关键的作用。

在模型选择中，王海政等(2006)提出建立一种基于属性匹配思想的模型选择系统。① 首先，利用面向对象的评价方法对属性集进行封装，为人机交互提供了可能；其次，将大量的属性集及对应具体的评价方法实例录入数据库中，形成评价方法库；最后，根据匹配度即可基于评价问题对模型进行自动选择。这是一种系统性的思想，相信可以为今后建成模型选择数据库提供很好的思路。但这一系统的主要难题其实集中在匹配度的衡量方面，也就是评价模型优良标准的建立过程上。

高长元等(2011)基于信息论的理论基础，通过构建决策树建立了一套综合评价模型自动选择系统。② 这种方法在一定程度上可以很好地保证综合评价模型选择的逻辑合理性，使决策者可以最大限度地选出合适的模型以备决策。但对于方法本身的有效性，他们并未做出更多的解释。王春枝(2008)系统地介绍了综合评价指数模型的三种基本形式，即加法形式、乘法形式和加乘混合形式的模型，并分析了三个模型选择的一般原则,③ 但对于进一步具体的说明，则并没有给出我们所需要的答案。

陈述云等(1994)提出用等级次序检验来解决多种综合评价方法的

---

① 王海政，仝允桓，徐明强. 多维集成视角下面向公共决策技术评价方法体系构建与评价方法选择[J]. 科学学与科学技术管理，2006(8)：5-11.

② 高长元，彭定洪，钟怡. 综合评价模型自动选择研究[J]. 哈尔滨理工大学学报，2011(6)：118-123.

③ 王春枝. 综合评价指数模型的比较与选择[J]. 统计教育，2008(4)：17-18.

优化选择。① 他们采用1991年全国各地区独立核算工业企业的经济效益数据对综合指数法、主成分分析法、灰色关联度分析法、秩和比法和距离综合评价法五个方法进行考察，分别运用五个方法进行综合评价，再根据等级相关理论进一步计算得出各种评价方法间的等级相关系数，最后将等级相关系数最高的两种方法，或满足系数进行最小约束条件下的方法视作最优的或可取的。虽然他们的研究也存在一定的局限性，但必须承认他们为评价方法的优劣选择提供了一种办法。基于这个思想，韩轶等(1999)做了进一步的工作，他们选取了常见的四种综合评价方法(TOPSIS法、灰色关联度法、综合指数法和夹角余弦法)进行比较，在假定指标分别满足正态、指数和线性三种基本分布形式的情况下，用Spearman等级相关系数理论，对各种评价方法的评价结果进行优化分析。② 结果发现：指标值的分布是一种线性分布时，各评价方法得到的评价结果完全相同；指标值的分布为正态分布时，TOPSIS法和灰色关联度法是首选；指标值的分布为指数分布的情况下，则应选综合指数评价法为宜。

(六)综合评价结果优良标准研究

从目前的许多综合评价活动来看，关于评价结果的确定往往只是"一排了事"。如果将它类比为一个相关分析的过程，当前大多数的综合评价只是针对于相关系数的计算，而对于系数显著性的检验则少有研究。

关于这个问题，刘树梅等(2002)建议要回归到综合评价的功能上。

---

① 陈述云，张崇甫. 多指标综合评价方法及其优化选择研究[J]. 数理统计与管理，1994(3)：18-21.

② 韩轶，唐小我. 满足一定分布规律的多指标综合评价方法的优化选择[J]. 管理工程学报，1999(3)：61-62.

我们首先要再次明确综合评价的功能，一方面是相对重要性的评价，即通过排序而评判出先后的结果，这是综合评价的基本功能，也可以说是最直接的功能。但另一方面，综合评价更为根本的功能是揭示事物的差异，即通过总排序和各层的排序与基础指标之间的联系，揭示其中存在的差异，从而对决策者提供有益的、明确的参考。相信对综合评价更为根本的功能的把握，我们就能明白综合评价不是简单的排序，排序只是一个新的开始。①

相关学者在指标无量纲化方法的研究中也对综合评价结果的标准研究作出了一些尝试。郭亚军(1998)在研究指标一致性和无量纲化处理时提出，综合评价结果对于指标一致性处理和量纲处理方法应具有一定的不敏感性，即选用不同的处理方法，评价的结果不应该出现太大的变动。② 张卫华(2005)同样在指标无量纲化方法研究中提出综合评价结果可靠性标准，他根据“序号和理论——把各种不同的评价方法下的排序号相加，得到序号总和，按序号总和排序的结果即真正的位序”进行推理，认为可用不同量化方法所做的等级排序号之平均值的排序作为合理等级排序的依据。③ 刘贤龙(1998)提出运用多个评价模型进行排序校验的方法。④ 首先将事先选择的方法和某一模型的排序结果视为标准结果，再运用多个其他评价模型进行校验排序，可以得出回判的正确率与误判率，通过判断误判率是否控制在某个事先约定的范围内，从而对评价结果的合理性进行判断。这为我们进行综合评价结果的

① 刘树梅，何锦义. 综合评价活动的发展、问题、建议[J]. 统计研究，2002(12)：50-53.

② 郭亚军. 综合评价结果的敏感性问题及其实证分析[J]. 管理科学学报，1998(3)：30-37.

③ 张卫华，赵铭军. 指标无量纲化方法对综合评价结果可靠性的影响及其实证分析[J]. 统计与信息论坛，2005(3)：33-36.

④ 刘贤龙，胡国亮. 综合评价结果的合理性研究[J]. 统计研究，1998(1)：38-40.

优良标准研究提供了很好的借鉴。

三、国内外研究成果述评

综上已有的研究，国内外的学者在改进方法与模型上讨论较多，忽视了系统论证综合评价方法和理论的优良标准，综合评价方法(综合评价在某种程度上也是一种估计)的优良性研究基本上是空白的。当前，综合评价实践中的一个很现实的事实，就是把对评价对象的排序或归类当成综合评价直接的最终的目标，常常是排序即止，综合评价方法及结果的优良性缺少理论论证。在综合评价概念的论述上也不尽相同，各自所持观点相差甚远。

不可否认，前人关于综合评价模型优良标准的研究为我们提供了一些很好的分析思路与方法，但同时我们也会发现存在着这样或那样的瑕疵。因此，对于建立一个更为系统有效的综合评价模型的优良标准判断显得很有必要。上述的众多学者对指标体系的设定和定量筛选指标也给出了一些较有建树的方法，其基本思想主要立足于两个方面，即指标之间的相关性和指标数值的变异性，但对指标体系的整体功能如何满足研究不多。

近年来，综合评价方法在解决经济管理中的决策问题时仍然是最有效的方法之一，因此，综合评价方法优良性标准是需要我们进一步深入探讨的重大理论问题之一。①

第三节 解决问题的基本思路

一、研究思路与研究目标

基于以上研究和相关理论概述，研究综合评价方法的优良标准，对

① 陈战波. 综合评价研究回顾与其优良标准的简单认识[J]. 科教导刊，2013(10)：22.

综合评价中结果不唯一等问题，给出了基本解决办法。本书主要从综合评价的基本理论出发，按照综合评价基本步骤，对指标体系的优良标准、数据处理的优良标准、赋权方法的优良标准进行比较分析和研究，进而系统地分析综合评价结果的合理性和优良性，在此基础上提出新的、更加优良的综合评价方法。在综合评价结果的优良标准研究中，本书始终注重考虑评价过程中的合理性问题，尽可能地从多个方面来探讨综合评价的合理标准，尽可能地避免主观不合理的排序方式。

本书围绕综合评价基本问题开展研究，从指标体系整体优良性、指标筛选标准、数据处理方法的合理性、赋权方法优化、综合评价排序结果优化等多方面问题，分析综合评价优良标准，并分别通过绿色发展水平、普惠金融状况和城市生活环境综合评价为例对所提出的综合评价方法进行验证。

本书旨在实现的总体目标是，针对综合评价中存在的问题，基于综合评价过程的系统分析，给出各个问题的合理的和优良的解决方案。在这一总体目标下，我们会努力达成以下基本任务：一是研究综合评价指标的信息冗余性(相关性)、信息显著性、指标变异性、代表性以及合理性，为综合评价指标体系的建立提供优良标准；二是分析常见数据处理方法的稳定性及其特征，并给出数据处理的优良标准；三是通过对赋权方法的分析给出优良性分析；四是针对不同的综合评价模型及其特点，在不同理论下研究综合评价模型的优良标准；五是在以上分析的基础上，提出一种新的、满足较多优良性的综合评价方法——基于贝叶斯神经网络综合评价方法；六是引入多种评价方法，利用绿色发展水平评价体系、普惠金融发展状况评价体系和城市生活环境竞争力评价指标体系以及相关数据，进行综合评价，验证评价方法的合理性。

二、技术路线图

本书技术路线图如图 1-1 所示，它阐明了本书的研究框架和数据来源。

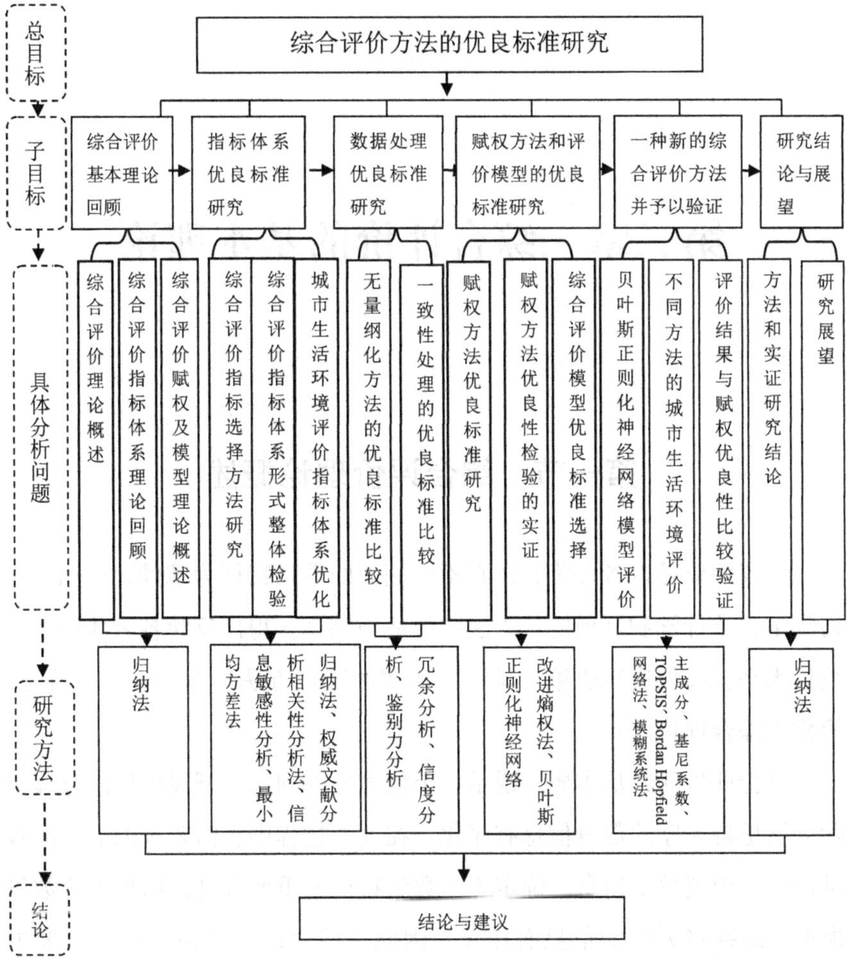
总目标
子目标
具体分析问题
研究方法
结论
综合评价方法的优良标准研究
综合评价基本理论回顾
指标体系优良标准研究
数据处理优良标准研究
赋权方法和评价模型的优良标准研究
一种新的综合评价方法并予以验证
研究结论与展望
综合评价理论概述
综合评价指标体系理论回顾
综合评价赋权及模型理论概述
综合评价指标选择方法研究
综合评价指标体系形式整体检验
城市生活环境评价指标体系优化
无量纲化方法的优良标准比较
一致性处理的优良标准比较
赋权方法优良标准研究
赋权方法优良性检验的实证
综合评价模型优良标准选择
贝叶斯正则化神经网络模型评价
不同方法的城市生活环境评价
评价结果与赋权优良性比较验证
方法和实证研究结论
研究展望
归纳法
归纳法、权威文献分析相关性分析法、信息敏感性分析、最小均方差法
冗余分析、信度分析、鉴别力分析
改进熵权法、贝叶斯正则化神经网络
主成分、基尼系数、TOPSIS、Bordan Hopfield网络法、模糊系统法
归纳法
结论与建议

图 1-1　研究技术路线图

第二章　综合评价的基本理论

第一节　综合评价理论概述

综合评价是以各评价客体在不同侧面的数量特征为基础，运用一系列数学、统计学和其他定量方法进行适当综合，得出反映各客体的综合数量水平，以便进行决策、排序和比较的统计方法，称为综合评价法，简称为综合评价。①

综合评价问题从本质上说是一个信息处理问题，开展评价的过程实际上就是将无序的数量信息有序化。在这一过程中，需要选取适当的数量特征，规范数量信息，确定不同数量特征的重要程度，给出综合数量模型，最终将无序的信息有序化。因此，综合评价的根本目的是要灵敏、全面和客观地凸显不同客体之间的数量差异，以便决策。

多指标综合评价是利用特定的指标体系，采取基于数据的指标筛选方法，对指标赋权，采用评价模型和方法，对被评价客体从多个维度的数量特征进行高度的抽象和概括总计，获得综合评价的数值，进而对评价客体进行合理排序，为决策者提供决策参考的一种统计方法。进行综合评价的过程，实际上就是将无法比较的多指标信息有序化，最终通过

---

① 陈战波. 综合评价指标筛选与赋权方法改进研究——以城市生活环境评价为例[D]. 中南财经政法大学，2017.

结果选优的过程。在现实的综合评价问题中，决策者和评价者的评价基本步骤是相同的，主要不同之处在于方法的选取和评价过程中的方法严谨性检验。综合评价过程选取了合理的评价方法并进行了验证，最终的评价结果的可信度会更高。

一、综合评价的分类

按照定量化程度，综合评价可分为三类：定性评价方法、半定性评价方法和定量评价方法。

按照综合评价的目的，综合评价可分为三类：分类问题、排序问题和整体水平评价问题。

(1)分类问题。把具有相同或者相近属性的事物归为一类，这样有利于对客观事物进行科学管理。这种分类过程实质上就是综合评价过程，其目的就是将各评价对象区分为不同的类别。

(2)排序问题。按照优劣程度或某种次序对客观事物排出顺序的一类问题。其目的就是要将被研究对象在某一标准下排列出一定的顺序。

(3)整体水平评价问题。这类问题的目的是考察事物目标整体实现程度，对事物整体状况作出评价。

二、综合评价的基本步骤

进行综合评价，一般需要经过以下几个步骤：

1. 确定评价目的

确定综合评价目的，就是要明确为什么进行综合评价。也只有这样，才能确定评价对象及其属性特征，整个综合评价活动才能够有序进行。

2. 确定评价对象和属性集

评价对象就是被评价的客体，即被评价的单位。属性集就是被评价客体基本特征的总称。在明确了综合评价目的以后就应该明确对哪些单位进行评价，主要应该选取评价对象的哪些基本属性特征作为评价依据。

3. 对属性集中的指标数据进行搜集和处理

在选取的评价属性特征确定以后，就应该按照要求搜集有关数据并进行处理。

4. 确定权重系数和价值函数

确定权重系数和价值函数，就是要确定各属性指标在整个属性集中的地位，以及采用什么样的综合模型将各属性特征综合起来。

5. 给出评价结果

将数据代入模型，就可以给出综合评价的基本结果——排序、分类或水平比较。评价结果具体以何种形式表现，完全取决于综合评价的研究目的。

6. 对结果进行检验

检验的主要内容包括：代表性、客观性、一致性和差异性。

7. 分析和运用评价结果

具体流程图如图 2-1 所示。

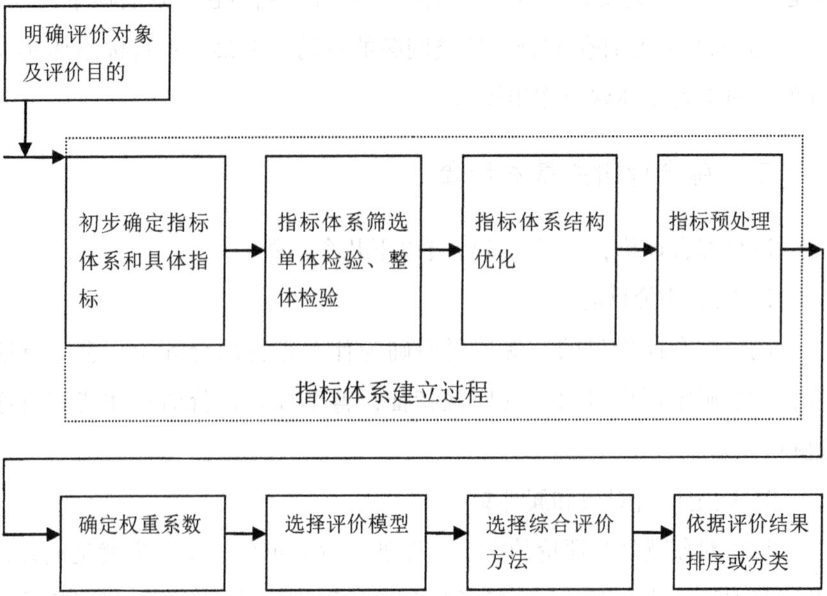

图 2-1 综合评价流程图

第二节　综合评价指标体系优良标准理论

通过对评价客体的属性定义分析以及参考国内外权威评价机构与权威参考文献，可以知道合理的筛选指标在评价过程中具有重要的意义。指标体系的构建过程中，经常会出现一定程度的不合理性，如指标体系的逻辑层次、指标共线性、指标全面性不足等问题。为了提高指标体系的合理性和综合评价的科学性，需要系统研究评价指标体系的理论，对指标体系的构建过程进行详细的研究。

指标体系的构建，一般分为指标体系初建、指标筛选和指标体系结构优化三个步骤。指标体系初建方法包括定性和定量两种，目前综合评价实践中较多地采用定性方法选取指标。①

一、指标体系初建理论的回顾与优劣势分析

综合评价中，首先需要解决的是用什么指标进行综合评价，合理的指标体系的建立是综合评价的基础。综合评价指标体系的研究内容一般来说包含以下几个方面：综合评价中所建立的指标体系的原则、方法（初选、筛选、优化）、指标体系的变换、定性指标的定量化分析等几个步骤，在本书中这几个环节均有所涉及。

在选取指标时，需要明确评价客体的内涵以及考虑评价指标在评价体系中的作用与评价的目的。指标体系的初选主要分为定性初选和定量初选，从通常意义上说，在具体的综合评价指标的初选中往往两者都会涉及，从而形成较为合理、全面的综合评价指标体系。

常用的定性选择方法有专家会议法、Delphi 方法、经验判断法、惯例标准选择方法等。定性选择方法的优点是可以充分发挥研究者自身专

① 邱东，汤光华. 对综合评价几个阶段的再思考[J]. 统计教育，1997(4)：25-27.

业知识和经验长处，结果简单明了、容易理解。定性选择方法的缺点是主观影响较大，对于复杂问题不易解决，科学性和规范性较差，选择结果不能令人信服。定量选择方法主要是对指标体系的筛选分析研究。

综合评价中的指标初选方法主要有综合法、分析法、交叉法、指标属性分组法等，① 但是实际的运用当中，分析法的使用比例最高，是常用方法之一。下面简单说明这几种方法。

综合法的运用在西方相对较多。该方法倡导利用不同的方案进行对比分析，从而得到一套好的评价指标体系，因此其对于目前的综合评价指标体系的构建与完善具有重要的意义。

分析法是最常用的一种分析方法，其理论体系也相对容易，它把所要构建的指标体系进行细致的分组，以此来反映不同评价主体的不同侧面。一般来说，分为四个步骤：一是对评价问题的内涵及外延作出合理的说明，理清综合评价总目标与子目标之间的关系，即要求实施者明白"是什么"的问题，这是一切综合评价的第一步，内涵与外延的理解程度很大程度上会影响后期的评价效果。二是对细分后的子目标进行分解，该环节往往需要重复多次。三是给出设计的子层目标。四是针对不同的子层目标，遴选相关的、能够反映子层目标要求的指标。下文可以明显地看到，本书的指标初选阶段的思路主要也是分析法，在此基础上对初选指标进行不断的完善。

交叉法也是一种评价体系的方法。② 该方法主要通过二维以及三维甚至多维的交叉，以此来派生出很多的评价指标，循环多次，并最终形成指标体系。常用的有投入与产出的交叉对比等。可以看出，交叉法的使用范围比较小，交叉法是建立在一定的指标关系基础之上的，并不是任意指标都可以进行交叉生成。

指标属性分组法在复杂综合评价中运用广泛，主要是在复杂的综合

① 李远远，云俊. 多属性综合评价指标体系理论综述[J]. 武汉理工大学学报(信息与管理工程版)，2009，31(2)：305-309.

② 朱喜安. 国民经济运行质量评价指标体系初探[J]. 中南财经政法大学学报，1998(5)：102-104.

评价中，评价指标体系属性不同，较为复杂。本书在指标体系的初选环节中也运用了这种思维方法。

通过文献研究可以发现，对于指标初建，现有的方法有很强的参考价值。在对评价客体概念详细分析的基础上，参考五种方法，对评价问题的权威参考文献进行分析，按照评价的原则，参考权威部门机构，构建出合理的指标体系，这是本书研究思路的一部分。

二、综合评价中指标筛选理论的优势与不足

从已有的学术文献来看，综合评价指标的筛选是一个技术与艺术相结合、理想与现实相结合的过程。目前来看，无论是单一的指标筛选方法还是综合的指标筛选方法，抑或是改进的指标筛选方法，都不能说是一种无可挑剔的方法，均存在一定的局限性。指标筛选方法在复杂系统综合评价中具有重要的地位和作用，运用合理的指标筛选方法得到的指标体系可以得出合理的评价结果，不合理的指标筛选方法，则会造成评价结果错误。目前指标筛选的代表性方法有 AHP、① G1 法、② G2 法、③ 专家打分法等。④ 由于主观的评价方法存在较大的不确定性和评价误差等弊端，所以在此基础之上，客观指标筛选方法应运而生，这类方法最大的优势就是独立评价，不受认知影响，只服从于数据本身。这类方法主要有熵权法、⑤ DEA、⑥ 主成分分析法、PLS 法、多元线性回

---

① 孙博文，刘春艳. 基于模糊 Borda 组合评价法的电力行业上市公司绩效评价[J]. 数学的实践与认识，2013，43(10)：1-8.

② 迟国泰. 基于改进群组 G1 赋权的生态评价模型及省份实证[J]. 系统工程理论与实践，2012，32(7)：1464-1475.

③ 李刚，周立斌. 基于理想排序群组 G2 赋权的科技评价模型与实证[J]. 科技与管理，2010，12(3)：12、15、19.

④ 朱喜安. 国民经济运行质量评价指标体系初探[J]. 中南财经政法大学学报，1998(5)：102-104.

⑤ 朱喜安，魏国栋. 熵值法中无量纲化方法优良标准的探讨[J]. 统计与决策，2015(2)：12-15.

⑥ 殷俊明，王平心. 基于 DEA 的高等学校内部院系绩效评价[J]. 管理评论，2011，23(7)：108-115.

归法、灰色关联度-Delphi 法、① 贝叶斯法、② 极差法、标准化法、变异系数法等。③ 虽然客观筛选方法比较客观地避免了人的主观臆断性，但是这种评价方法仅仅依靠数据本身，无法考虑现实的主题背景，有时得到的结果偏离实际，所以在实际的评价中很多专家学者进行组合评价指标筛选方法研究，就是结合两种及以上的方法或者主客观方法相结合的方法。目前比较成熟的有：CRITIC 法、一致度量方法等。

部分文献对指标评价体系构建进行了改进，邱东(1991)④提出应该从目的性、全面性、稳定性等五大方面入手构建评价指标的初选体系。从目前学者的研究方向上看，大多数学者均利用这一定性的方法进行指标的初选的构建。定量分析进行构建综合评价指标初选体系的方法有很多，包含数学方法和数理统计方法两大类。张尧庭(1990)⑤提出了利用判别分析、聚类分析、极小广义方差法、主成分分析法、极大不相关法等方法，⑥ 并对其使用的特性进行了基本的分析。之后其他的学者又在其基础之上对这些方法进行了改进，使其变得更加合理。如迟国泰利用相关-主成分分析法对人的全面发展的评价指标进行构建；迟国泰(2011)⑦利用 AHM-关联分析来进行指标体系的构建与评价；程砚秋(2011)⑧改进了主成分概念，提出核主成分的概念，并将其运用到生

① 迟国泰，程砚秋，王丽君. 基于灰色聚类的社会评价模型及省辖市的实证[J]. 中国管理科学，2010，18(6)：185-192.

② 韩明. 贝叶斯统计学及其应用[M]. 上海：同济大学出版社，2015：121-129.

③ 徐吉辉，谢文俊. 综合评价理论、方法与军事应用[M]. 北京：国防工业出版社，2014：12-13.

④ 邱东. 多指标综合评价方法的系统分析[M]. 北京：中国统计出版社，1991：72-79.

⑤ 张尧庭，张璋. 几种选取部分代表性指标的统计方法[J]. 统计研究，1990(1)：52-58.

⑥ 张尧庭，王国梁，许中元，童召勇. 从一组指标中选择部分有代表性指标的方法[J]. 统计研究，1989(5)：53-56.

⑦ 迟国泰，张楠. 基于 AHM-关联分析的生态评价模型及辽宁 14 个城市的实证[J]. 管理评论，2011，23(7)：25-33.

⑧ 程砚秋，迟国泰. 基于核主成分分析的生态评价模型及其应用研究[J]. 中国管理科学，2011(3)：182-192.

态综合初选体系的构建中；迟国泰(2006)①改进了灰色系统理论，并将其运用到商业银行竞争力指标的构建与评价中。范雪莉(2013)②提出基于互信息的主成分分析方法，从而解决了传统方法未能考虑到指标体系信息含量的问题，为后续研究提供了一种新的思路。

本书在现有的学术文献基础上进行综合评价指标体系的筛选研究，引入指标筛选的新方法，通过数理方法筛选指标，得出合理的指标体系。筛选指标必须加入评价者的行为，实现定性与定量相结合，为赋权和评价提供基础。指标筛选完成后，需要引入指标体系优良性的测度方法，对指标体系的全面性、指标的重要性与差异性进行测度，选出最优的指标体系。

第三节　综合评价赋权方法优良标准理论

确定指标权重的方法一直是学者研究的重点，学者从不同的角度出发，给出了不同的赋权法。但是总体来说，指标赋权法可以分为三类：第一类是专家根据自身的知识经验给出的指标权重的主观赋权法，也称定性赋权法；第二类是基于评价数据，利用一定的数学模型获得指标权重的客观赋权法，也称定量赋权法；第三类是基于主观和客观的组合赋权法。

一、综合评价中常见的主观赋权方法

主观赋权法是指根据专业知识、实践经验通过主观分析后研究确定各个评价指标的重要性权重的方法。主观赋权法主要有两种类型：专家评判法和层次分析法。另外，模糊层次分析法是在层次分析法的基础上

① 迟国泰，王际科，杜娟. 基于灰色系统理论的商业银行竞争力评价模型[J]. 控制与决策，2006，21(3)：347-351.

② 范雪莉，冯海泓，原猛. 基于互信息的主成分分析特征选择算法[J]. 控制与决策，2013(6)：915-919.

进行改进后的一种赋权法。

(一)专家评判法

1. 专家评判法的概念

专家评判法是指通过收集整理专家学者对于备选的各个指标和因素的重要性程度给出主观判断信息，从而确定权重的赋权方法。

2. 专家评判法的基本思路

专家评判法的基本思路是：召集若干位对问题领域研究较为深入的专家，让他们各自对评价指标进行相互独立的赋权，并将赋权意见汇合、集中，通过均值和方差分析，就可以观察到专家意见的离散程度。经过多次赋权分析后，若专家意见趋于一致，则赋权结束，并以最后一次各专家赋权的平均值作为评价指标的权重。

3. 专家评判法的步骤

专家评判法的步骤如表 2-1 所示。

表 2-1　构造专家评分值的数据结构

指标 / 专家	Z_1	Z_2	……	Z_p
X_1	ω_{11}	ω_{12}	……	ω_{1n}
X_2	ω_{21}	ω_{22}	……	ω_{2n}
……	……	……	……	……
X_p	ω_{p1}	ω_{p2}	……	ω_{pn}

根据上述数据结构计算各指标的算术平均数 $\overline{\omega}$：

$$\overline{\omega}_i = \frac{1}{n}\sum_{j=1}^{n}\omega_{ij} \quad (i = 1,\ 2,\ \cdots,\ p) \tag{2-1}$$

然后进行归一化处理，生成各个指标的权重 $\overline{W}_i$：

$$W_i = \frac{\overline{\omega}_i}{\sum_{i=1}^{p} \overline{\omega}_i} \quad (i = 1, 2, \cdots, p) \tag{2-2}$$

其中：$\sum_{i=1}^{n} W_i = 1$。专家赋权法，主要是指专家根据自身的知识和多年的经验，直接给出每个评价指标的权重。从心理学角度分析可知，对于少于7个的指标，学者可以根据经验快速给出各指标的权重；对于超过7个的指标，专家会很犹豫，所给出的权重向量也会存在偏离。同时，专家赋权法主要是凭借专家的知识经验，所得到的指标权重存在个人偏好。

专家评判法的关键是选择熟悉相关问题的专家，要选出该领域真正具有相关学识(即理论知识)和专业的人员、学者作为专家。专家也应根据实际情况选定。同时，还应当学会建立相应的专家名录库，使用反馈排序方法确定和分析有关专家的真正水平和倾向性。①

(二)层次分析法

层次分析法是最常用的一种指标赋权法，该方法是定性和定量相结合的指标赋权方法。层次分析法主要是专家根据个人的知识经验对指标之间的重要性进行两两比较，基于预先设置的评价标度，获取满足一致性要求的互反判断矩阵，最后基于互反判断矩阵，利用数学方法导出指标的权重。该方法在互反判断矩阵的获取过程中采用了定性的方法，在指标权重导出过程中，采用了数学模型，因此它是定性和定量相结合的赋权方法。设有 X 与 Y 两个不同的指标(或准则)，则层次分析法评价标度如表2-2所示。

层次分析法在构造互反判断矩阵中同样会因为指标个数过多，导致专家对指标重要性的比较出现逆序的结果，且满足一致性互反判断

① 王晓娟，朱喜安，赵宁宁. 改进的模糊聚类方法在R&D资源分类中的应用[J]. 统计与决策，2016(17)：31-34.

表 2-2　层次分析法评价标度

标度	含　义
1	指标 X 与指标 Y 同等重要
3	指标 X 比指标 Y 重要
5	指标 X 比指标 Y 强烈重要
7	指标 X 比指标 Y 重要的非常多
9	指标 X 比指标 Y 极端重要
2，4，6，8	中间值
倒数反比较，即指标 X 比指标 Y 比较得到判断 b_{ij}，则 $b_{ji} = 1/b_{ij}$	

矩阵的构造存在很大的难度。利用层次分析法来确定指标权重的过程中，首先要做到的是所构造的互反判断矩阵要满足一致性的条件。互反判断矩阵的一致性主要是通过一致性比率来衡量的。在对构造的互反判断矩阵进行一致性检验的时候，一般是先确定出 n 阶互反判断矩阵的最大特征值 λ_{max}，并基于最大特征值 λ_{max} 计算出所构造的互反判断矩阵的一致性指标 $CI = (\lambda_{max} - n)/(n - 1)$，再根据如表 2-3 所示的平均随机一致性指标，选择 n 阶互反判断矩阵对应的评价随机一致性指标 RI，即可计算出该 n 阶互反判断矩阵的一致性比率 $CR = CI/RI$。一般来说，当 $CR<0.1$，则认为所构造的互反判断矩阵满足一致性；当 $CR>0.1$，则说明所构造的互反判断矩阵出现逆序的情况，不满足一致性，此时需要对 n 阶互反判断矩阵进行调整，并再次检验，直到满足一致性要求。一般来说，互反判断矩阵的阶数 n 越小，则构造满足一致性的互反判断矩阵的速度越快；n 越大，由于人的意识的不确定性，导致逆序的可能性越大，则构造满足一致性的互反判断矩阵的速度越慢，需要经过多次调整后，才能构造出满足一致性的互反判断矩阵。

表 2-3　平均随机一致性指标

矩阵阶数	1	2	3	4	5	6	7	8	9	10
RI	0	0	0.58	0.89	1.21	1.26	1.36	1.41	1.46	1.49

对于满足一致性的互反判断矩阵，需要采用一定的数学模型来导出指标的权重向量。最常用的方法是特征值方法，即对最大特征值 λ_{max} 对应的特征向量进行归一化，最终得到的向量即为评价指标的权重向量。随后，学者根据互反判断矩阵的满足条件，分别提出了方根法、和法、幂法等指标权重导出方法。

层次分析法与专家赋权法基本属于一类，都是基于专家对评价客体的认识、经验和价值的判断，层次分析法对专家的主观判断做了进一步的数学处理，使之更科学。因此现行的主流综合评价中，尤其包含很多定性指标的综合评价，专家赋权与层次分析法依然是被广泛使用的。

(三)模糊层次分析法

模糊层次分析法(fuzzy analytic hierarchy Process，FAHP)是在层次分析法的基础上进行改进的一种赋权方法。模糊层次分析法主要是在对指标的重要性进行比较的过程中，根据比较过程中存在的模糊性，采用模糊隶属度来刻画两个指标之间的重要性，使得最终构造出来的判断矩阵是满足互补性的互补判断矩阵。在获得互补判断矩阵后，再利用数学模型得出指标的权重向量，模糊层次分析法同样存在判断矩阵构造逆序的问题。

由于定性判断是专家的主观判断，因此其结果具有很大的主观性。主要表现为判断标准易发生偏移，所以初步得到的判断矩阵通常是非一致的，这时就需要进行一致性检验和调整以获得一致的模糊互补判断矩阵。调整的原则是，以符合专家的判断习惯为前提，在尽可能多地保留原有判断矩阵信息的基础上，使调整过程尽可能地简便、易操作，同时减小计算量，专家的习惯会给最后的权重带来很大的个人偏好性。如表

2-4 所示。设有 X 与 Y 两个不同的指标(或准则)，则模糊层次分析法模糊互补比较评价标度如表 2-4 所示。

表 2-4　模糊互补比较评价标度

标度	含义	备注
0.1	指标 X 完全没有指标 Y 重要	0.2、0.4、0.6、0.8 为相邻两个判断的中值；若指标 X 与指标 Y 的重要性相比较的标度值为 r_{ij}，则 X 与 Y 的重要性相比较的标度值 $r_{ji}=1-r_{ij}$
0.3	指标 X 较明显地不如指标 Y 重要	
0.5	指标 X 与指标 Y 同样重要	
0.7	指标 X 较明显地重要于指标 Y	
0.9	指标 X 完全重要于指标 Y	

二、综合评价中常见的客观赋权方法

(一)熵权法

熵权法主要是基于信息论中的信息有序性提出的一种指标权重确定方法。某个评价指标数据的有序度关系到信息量的多少，信息熵越小，对于评价数据所提供的信息量也就越大，在对指标赋权的时候，就应该赋予较大的权重，基于该原理，熵权法被提出来，并用于指标权重的确定。熵权法主要根据评价数据的有序度来确定指标权重，但是由于熵权法是基于确定性信息来计算的，对于不确定性信息，需要经过一定的数据转换后才能采用熵权法来确定指标权重。熵权法确定权重的主要过程如下：

第一步，设影响评价结果的因素集有 m 个，对 n 个待评价对象的综合评价矩阵经过规范化后的矩阵为 $R=(r_{ij})_{n\times m}$，其中 r_{ij} 表示对第 i 个待评价对象的第 j 个指标下的评价值。对矩阵 $R=(r_{ij})_{n\times m}$ 按列进行归一化，即得到归一化后的矩阵：$P=(p_{ij})_{n\times m}$。其中 $p_{ij}=\dfrac{r_{ij}}{\sum_{k=1}^{n} r_{kj}}$。

第二步，计算熵权。计算第 j 个评价指标 $C_j(j=1, 2, \cdots, m)$ 的熵值为：

$$E_j = -\frac{1}{\ln n}\sum_{i=1}^{n} p_{ij}\ln p_{ij} \tag{2-3}$$

则此时有 $0 \leqslant E_j \leqslant 1(j=1, 2, \cdots, m)$，从而可以计算出指标 C_j 的熵权为：

$$d_j = 1 - E_j \tag{2-4}$$

第三步，确定指标权重。根据评价指标权重满足 $\sum_{i=1}^{m} w_i = 1$，对熵权进行归一化后，即可得到最终的评价指标的权重向量：

$$W = (w_1, w_2, \cdots, w_m)$$

其中：$w_i = \dfrac{d_i}{\sum_{j=1}^{m} d_j}$。

（二）主成分赋权法

主成分赋权法主要是基于多元统计分析的原理来给出权重的一种指标赋权法。主成分赋权法根据评价数据进行主成分分析，先计算每个指标下评价数据的相关矩阵，再对相关矩阵计算特征值，并最终确定指标的权重。主成分赋权法主要是基于指标评价数据的相关性来确定指标的权重，该方法对指标的个数没有限制。

主成分赋权法的主要过程如下：

第一步，采集数据。设评价指标集为 $C_1, C_2, \cdots, C_m$，评价方案集为 $A_1, A_2, \cdots, A_n$。设对第 i 个方案的第 j 个评价指标下的评价值经过标准化处理后为 x_{ij}，则经过标准化处理后的评价矩阵为：

$$X = \begin{bmatrix} x_{11} & x_{12} & \cdots & x_{1m} \\ x_{21} & x_{22} & \cdots & x_{2m} \\ \vdots & \vdots & & \vdots \\ x_{n,1} & x_{n,2} & \cdots & x_{nm} \end{bmatrix}$$

第二步，计算相关系数矩阵。记第 i 个评价指标的评价向量为 $\boldsymbol{X}_i = (x_{1i}, x_{2i}, \cdots, x_{ni})^{\mathrm{T}}$，则第 i 个评价指标的评价向量均值为 $\overline{X}_i = \frac{1}{n}\sum_{k=1}^{n} x_{ki}$，计算第 i 个评价指标下的评价数据 X_i 与第 j 个评价指标下的评价数据 X_j 的相关系数：

$$r_{ij} = \frac{\sum_{k=1}^{n}(x_{ki} - \overline{X}_i)(x_{kj} - \overline{X}_j)}{\sqrt{\sum_{k=1}^{n}(x_{ki} - \overline{X}_i)^2}\sqrt{\sum_{k=1}^{n}(x_{kj} - \overline{X}_j)^2}} \tag{2-5}$$

其中，i，$j = 1, 2, \cdots, m$，从而可以得到 m 个评价指标之间的相关系数矩阵为 $R = (r_{ij})_{m\times m}$。

第三步，计算主成分。计算相关性矩阵 $\boldsymbol{R} = (r_{ij})_{m\times m}$ 的特征值 λ_i 及其对应的正交特征向量 $\boldsymbol{\xi}_i = (\xi_{i1}, \xi_{i2}, \cdots, \xi_{in})$，其中满足 $\lambda_1 > \lambda_1 > \cdots > \lambda_m \geqslant 0$。分别计算贡献率和累计贡献率。

贡献率为：

$$\eta_p = \frac{\lambda_p}{\sum_{i=1}^{m}\lambda_i} \tag{2-6}$$

累计贡献率为：

$$\delta_p = \sum_{k=1}^{p}\eta_k \tag{2-7}$$

当累计贡献率 $\delta_p \geqslant 0.85$ 时，则对应主成分个数为 p。

第四步，计算指标权重。选择前 p 个特征值 λ_1，λ_2，$\cdots$，λ_p，对应的正交单位特征向量 $\boldsymbol{\xi}_1 = (\xi_{11}, \xi_{12}, \cdots, \xi_{1,m})^{\mathrm{T}}$，$\boldsymbol{\xi}_2 = (\xi_{21}, \xi_{22}, \cdots, \xi_{2,m})^{\mathrm{T}}$，$\cdots$，$\boldsymbol{\xi}_p = (\xi_{p1}, \xi_{p2}, \cdots, \xi_{p,m})^{\mathrm{T}}$，则对应的主成分权重为：

$$\begin{gathered}
\omega_1 = \eta_1\xi_{11} + \eta_2\xi_{21} + \cdots + \eta_p\xi_{p1} \\
\omega_2 = \eta_1\xi_{12} + \eta_2\xi_{22} + \cdots + \eta_p\xi_{p2} \\
\cdots\cdots\cdots \\
\omega_m = \eta_1\xi_{1m} + \eta_2\xi_{2m} + \cdots + \eta_p\xi_{pm}
\end{gathered} \tag{2-8}$$

对主成分权重进行归一化处理，即可得到最终的评价指标的权重向量：

$$W = (w_1, w_2, \cdots, w_m)$$

其中：$w_i = \dfrac{\omega_i}{\sum_{j=1}^{m} \omega_j}$。

（三）优化赋权法

优化赋权法主要是在获取评价数据和指标权重大概区间的基础上，设计一定的优化指标构成非线性优化模型，最后采用一定的计算方法来获取评价指标的权重。这类方法中最常用的有离差最大法。使用该方法获得的权重依赖于评价数据，如果评价数据出现变化，则对应的指标权重也会改变，因此，该方法得到的指标权重仅适用于当前评价数据，而不能将该权重作为恒定的指标权重。

设评价指标集为 C_1，C_2，…，C_m，评价方案集为 A_1，A_2，…，A_n。对第 i 个方案的第 j 个评价指标下的评价值经过标准化处理后为 x_{ij}，则经过标准化处理后的评价矩阵为：

$$X = \begin{bmatrix} x_{11} & x_{12} & \cdots & x_{1m} \\ x_{21} & x_{22} & \cdots & x_{2m} \\ \vdots & \vdots & & \vdots \\ x_{n1} & x_{n2} & \cdots & x_{nm} \end{bmatrix}$$

设待确定的指标权重向量为：$W=(w_1, w_2, \cdots, w_m)$，且指标权重向量满足约束条件 $\sum_{j=1}^{m} w_j^2 = 1$。

为确定评价指标的权重，针对第 j 个评价指标 C_j，方案 A_i 的指标加权值与方案 A_k 的指标加权值的离差为：$| w_j x_{ij} - w_j x_{kj} |$。则可以计算得到方案 A_i 的指标加权值与其他所有方案的指标加权值的离差和为：

$$\sum_{k=1}^{n} | w_j x_{ij} - w_j x_{kj} | = \sum_{k=1}^{n} w_j | x_{ij} - x_{kj} | \tag{2-9}$$

依次计算每个方案与其他所有方案在评价指标 C_j 下的离差和，从而可以得到所有方案与其他方案在评价指标 C_j 下的总离差和为：

$$\sum_{i=1}^{n}\sum_{k=1}^{n} w_j \mid x_{ij} - x_{kj} \mid \tag{2-10}$$

上面只分析了所有方案与其他方案在评价指标 C_j 下的总离差和，只包含指标 C_j 的指标权重信息。

一般在确定指标权重的过程中，希望每个方案的指标加权评价值与其他所有方案的指标加权评价值的离差尽可能的大，以有效降低综合评价过程中各方案评价值的分歧程度，使综合评价结果更为合理。因此，构造如下确定指标权重向量的目标函数：

$$\begin{aligned} &\max J = \max \sum_{j=1}^{m}\sum_{i=1}^{n}\sum_{k=1}^{n} w_j \mid x_{ij} - x_{kj} \mid \\ &S.\ T.\ \sum_{j=1}^{m} w_j^2 = 1,\ w_j > 0 \end{aligned} \tag{2-11}$$

对于该非线性目标函数，基于多元函数极值原理，通过求解最终可以确定出最优解为：

$$w_j^* = \frac{\sum_{i=1}^{n}\sum_{k=1}^{n} \mid x_{ij} - x_{kj} \mid}{\sqrt{\sum_{j=1}^{m}\left(\sum_{i=1}^{n}\sum_{k=1}^{n} \mid x_{ij} - x_{kj} \mid\right)^2}} \quad j = 1,\ 2,\ \cdots,\ m \tag{2-12}$$

对最优解进行归一化处理后，即可得到基于离差最大化的指标权重向量：

$$\mathbf{W} = (w_1,\ w_2,\ \cdots,\ w_m)$$

其中，

$$w_j = \frac{\sum_{i=1}^{n}\sum_{k=1}^{n} \mid x_{ij} - x_{kj} \mid}{\sum_{j=1}^{m}\sum_{i=1}^{n}\sum_{k=1}^{n} \mid x_{ij} - x_{kj} \mid} \tag{2-13}$$

(四)灰色关联度赋权法

灰色关联度赋权法是一种主要根据每个指标下的评价数据与预设的

比较数列之间的灰色关联度来确定指标权重的方法。灰色关联度主要刻画两个向量构成的曲线的几何贴近度，一般与比较序列的灰色关联度越小，对应指标的权重越小。灰色关联度赋权方法已经广泛用于综合评价之中，但有限定条件的约束。

设对 n 个方案进行评价，需要确定 m 个评价指标的权重向量。设经过标准化处理后的评价矩阵为 $X=(x_{ij})_{n\times m}$。其中 x_{ij} 为第 i 个方案在第 j 个评价指标下的标准化评价值。下面给出基于灰色关联度的指标权重确定方法，以第 i 个评价指标下的 n 个方案的评价值 $X_i=\{x_{1i}, x_{2i}, \cdots, x_{ni}\}$ 为参考序列，其余 $m-1$ 个评价指标下的 n 个方案的评价值向量：

$$X_j=\{x_{1j}, x_{2j}, \cdots, x_{nj}\}\ (j=1, 2, \cdots, m, j\neq i)$$

计算比较序列 $X_j=\{x_{1j}, x_{2j}, \cdots, x_{nj}\}$ 与参考序列 $X_i=\{x_{1i}, x_{2i}, \cdots, x_{ni}\}$ 的第 k 个元素的灰色关联度系数，如式(2-14)所示。

$$\xi_{ijk}=\frac{\min_p\min_k|x_{ik}-x_{pk}|+\rho\max_p\max_k|x_{ik}-x_{pk}|}{|x_{ik}-x_{jk}|+\rho\max_p\max_k|x_{ik}-x_{pk}|} \tag{2-14}$$

$$(j=1, 2, \cdots, m, j\neq i, k=1, 2, \cdots, n)$$

其中，待识别参数 $\rho\in[0, 1]$，常取 $\rho=0.5$。则比较序列 $X_j=\{x_{1j}, x_{2j}, \cdots, x_{nj}\}\ (j=1, 2, \cdots, m, j\neq i)$ 与参考序列 $X_i=\{x_{1i}, x_{2i}, \cdots, x_{ni}\}$ 之间的灰色关联度为：

$$r_{ij}=\frac{1}{n}\sum_{k=1}^{n}\xi_{ijk}\quad (j=1, 2, \cdots, m, j\neq i) \tag{2-15}$$

依次令 $i=1, 2, \cdots, m$，即依次令 $X_1=\{x_{11}, x_{21}, \cdots, x_{n1}\}$，$X_2=\{x_{12}, x_{22}, \cdots, x_{n2}\}$，…，$X_m=\{x_{1m}, x_{2m}, \cdots, x_{nm}\}$ 为参考序列，其他指标下的评价向量为比较序列，得到各指标之间的灰色关联度矩阵如表 2-5 所示。

表 2-5　不同参考序列下的灰色关联度矩阵

	指标 1	指标 2	…	指标 m
指标 1	0	r_{12}	…	r_{1m}
指标 2	r_{21}	0	…	r_{2m}
…	…	…	0	…
指标 m	r_{m1}	r_{m2}	…	0

则每个指标与其他指标的评价相关度为：

$$\eta_i = \frac{1}{m-1}\sum_{j=1}^{m} r_{ij} \quad (i = 1, 2, \cdots, m) \tag{2-16}$$

对每个指标的相关度进行归一化后，即可得到 m 个评价指标的权重向量为：

$$W = (w_1, w_2, \cdots, w_m)$$

其中，$w_i = \dfrac{\eta_i}{\sum_{j=1}^{m} \eta_j}$。

(五) 变异系数赋权法

变异系数赋权法主要是将每个评价指标下的评价数据看作样本集，分别计算每个评价指标下的样本集的均值和标准方差，根据标准方差与均值的比值得到该评价指标下评价数值的变异系数，最后对变异系数进行归一化，得到的数值即为每个评价指标的权重值。变异系数赋权法主要是基于统计学的原理，根据方差与均值之间的变异情况来体现指标的重要性。

设对 n 个方案进行评价，需要确定 m 个评价指标的权重向量。设经过标准化处理后的评价矩阵为 $X = (x_{ij})_{n\times m}$。其中 x_{ij} 为第 i 个方案在第 j 个评价指标下的标准化评价值。具体如下：

第 i 个评价指标下的方案评价值构成的评价向量为 $X_i = \{x_{1i},$

x_{2i}，…，$x_{ni}\}$，$i=1,2,\cdots,m$。依次计算向量 X_i 的均值 $\overline{X}_i=\frac{1}{n}\sum_{k=1}^{n}x_{ki}$ 和标准差 $S_i=\sqrt{\frac{1}{n-1}\sum_{k=1}^{n}(x_{ki}-\overline{X}_i)^2}$，则可以得到第 i 个评价指标下各方案评价值的变异系数为：

$$V_i=\frac{S_i}{\overline{X}_i}\quad(i=1,2,\cdots,m)\tag{2-17}$$

对变异系数进行归一化处理，即可得到最终的 m 个评价指标的指标权重向量：

$$W=(w_1,w_2,\cdots,w_m)$$

其中，$w_i=\frac{V_i}{\sum_{j=1}^{m}V_j}$。

三、综合评价中单一赋权法与组合赋权法的优劣比较

通过对以上常用的指标赋权法的分析可以看出，各指标赋权法均是从某一个角度考虑所提出的，在刻画某一方面的特性时具有一定的优势，但同时也忽略了其他方面的影响因素。如果能将各种赋权法进行综合使用，则能有效地利用各种赋权法的优势，克服各种赋权法的不足，因此，最近学者提出了组合赋权法，并将其应用于实际的综合评价过程中。传统的组合赋权法主要是选择一种定性赋权法和一种定量赋权法，分别对综合评价的各指标进行赋权，最后对定性赋权法和定量赋权法得出的权重进行线性加权，从而得出最终的指标权重，其组合赋权模型为：

$$w_h=(1-\alpha)w_1+\alpha w_2$$

式中：w_h 为组合权重，w_1 为使用定量赋权法得出的权重，w_2 为使用定性赋权法得出的权重。参数 $\alpha\in[0,1]$ 为风险系数，若 $\alpha>0.5$，表示对专家经验给予更多的重视，此时得到的指标权重具有风险性倾向；若 $\alpha<0.5$，则表示更注重定量赋权法得出的权重，此时表明在权

重确定过程中具有保守的倾向；α 越小，则保守性越强。当 $\alpha = 0.5$ 时，则表明对定性赋权法和定量赋权法得出的权重平等看待，此时表明权重选择上处于中立状态。

传统的组合赋权法存在两个弱点。第一个弱点是面临着单一定性赋权法和单一定量赋权法的选择问题。在对权重进行组合加权的过程中，只选择一种定性赋权法和一种定量赋权法来对指标进行赋权，最后对这两种赋权法得出的指标权重进行加权组合，虽然说这样利用了定性描述中的专家经验和定量描述中的数据规律性，但是就上文的分析可以看出，每种赋权法均是在某一个方面突出权重确定的优势，而忽略了其他方面对评价指标的影响因素。如今学界提出了很多指标赋权法，在进行指标加权的过程中，该选择哪种定性和定量赋权法？该用什么样的标准来选择？这些依然是难以解决的问题。第二个弱点是在组合加权过程中加入了风险系数 α，也就是在指标加权过程中，还得确定风险系数，无形中增加了评价过程的不确定性，最主要的是，针对不同的风险系数会出现不同的综合评价结果，这样的话，最终该如何来对待评价结果，又该如何来进行决策？所以风险系数的引入，增加了决策结果的犹豫度。

为了进一步改进、优化赋权，本书分别引入熵权法和贝叶斯正则化法，对其中影响因素较大的两个输入参数初始权向量和目标误差值进行改进。通过熵权法来训练初始权向量的参数，通过贝叶斯正则化法来训练目标误差值，进而防止神经网络的过拟合现象，使得输出的结果更符合先验知识。

第三章　指标体系构建优良标准研究

第一节　概　　述

一、指标体系构建中存在的问题

进行综合评价，必须首先构建完整的、符合实际的指标体系作为基础。指标体系构建是综合评价的前提，一套符合需要、能够反映实际的指标体系是综合评价结果正确的基本前提和重要保证。近年来，许多领域都开展了不同程度的综合评价，取得了较为良好的成效，达到了预期的研究目的，但同时也引起了相关部门和理论工作者的普遍质疑。质疑最多的主要集中在指标体系建立的理论依据有哪些，指标体系是否符合实际，指标体系的代表性如何，指标体系应该如何建立，等等。一套优良的指标体系应该具备什么标准和原则？又应如何建立？只有弄清楚这些问题，我们建立的指标体系才能真正符合实际，也才能真正使综合评价发挥应有的功能和作用。目前社会上开展了许多综合评价实践，例如，高校科研实力的综合排名、企业的经济效益评价、优秀学生的评定等，但大多数综合评价所采用的指标体系是根据评价者自身的价值判断来人为确定的。这种确定指标体系的办法尽管简单，但具有很强的随意性，不同的评价者可能会给出不同的指标体系，从而严重影响综合评价结果的准确性，导致综合评价结果的不确定性，引起人们对评价结果的质疑。例如高校综合实力排名中，同一所高校在不同学者提出的综合排名中相差巨大。再如综合国力的比较，由于不同学者使用的指标体系带有很强的主观性，得出的综合国力排名结果可能不符合事实。

二、指标体系构建的现状

其他学者对这一问题也展开了一系列的研究，杜进林等(2006)对指标体系建立的原则和基本要求展开研究，提出了建立指标体系的基本步骤和方法。① 王虹、杨兴华、梁万年(2003)也对指标体系的建立与检验做了较为系统的研究和阐述。② 颜涛(2000)提出了一个好的指标体系应该具备的基本特征和标准，并给出了一定办法来衡量优良指标体系。③

尽管他们也认识到指标体系建立的科学性和实用性等的重要性，对这一问题也展开了较为系统的研究，然而大多数研究只停留在基本原则上，缺乏可操作的基本方法。

第二节　指标体系建立的基本程序与基本原则

一、指标体系建立的基本程序

指标体系的建立是一项系统工程，需要我们认真思考和细心分析各个方面的关系。建立指标体系就是在明确研究的主体(即研究者)和客体(即对象)的基础上，评价者对评价对象的一次认识过程。在这一认识过程中，由于主体的认识过程是渐进的和不断深入的，同时认识过程

① 杜进林，李颖琰，王禄生. 新型农村合作医疗综合评价指标体系研究[J]. 中国公共卫生，2006，22(3)：257-259.

② 王虹，杨兴华，梁万年. 社区卫生服务效果效益指标体系信度、效度的初步研究[J]. 中国全科医学，2003，6(8)：651-652.

③ 颜涛. 对指标体系好坏衡量标准的探讨[J]. 浙江统计，2000(3)：22-23.

中必然有主体认识的偏差和局限，导致所建立的指标体系会与实际存在一定的差异，这就需要我们在建立指标体系的过程中不断地筛选、修正和优化。

指标体系的构建，需要经过指标概念的分解和认识，进而构建指标体系的基本架构，初步选择一些与主题（概念）有关的指标，对初选指标逐个进行筛选，对符合要求的指标形成指标体系，对指标体系进行整体性检验和优化，如果获得通过，指标体系的建构才算完成。具体来看，指标体系的建构可按以下程序完成。

（一）对研究问题的概念进行分析考察

指标体系的建构者首先必须对评价对象有十分清楚的了解，对综合评价的基本要求作出深刻认识，掌握相关内容的深刻含义，只有在概念清晰的基础上，才能构建与评价对象特征和综合评价目的相适应的指标体系。概念界定就是对问题的逐步分解，在此应该保证指标体系的全面系统性，以及对评价目的的深入理解。弄清楚所要研究问题的本质和核心，及可能涉及的方面，这一过程是我们建立指标体系最基本的环节。

（二）指标初选

综合评价指标的初选主要考虑综合评价问题的分解，在概念含义给定的前提下尽可能地多选一些与问题相关的指标，构成指标体系的初选指标集团。在进行指标初选时可以参考国内外关于这一问题的有关论述和社会关注热点，还可以参考指标数据的可获得性，以及实效性。将这些指标选择出来，尽可能地与主题和综合评价的目的有关。

（三）指标筛选与指标体系构建

指标初建以后，需要对已经选出的指标进行筛选。筛选指标时，应从指标之间的相关性、指标的变异性、指标的研究目的关联性与有用性，以及指标的敏感性等角度来认真思考，具体还要考虑指标之间的分布状况和涉及内容，保证能够保留的指标一定是最需要的指标和有用的指标。同时，需要考虑满足指标体系的基本架构的要求，尽可能将重复的指标、变异性小的指标和没有意义的指标剔除，只有这样，我们筛选指标才有意义。在进行指标的筛选以后，我们就应该将这些已经筛选出来的指标，按照事先设计的指标体系框架，结合有关逻辑分析将指标构成指标体系。另外，通过海选得到的指标体系不一定合理，或者有些指标不是最必要的，指标之间有重叠和冗余，因此需要对指标进行筛选，得到简洁明了的指标体系。①

（四）指标体系的检验与应用

指标体系构建以后，不一定是完美的，很可能还存在许多问题。例如，指标体系是否满足全面性与合理性，是否满足综合评价的目的，是否满足指标体系内部的一致性问题，等等，这就需要我们对指标体系进行整体性检验。只有通过了整体检验的指标体系才能够运用于综合评价实践之中。如果指标体系不能通过整体优良性检验，就需要对指标体系进行修正，以达到评价的需求。指标体系构建流程图如图 3-1 所示。

二、指标体系建构的基本原则

（一）科学性原则

科学性原则即目的性原则，就是指指标体系能够科学和准确地反映综合评价的目的要求。具体地说，就是明确指标体系整体的基本功能和作用，能够准确地把握指标体系应该包括的基本内容，准确地掌握具体指标的基本含义、范围和内涵，规范地测定其指标数值。

① 陈战波，朱喜安. 科技型中小企业持续创新能力评价体系研究[J]. 技术经济与管理研究，2015(3)：32-36.

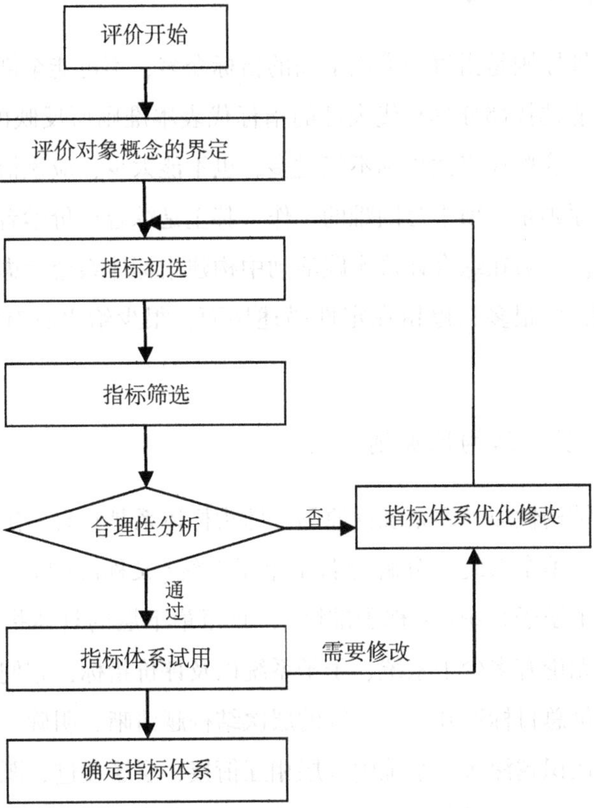

图 3-1　指标体系构建流程图

（二）全面性原则

全面性原则即完备性原则，就是指结合相关的理论依据，经过定性分析，确保指标体系满足指标体系构建的基本准则，确保指标体系全面体现综合评价目的的基本特征。准则是从目标出发，来全面反映综合评价目标的各个子系统，这些子系统是由目标分解出来的，必须能够全面反映目标的全部基本特征，一般这些基本特征不能被遗漏。

（三）代表性原则

代表性原则是指每一准则下面的指标众多，不可能全部选入指标体系中，只能选择部分具有代表性的指标代表本准则所反映的基本特征。理论上讲，这些代表性指标不能过多，也不能太少，应该恰到好处。满足代表性原则是一项十分困难的工作，甚至是综合评价学者始终追求的目标之一。一般在综合评价实践活动中构建指标体系会考虑到所谓的代表性原则，但很多只停留在定性描述层面，很少给出具有可操作性的方法。

（四）层次结构性原则

层次结构性原则即系统性原则，即指标体系是具有一定层次结构的信息系统。整个系统被分解为若干个子系统（又称准则），子系统又被分解为若干子子系统（又称子准则），直至最下层的具体指标。在整个系统中，无论有多少子系统、子子系统以及评价指标，它们都是紧紧围绕综合评价总目标展开的。系统的层次结构越清晰、明确，说明评价者对问题的认识越深入。系统中各层相互衔接，层层递进，既可以看作自上而下的目标的层层分解，也可以看作影响因素自下而上的逐层传递。

（五）一致性原则

一致性原则即内部一致性原则，是指在同一准则下的所有指标能够反映这一准则的要求，反映这一准则应该反映的内容，或者说指标和内容的一致性。有些指标不能反映准则所要求的内容，则这一指标就不应该列在这一准则之下。

（六）极大不相关准则

极大不相关准则是指同一层指标之间、同一层准则之间应该尽可能地线性无关。同一层指标之间或同一层准则之间线性相关就意味着信息重叠。如果同一层指标之间或同一层准则之间线性无关，那就意味着这些指标或者准则分别独立地从不同的角度反映了综合评价目标(准则)的要求。如果这些准则或指标之间相互独立(实际上是线性无关)，说明指标体系更具有优越性。但是实际上，由于综合评价的社会经济问题和其他问题的复杂性，综合评价指标体系的各准则层和指标层不可能完全线性无关，只能实现尽可能线性无关，特别是不能出现完全线性相关。

第三节 指标体系中具体指标的筛选

通过以上分析和研究，本书提出一些可具操作性的、相对比较通用的指标筛选方法。对于不同的数据类型、不同的评价对象，筛选方法应该是有所不同的，也不应该是固定不变的。本书提出的指标筛选方法可以为综合评价问题提供方法参考。为什么需要进行指标筛选呢？主要是综合评价指标体系中指标过多或者过时，会导致指标体系不能反映综合评价目的的具有代表性的指标集团。也就是说，如果不进行指标筛选，指标体系中可能包含过多的无用指标，这些无用指标，不仅不能帮助完成综合评价工作，反而会对综合评价目的的实现不利。理论上讲，指标体系中指标的筛选准则，应该是在满足目的的前提下指标越少越好。笔者认为评价指标宜少不宜多，宜简不宜繁。① 对于冗余的指标体系，可以按照以下的步骤方法进行筛选分析。

一、相关性分析方法

考察指标之间的信息冗余和重叠状况，需要探究指标之间的依存关系，也就是所谓的相关分析。通过计算综合评价指标之间的相关性系

① 朱喜安. 国民经济运行质量评价指标体系初探[J]. 中南财经政法大学学报，1998(5)：102-104.

数，剔除相关性系数较大的评价指标，减少重复冗余的信息对评价结果的影响，进而简化指标体系。

相关系数的计算方法有多种类型，综合评价指标体系中指标之间的相关性分析可以按以下步骤进行：

第一，测算指标体系中所有指标之间的相关系数及相关系数矩阵。

第二，确定相关系数最大能够接受的临界值M（$0 < M < 1$），并作出判断。如果$|r| > M$，则可以认为存在所谓的信息冗余，可以删除与其他指标相关性较高的评价指标；反之，如果$|r| < M$，则该评价指标可以保留。一般选取的临界值M为0.7。

第三，相关分析的根本目的就是删除指标层内相关系数较大的指标，减少指标信息的冗余，让指标体系更具有系统性和代表性。

二、综合评价中的最小均方差方法

设有n个评价对象数，m为评价指标数，如果某一指标的指标值在所有评价对象中的差异化并不明显，那么该指标就失去了原有的评判意义，可以被剔除。为了减少计算量，我们就运用最小均方差法和极大极小离差法来删除指标。最小均方差公式如式(3-1)所示。

$$S_j = \left[\frac{1}{n}\sum_{j=1}^{n}(x_{ij} - \bar{x}_j)^2\right]^{\frac{1}{2}} \quad (j = 1, 2, \cdots, m) \tag{3-1}$$

在这里，评价各对象的均方差为(S_1，S_2，S_3，…，S_m)，X_{ij}表示第j个对象在第i个的指标值，$\bar{x}_j$为评价指标x_j按n个被评价对象取值构成的样本均值，其公式如式(3-2)所示。若存在$k_0(1 \leqslant k_0 \leqslant m)$，使得$S_{k_0} = \min\limits_{1\leqslant j\leqslant m}\{S_j\}$，且$k_0 \approx 0$，则可以删除与$k_0$相应的评价指标$x_{k_0}$。

$$\bar{x}_j = \frac{1}{n}\sum_{j=1}^{n}x_{ij} \quad (j = 1, 2, \cdots, m) \tag{3-2}$$

在极大极小离差法中，首先要求$r_j = \max\limits_{1\leqslant i,\ k\leqslant n}\{|x_{ij} - x_{kj}|\}$，再求出$r_j$的最小值，若有$r_0 = \min\limits_{1\leqslant j\leqslant m}\{r_j\}$，设定指标的筛选临界值为$Q$，当$r_j \geqslant Q$时，表示该指标显著性较强，可予以保留；反之则可删除。一般根据经

验，当 $n \leqslant 9$ 时，$Q = 0.06$；当 $n > 9$ 时，$Q = 1/n$。①

三、综合和评价指标筛选的主成分分析法

(一) 主成分分析的介绍

主成分分析是多元统计分析方法之一，利用该方法对指标降维，具有较好的效果。在综合评价中主成分分析的主要作用有：降维、指标的删减、信息显著性分析、权重分析、综合评价中的排序问题等。

主成分分析的基本模型为：

$$F_i = \alpha_{i1}X_1 + \alpha_{i2}X_2 + \cdots + \alpha_{im}X_m, \quad i = 1, 2, \cdots k \tag{3-3}$$

在这里，X_i 为第 i 个观测指标（$i = 1, 2, 3, \cdots, m$）；F_j 为第 j 个主成分（$j = 1, 2, 3, \cdots, k$）；α_{ij} 为对应的第 i 个特征值的特征向量的第 j 个分量。

(二) 主成分分析的基本步骤

第一步，求相关系数矩阵 $\boldsymbol{R}_{m \times m}$。

第二步，求矩阵 $\boldsymbol{R}$ 的特征值 λ_j（$j = 1, 2, 3, \cdots, m$）：

$$W_j = \frac{\lambda_j}{\sum_{j=1}^{k} \lambda_j} \tag{3-4}$$

第三步，将特征值 λ_j 从大到小排列，根据惯例，按累计贡献率 $\geqslant 85\%$ 选取前 k 个特征值的主成分，得到第 i 个指标在第 j 个主成分上的因子负载 b_{ij}：

$$\alpha_{ij} = \frac{b_{ij}}{\sqrt{\lambda_i}} \tag{3-5}$$

第四步，根据主成分 F_i 上因子负载的绝对值 $|b_{ij}|$ 筛选指标，

① 张恒喜. 小样本多元数据分析方法及应用[M]. 西安：西北工业大学出版社，2002：100-103.

$|b_{ij}|$ 越大，则表示指标 i 应当保留；反之，则表示应当剔除。

四、基于信息敏感性对常规主成分分析方法的优化

在利用主成分分析方法的载荷系数进行指标筛选的时候，可能会导致含有较多信息的指标被无故删除，而保留下来的指标却又是信息含量较少的指标，这一缺陷在综合评价中不容忽视。

针对这些问题，本书基于指标信息敏感性的指标筛选，克服了一般主成分模型中对评价指标的筛选仅仅依据载荷系数而无法考虑到信息含量的弊端。

首先，在这里我们提出指标敏感性，即被保留的各主成分对每一个指标的偏导数与对应主成分的方差贡献率乘积之和。利用该指标反映对原始指标信息的影响程度，这样就可以保留信息敏感性大的指标，删除信息敏感性小的指标。信息含量筛选指标过程如下。

利用主成分分析方法进行指标的降维，其处理的一般步骤已经做了详细的介绍，这里仅对不同的部分进行说明。在一般的主成分分析中只有四个步骤，但是考虑了到信息敏感性的主成分分析则还需要第五个步骤才能完成整个流程。

第一步，通过主成分分析得到相应的主成分及其方差贡献。

第二步，计算敏感性程度 b_{ij}。其中，b_{ij} 表示第 i 个主成分受第 j 个指标大小变化的影响。

$$b_{ij} = \left|\frac{\partial Z_i}{\partial Z_j}\right| = |u_{ij}|$$

其中，$\left|\frac{\partial Z_i}{\partial Z_j}\right|$ 表示在其他指标大小不变的情况下，第 j 个指标的极小变化所导致的第 i 个主成分的 Z_i 的信息改变量的大小。

第三步，计算 β_{ij}。计算公式为：

$$\beta_{ij} = \omega_i |u_{ij}| \tag{3-6}$$

第四步，计算第 j 个指标信息敏感性 β_j，$\beta_j = \sum_{i=1}^{n} \omega_i |u_{ij}|$，$\beta_j$ 反映了指标 i 对评价结果的影响程度，数值越大，则表示应该予以保留；数值越小，则表示应该删除。

第五步，剔除信息敏感性偏小的指标。一般设置为 0.7~0.9。

五、基于客观实际因素的指标分析与筛选

以上分析仅仅是依靠模型进行的，虽然保证了客观性，但是这种客观性无法考虑到综合评价的具体实际情况，可能会导致部分很重要的指标被错误地删除，反之，也可能导致部分不重要的指标被保留下来。为此，在进行综合评价之前需要对指标进行必要性分析，基于客观实际因素对指标进行分析与筛选，得到可信的评价指标体系。基于客观实际因素对指标体系中指标的筛选实际上就是要研究经过数学方法筛选的指标与现实需要和研究目的是否完全相符，毕竟用数学方法筛选的指标多少带有一些脱离实际的嫌疑，只有基于客观实际筛选的指标才能保证统计后得到指标体系且具有代表性，也即最小有用指标体系，只有这样的指标才能满足实际分析的需要。

对于指标体系的构建，不同的构建方式会有不同的结果，因此必须对指标体系的建立过程严格控制。另外指标体系整体上构建完成后，还需要对指标体系的合理性和优良性进行检验。

第四节　城市生活环境评价指标体系构建实例①

本节中包含对以上指标筛选方法的实际应用的实例，通过实例分析能够进一步了解指标筛选和指标体系构建的基本方法。

---

① 陈战波. 综合评价指标筛选与赋权方法改进研究——以城市生活环境评价为例[D]. 中南财经政法大学，2017.

以城市生活环境竞争力综合评价为例，从评价目的的角度考虑，按照指标体系构建的一般方法和步骤，首先分析城市生活环境概念的界定、城市生活环境竞争力因素分析与评价的流程、样本城市的选取，构建城市生活环境评价的理论框架，在初选若干指标的基础上对指标进行筛选，得到较为理想的指标体系。

一、城市生活环境的含义界定

(一)城市生活环境的概念界定

生活环境是指与人类生活密切相关的各种自然条件和社会条件的总体，它由自然环境和社会环境中的物质环境所组成。① 通过生活环境的定义可以看出，城市生活环境更加注重城市居民的直观感受，注重物质环境而非精神环境。

基于以上分析，本书将城市生活环境定义为与城市居民生活密切相关的可以影响居民情绪的外在物质条件与经济条件，如城市绿化覆盖率、人均道路面积、污水处理厂集中处理率、空气质量达到及好于二级的天数等。

(二)城市生活环境竞争力评价研究回顾

城市生活环境竞争力的研究相对丰富，各个国家、地区、国际组织等均有一定的标准。城市环境竞争力研究大致分为三大类。

一是国际权威机构给出的竞争能力指标体系，以欧洲环境局 EEA 提出的 DPSIR 模型概念为代表。这是至今比较权威且使用范围比较广泛的评价体系。DPSIR 模型主要包括 D(Driving，驱动力)、P(Pressure，

---

① 百度百科[OL]. [2020-11-15]. http://baike.baidu.com/view/57874.htm.

压力)、S(State，状态)、I(Impact，影响)、R(Responses，响应)。①

二是中华人民共和国环境保护部2015年3月公布的《生态环境状况评价技术规范》(HJ192—2015)②中给出的环境指标体系，主要包括：生态环境状况指数、生物丰度指数、植被覆盖指数、水网密度指数、土地胁迫指数、污染负荷指数、环境质量指数、生态建设指数、自然保护区生态环境保护状况指数、面积适宜指数、外来物种入侵指数、生境质量指数、开发干扰指数等16个环境指数评价指标。

上面两个权威机构的指标体系考虑到了评价指标的多样性，但是没有考虑到部分指标之间的相关性、信息冗余，以及指标的独立性、鉴别力、数据可得性等方面的特征。

三是其他生活环境综合评价的研究，包括城市环境设计、城市环境治理、城市环境可持续发展以及城市环境综合评价。这些对于城市环境的评价和背景研究还不深入，但是可以为本书的评价提供参考。

(三)城市生活环境竞争力综合评价流程分析

城市生活环境本身是一个复杂的系统，影响城市生活环境的因素主要来自于外部的多重因素，因此，评价过程需要定性和定量相结合。为了得出合理的评价结果，首先，根据欧洲环境局EEA、国家环保部2012年提出的考核指标体系与2015年公布的生态环境状况技术规范，以及权威参考文献进行指标初选，指标初选严格按照权威部门发布的参考指标选取，并分析指标来源的科学性；其次，初选完成后，按照指标

① Carlo Giupponi. Decision Support Systems for Implementing the European Water Framework Directive: The MULINO Approach[J]. Environmental Modelling & Software, 2007, 22 (2): 222-260. Cristian SC, Monica D. Entropic Measures, Markov Information Sources and Complexity[J]. Applied Mathematics and Computation, 2002 (132): 339-394.

② 国家环境保护标准. 生态环境状况评价技术规范(HJ192—2015)[S], 2015.

筛选方法和筛选步骤进行指标筛选。城市生活环境竞争力综合评价流程图如图 3-2 所示。

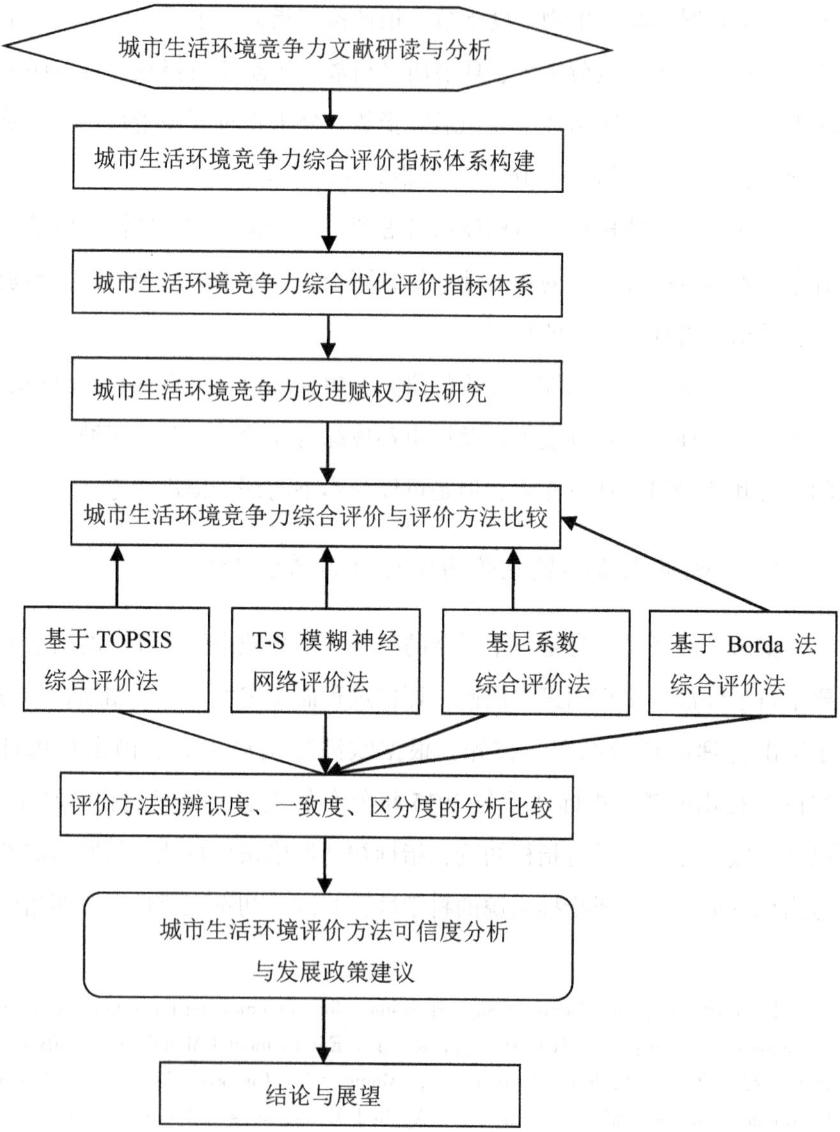

图 3-2　城市生活环境竞争综合评价流程图

（四）城市生活环境竞争力综合评价样本城市的选取

本书选择经济竞争力强的城市作为样本进行研究，该类样本城市的选择能代表中国大中型城市生活环境的状况，由于本书指标的筛选数据要求必须全面真实，在研究的过程中，由于数据的限制，本书只能获得2015年最新的省统计年鉴，基于数据的可获得性，最终选择了2015年社科院发布的《城市竞争力蓝皮书》中经济竞争力排名前30的13个省会城市和直辖市作为最终的样本单位，即上海、广州、天津、北京、武汉、南京、成都、郑州、长沙、杭州、沈阳、重庆、济南13个大中型城市作为样本展开研究。

二、城市生活环境评价指标筛选

在进行指标筛选前选择驱动层一级准则，又分为公共交通驱动力、经济发展驱动力2个大类，下设12个二级指标；压力层一级准则，选择了1个大类，下设20个二级指标；状态层一级准则，又分3个大类，下设10大二级指标；响应层一级准则，又分为人文响应、环境响应2个大类，下设11个二级指标。指标的来源严格参照权威部门和权威参考文献获得，以期对城市生活环境做出合理的评价，检验本书提出的指标筛选理论。由于文章所选取的指标较多，为了方便后文的叙述，在此给出全书指标对应的符号表示形式。

（一）反映城市生活环境竞争力驱动层的指标选取

驱动层是作为城市生活环境竞争力的动力层，对整个评价体系具有正向的推动作用，这里主要包含了2个大类：公共交通驱动力、经济发展驱动力，共计12个因素。对于这类因素，目前已有的文献研究相对比较丰富，采用的指标基本上是共性的指标，所以，在该指标层没有新增其他的指标因素。在12个指标中经济类的因素占了7个，充分说明在目前的经济发展水平下，经济因素在城市居民的生活环境中占有重要的比重，这在整个竞争力评价体系中占有重要的作用。

表 3-1 城市生活环境驱动层指标的选取

准则层	因素层	指标	符号	属性
驱动层	公共交通驱动力	道路总长度(米)	D1	中
		路段平均宽度(米)	D2	中
		平均车流量(辆/小时)	D3	中
		每万人拥有公共汽车量(辆)	D4	正
		人均城市道路面积(平方米)	D5	中
	经济发展驱动力 1	第三产业从业人员比重(%)	D6	正
		第三产业占 GDP 比重(%)	D7	正
		万元地区生产总值能耗(吨标准煤)	D8	负
		万元地区生产总值能耗下降率(%)	D9	正
	经济发展驱动力 2	万元工业增加值能耗降低(%)	D10	正
		市辖区人均 GDP(元)	D11	正
		市辖区人均 GDP 增长率(%)	D12	正

(二)反映城市生活环境竞争力压力层的指标选取

压力层在城市环境竞争力中作为抑制因素，这类指标在目前资源节约型社会、环境友好型社会中扮演着重要的角色，这类因素大多和节能减排密切相关，是我国进入工业化社会后给城市环境造成影响的重要因素。因此，这类指标对于城市环境评价至关重要。压力层指标反映了在城市生活空间的空气污染与噪音污染。在压力层，本书给出了环境与生产压力这 1 个大类，下设 20 个指标，主要包括工业污染、空气污染、噪音污染三大类。但是从目前的主要参考文献来看，将工业化学需氧量排放量、工业氮氧化物排放量这两个指标作为环境指标的相对较少，因此，环境学中的氮氧化物一般就指这二者的总称。将该因素选作指标之一，其在城市生活环境竞争力中也是十分重要的因素。综上所述，本书选用了目前已有研究体系中使用频率最高的因素，又考虑了在两型社会中核心的压力因素，同时引入了工业化学需氧量排放量、工业氮氧化物排放量这两个因素来作为压力层的因素。

表 3-2　城市生活环境压力层指标的选取

准则层	因素层	指标	符号	属性
压力层	环境与生产压力 1	工业废水排放量(万吨)	P1	负
		城镇生活污水排放量(万吨)	P2	负
		工业化学需氧量排放量(吨)	P3	负
		工业氨氮排放量(吨)	P4	负
		生活化学需氧量排放量(吨)	P5	负
		生活氨氮排放量(吨)	P6	负
		污水处理厂集中处理率(%)	P7	负
		工业废气排放量(万立方米)	P8	负
		工业二氧化硫排放量(吨)	P9	负
		工业氮氧化物排放量(吨)	P10	负
		工业烟(粉)尘排放量(吨)	P11	负
		生活二氧化硫排放量(吨)	P12	负
		生活氮氧化物排放量(吨)	P13	负
		生活烟(粉)尘排放量(吨)	P14	负
		一般工业固体废物产生量(万吨)	P15	负
	环境与生产压力 2	等效声级(dB(A))	P16	负
		交通噪声平均声级(dB(A))	P17	负
		工业噪声平均声级(dB(A))	P18	负
		生活噪声平均声级(dB(A))	P19	负
		一般工业固体废物储存量(万吨)	P20	负

(三)反映城市生活环境竞争力状态层的指标选取

在本书中对状态层指标的选取主要有三大类：自然状态、资源状态、人文状态。在自然状态下选取了 10 大因素，关于年平均气温和全年降水量这两个指标，选取它们的主要原因是，这两个指标是城市生活环境最直观的体现，与城市居民的日常息息相关。

表 3-3　状态层指标的选取

准则层	因素层	指标	符号	属性
状态层	自然状态	年平均气温(℃)	S1	中
		全年降水量(毫米)	S2	中
		绿地面积(公顷)	S3	正
		森林覆盖率(%)	S4	正
		城市绿化覆盖率(%)	S5	正
		建成区绿化覆盖率(%)	S6	正
	资源状态	人均绿地面积(人/公顷)	S7	正
		人均公园面积(平方米/人)	S8	正
	人文状态	市区总人口(万人)	S9	中
		人口密度(人/平方千米)	S10	中

(四)反映城市生活环境竞争力响应层的指标选取

城市生活环境竞争力的响应层包含两大类：人文响应、环境响应，共有 11 个影响因素，这里的指标体系在已有的文献中较少涉及，因此本书增加了 R_4 至 R_{11} 这 7 个因素，这 7 个因素主要集中在空气环境质量方面。选择这类因素主要在于目前社会普遍关注的环境问题——城市雾霾，过去我国过度强调经济的发展速度，没有重视空气污染问题，因此本书在响应层除了强调已有文献的指标，更多地加入了反映城市空气质量的因素，这样由 11 个评价指标构成了响应层。相应指标选取如表 3-4 所示。

表 3-4　城市生活环境响应层指标的选取

准则层	因素层	指标	符号	属性
响应层	人文响应	一般工业固体废物综合利用率(%)	R1	正
		生活垃圾无害化处理率(%)	R2	正
		一般工业固体废物综合利用量(万吨)	R3	正
		一般工业固体废物处置量(万吨)	R4	正
	环境响应	二氧化硫年平均浓度(微克/立方米)	R5	负
		二氧化氮年平均浓度(微克/立方米)	R6	负
		可吸入颗粒物(PM10)年平均浓度(毫克/立方米)	R7	负
		一氧化碳日均值第 95 百分位浓度(微克/立方米)	R8	负
		臭氧最大 8 小时第 90 百分位浓度(微克/立方米)	R9	负
		细颗粒物 PM2. 5 年平均浓度(微克/立方米)	R10	负
		空气质量达到及好于二级的天数(天)	R11	正

综上所述，使用目前全球公认的 DPSIR 模型对城市生活环境竞争力的评价研究，充分考虑了影响城市居民城市生活环境竞争力的各种因素，不仅包含居民直观感受的指标，比如平均气温、PM2. 5、空气质量达到及好于二级的天数等，也考虑了非直观的指标，比如万元地区生产总值能耗、第三产业从业人员比重等隐性指标，较好地兼顾了主观与客观，较好地体现了以人为本的科学发展观，符合建设资源节约型和环境友好型社会的“两型”社会要求，因此，该指标体系能够较好地反映现阶段普遍关注的城市生活环境，原始数据如附表 1 所示。

(五)城市生活环境评价指标筛选

对于综合评价问题来说，首先需要解决的是确立合理的评价指标体系，通过海选指标建立的指标体系存在共线性，造成信息冗余，多余的指标不仅增加了赋权和评价方法的难度，也影响了最终评价结果的可信度，并且对于样本量不大的评价客体来说，过多的评价指标导致结果几乎不令人信服，因此需要筛选指标，降低指标的共线性，进而达到最优评价的目的。

首先，对城市生活环境竞争力的评价指标进行无量纲化处理，处理结果如附表 2 所示，接着进行相关性分析，对指标信息冗余进行处理。其次，利用主成分分析法对信息显著性低的指标进行删除，这里所选的指标若在主成分分析中载荷系数大于 0.7，则认为该指标显著，就予以保留。但是仅仅进行数学方法的筛选很难保证与客观实际相符，还需要进行客观实际的指标筛选，这样综合整体的情况给出整体的最终评价指标体系。

1. 相关性分析

状态类指标(S 块)运行结果如表 3-5 所示，利用相关性分析删除冗余信息指标。本书设定的相关性临界值 M 为 0.7，为便于研究，表中仅显示相关性大于 0.7 的值，小于 0.7 的用 0 代替，原始运行的全部相关分析数据如附表 3~附表 6 所示。

表 3-5　状态类指标相关系数分析

系数	S_1	S_2	S_3	S_4	S_5	S_6	S_7	S_8	S_9	S_{10}
S_1	1.00	0.87	0.00	0.00	0.00	0.00	0.00	0.00	0.00	0.00
S_2	0.87	1.00	0.00	0.00	0.00	0.00	0.00	0.00	0.00	0.00
S_3	0.00	0.00	1.00	0.00	0.00	0.00	0.85	0.00	0.00	0.00
S_4	0.00	0.00	0.00	1.00	0.00	0.00	0.00	0.00	0.00	0.00
S_5	0.00	0.00	0.00	0.00	1.00	0.00	0.00	0.00	0.00	0.00
S_6	0.00	0.00	0.00	0.00	0.00	1.00	0.00	0.00	0.00	0.00
S_7	0.00	0.00	0.85	0.00	0.00	0.00	1.00	0.00	0.00	0.00
S_8	0.00	0.00	0.00	0.00	0.00	0.00	0.00	1.00	0.00	0.00
S_9	0.00	0.00	0.00	0.00	0.00	0.00	0.00	0.00	1.00	0.00
S_{10}	0.00	0.00	0.00	0.00	0.00	0.00	0.00	0.00	0.00	1.00

注：小于 0.7 的用 0 代替。

结果分析：S_1 年平均气温与 S_2 全年降水量的相关系数为 0.87。同时分别横向比较二者与其他指标的最高相关性可知：S_1 年平均气温与 $R5$ 二氧化硫年平均浓度的相关系数为 0.74；S_2 全年降水量与 $R10$ 细颗粒物(PM2.5)年平均浓度的相关系数为 0.8。显然，S_2 全年降水量指标与其他指标的冗余重复程度高于 S_1 年平均气温指标，所以删除 S_2 全年降水量指标，保留 S_1 年平均气温。其余以此类推。

表 3-6　评价指标相关分析留存情况

相关系数指标保留情况	D_1	D_2	D_3	D_4	D_5	D_6	D_7	D_8	D_9	D_{10}	D_{11}
	保留	保留	保留	保留	保留	删除	保留	保留	保留	保留	保留
	D_{12}	P_1	P_2	P_3	P_4	P_5	P_6	P_7	P_8	P_9	P_{10}
	保留	保留	保留	删除	保留	删除	删除	保留	删除	删除	删除
	P_{11}	P_{12}	P_{13}	P_{14}	P_{15}	P_{16}	P_{17}	P_{18}	P_{19}	P_{20}	S_1
	删除	保留	保留	保留	删除	保留	保留	保留	保留	保留	保留
	S_2	S_3	S_4	S_5	S_6	S_7	S_8	S_9	S_{10}	R_1	R_2
	删除	保留	保留	保留	保留	删除	保留	保留	保留	保留	保留
	R_3	R_4	R_5	R_6	R_7	R_8	R_9	R_{10}	R_{11}		
	保留	保留	保留	保留	删除	保留	保留	删除	删除		

2. 城市生活环境指标的最小均方差方法筛选

根据相关性原则，本书已删除 14 个信息冗余程度较高的指标，因此，再根据剩余的指标数据，利用最小均方差计算公式得到的结果如附表 7 所示。

3. 城市生活环境指标的主成分分析

经过相关性分析删除信息冗余的指标，将剩余的标准化后的指标代入主成分分析，在主成分中按绝对值留取较大系数所对应的指标，删除对主成分影响不大、可忽略不计的冗余信息，最终主成分分析得到的结果如表 3-7 所示。

表 3-7　主成分分析解释的总方差

成分	初始特征值			提取平方和载入		
	合计	方差的 %	累积%	合计	方差的%	累积 %
1	7. 678	19. 688	19. 688	7. 678	19. 688	19. 688
2	6. 139	15. 741	35. 429	6. 139	15. 741	35. 429
3	5. 273	13. 52	48. 949	5. 273	13. 52	48. 949
4	4. 7	12. 052	61. 001	4. 7	12. 052	61. 001
5	3. 773	9. 675	70. 676	3. 773	9. 675	70. 676
6	3. 083	7. 906	78. 582	3. 083	7. 906	78. 582
7	2. 099	5. 381	83. 963	2. 099	5. 381	83. 963
8	1. 904	4. 883	88. 846	1. 904	4. 883	88. 846
9	1. 458	3. 74	92. 586	1. 458	3. 74	92. 586
10	1. 309	3. 356	95. 942	1. 309	3. 356	95. 942
11	0. 926	2. 374	98. 316			
12	0. 657	1. 684	99. 99			
…	…	…	…			

由附表 9 可知有关分析因子负荷系数均大于 0. 7，表明该类指标对评价结果的影响显著，应予以保留。

根据主成分分析的思路，建立相应的评价标准。如果用 30% 以下的指标反映了 90% 以上的全部指标信息，则认为指标体系构建成功。由最终筛选结果可知：经过筛选最终剩下 12 个核心指标，由解释方差累计贡献率可知，筛选后的指标对全部指标的信息贡献率为 99. 99%，即从全部指标中筛选出 14. 5%(12/53 = 22. 6%)的指标反映了 99. 99%的原始信息，证明建立的指标体系是合理的，在指标选择时就选取在前 10 个主成分中因子负荷绝对值大于 0. 7 的指标。

4. 基于信息敏感性对常规主成分分析方法的城市生活环境指标进行优化

对于已经进行了相关性分析和一般主成分分析的 12 个评价指标，重新按照信息敏感性分析的步骤进行计算求解。有关计算过程如附表 10 所示。

由表 3-8 可以看出，前 6 个主成分的累积方差贡献率已经达到了 92%，超过了设置的临界值 0. 9，所以只需要保留前 6 个主成分即可。

表 3-8　指标主成分贡献率

序号	特征值	方差贡献率	累积方差贡献率
1	0. 3344	32. 8464	32. 8464
2	0. 2722	26. 7341	59. 5805
3	0. 1609	15. 7993	75. 3799
4	0. 0711	6. 9858	82. 3657
5	0. 0542	5. 3243	87. 6900
6	0. 0469	4. 6071	92. 2972
7	0. 0427	4. 1972	96. 4944
8	0. 0244	2. 3938	98. 8882
9	0. 0075	0. 7335	99. 6217
10	0. 0033	0. 3233	99. 9450
11	0. 0006	0. 0542	99. 9993
12	0. 0000007	0. 0007	100. 0000

利用这种方法还可以直接进行权重的计算，通过权重的计算就可以直接看到哪一个因素是主要的指标，哪一个是次要的因素，进一步量化指标的存留问题。这种方法相对于其他的方法更加合理，因为一般的指标筛选，仅仅是从数据出发，很少考虑到指标对整体评价体系的信息贡献率的情况，所以，考虑了信息敏感性的指标筛选，其效果和合理性均较高。

表 3-9　基于信息敏感性的方法指标的留存情况

指标	β_j	β_j 降序	累积信息含量	权重	基于信息敏感性指标的删除	一般主成分的指标的留存
S_4	1.377	1.377	0.260	0.260	保留	保留
S_1	1.180	1.180	0.482	0.223	保留	保留
S_9	0.734	0.734	0.621	0.138	保留	保留
P_2	0.462	0.462	0.708	0.087	保留	保留
P_1	0.451	0.451	0.793	0.085	保留	保留
S_4	1.377	1.377	0.260	0.260	保留	保留
S_1	1.180	1.180	0.482	0.223	保留	保留
S_9	0.734	0.734	0.621	0.138	保留	保留
P_2	0.462	0.462	0.708	0.087	保留	保留
P_1	0.451	0.451	0.793	0.085	保留	保留
P_7	0.392	0.392	0.867	0.074	保留	保留
P_{14}	0.367	0.367	0.936	0.069	保留	保留
P_{16}	0.224	0.224	0.978	0.042	删除	保留
P_{20}	0.061	0.061	0.990	0.012	删除	保留
R_3	0.032	0.032	0.996	0.006	删除	保留
D_{11}	0.018	0.018	0.999	0.003	删除	保留
R_8	0.005	0.005	1.000	0.001	删除	保留

5. 基于客观实际因素的指标分析与筛选

经过相关性分析，保留 S1、S4、S9、P1、P2、P7、P14 7 个指标，但是这仅仅是依靠模型进行分析，虽然保证了客观性，但是这种客观性无法考虑到城市生活环境竞争力的具体实际情况，因此，可能会导致部分指标很重要但是却被模型删除，也有可能导致部分指标对评价体系不是很重要但却予以保留。基于此，本书将其有必要进行一轮人工的指标分析。

在驱动力这类指标中，本书将其分为两类：公共交通驱动力和经济发展驱动力。由于在前面已经介绍过，为了体现指标的全面性，必须保证每一大类中均有指标保留，这样才能保证评价体系的合理性，这也是综合评价公平性的重要体现。但是，如果仅从数据分析角度，则该类指标会全部被删除。所以，这对于评价体系的公平性会造成影响，基于此，在人工筛选环节分别在公共交通驱动力和经济发展驱动力中保留了一个指标，即 D5 人均城市道路面积和 D11 市辖区人均 GDP。其余操作与其类似。

6. 城市生活环境竞争力最终指标筛选结果分析

经过以上五轮主客观方法的筛选，最终得到城市环境评价体系指标的筛选情况，最终保留的指标如表 3-10 所示，其余指标均被删除。对于综合评价而言，越少的指标评价结果可信度越高，因此筛选完指标后，需要后续章节对指标体系的合理性进行检验，若指标体系合理性通过检验，则转向赋权研究；若指标体系合理性没有通过检验，则需要对指标体系重新优化分析，可以加入评价专家的意见并对指标体系进行修正。

表 3-10　城市生活环境评价最终指标存留情况

名称	S_1	S_5	S_{10}	P_7	P_{16}	R_{11}	D_5	D_{11}
指标全称	平均气温	城市绿化覆盖率	人口密度	污水处理厂集中处理率	等效声级	空气质量达到及好于二级的天数	人均城市道路面积	市辖区人均 GDP

第五节　指标体系的结构形式(递阶结构模型)

一、指标体系的形式特点

很多人以为，指标体系就是若干指标集合。这一认识可以说只是突出了指标体系的外在形式，而忽视了指标体系的内在基本特征。实际上，指标体系是反映综合评价对象特征的有序指标信息系统，这一信息系统具有非常显著的特点。

（一）层次结构性

指标体系作为一个有序的信息系统，它必然与许多信息系统一样，具有信息的层次结构性。这个系统有最底层的、可以观测的基本信息，又有中间各层的信息归纳，还有最上层的目标信息。

（二）系统性

这一系统是在一定目的要求下对信息的系统反映和基本归纳。在这一系统中信息提供是系统和有序的，各个子系统各司其职，有序地构成总系统。

（三）相对独立性

由总目标出发形成的各个准则层和指标层形成了系统的子系统。实际上，由于现实经济问题的复杂性，这些子系统之间不可避免地存在一些相关性，但要求其尽可能地相对线性无关。

（四）目的性

任何指标体系都是在一定研究目的下构建的信息系统。指标体系所提供的信息必然要反映目的的要求，与研究目的无关的信息都不应该纳入指标体系的范畴。

（五）变异性

变异性是指指标体系中各个指标存在较大的差异，无差异的指标即使在指标体系的信息系统中十分重要，但由于其差异性不足，所有评价对象在这一指标上无差别，所以该指标提供的信息对不同评价对象而言没有区别，不能反映评价对象的不同特征，不能纳入指标体系。

二、指标体系的形式与结构

(一)指标体系的基本形式

指标体系的基本形式可以有很多种，但主要有表格式与框图式。

(1)表格式。就是用表格的形式来表述指标体系的方法，其基本形式如表3-11所示。

表3-11 服务业发展指数统计指标体系

目标	准则1	……	指标
服务业发展指数	发展基础		服务业增加值
			服务业增加值占GDP比重
			服务业增加值增速
			服务业固定资产投资总额
			服务业固定资产投资增速
	发展质量		现代服务业增加值占GDP比重
			服务业劳动生产率
			服务业税收贡献率
			服务业经济贡献率
			服务业就业贡献率
	发展潜力		人均生产总值
			居民人均可支配收入
			社会消费品零售总额
			城镇化率
			服务业从业人员增速

(2)框图式。就是以框图形的形式来展示指标体系的方法。其基本格式如图3-3、图3-4所示。

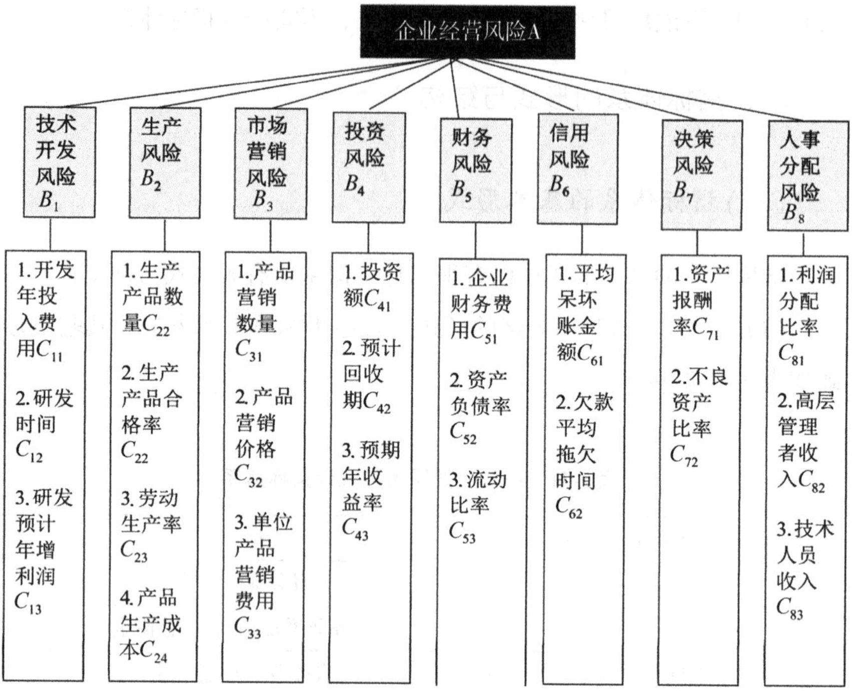

图 3-3　框图式指标体系(一)

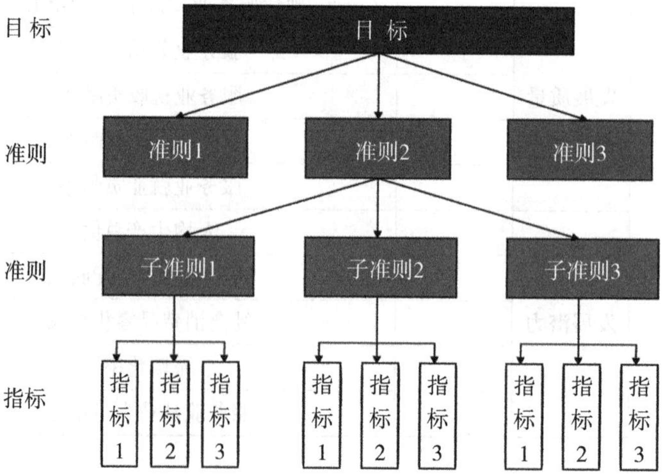

图 3-4　框图式指标体系(二)

(二)指标体系的基本结构

一般无论是表格式还是框图式指标体系，从上至下(表格式是从左至右)有目标层、准则层(包括若干层准则)和指标层等。目标层反映综合评价的基本目标，是综合评价目标的体现，因此，一般来说它是唯一的。准则层可以看作是目标层的分解，也可以是由能够体现总目标特征的若干子目标构成。准则层又由若干子准则层构成，每一准则层又由若干准则组成。这些准则层包含的每一具体准则就是一个潜变量，也就是习惯上的一级指标、二级指标等。这里所说的指标层实际上就是真正的具体指标，它们是在每一准则下能够观测到的数据的具体变量，也就是一些显变量。

第六节　综合评价指标体系整体优良标准检验

综合评价指标体系整体优良标准是指整个指标体系整体上是否最大限度地符合指标体系的优良性的基本要求、是否满足研究目的的要求和指标体系的有效性。整体优良标准主要是指从整体上来考察指标体系的优良性，它有别于具体指标的优良性。前面介绍的指标筛选的优良标准只能说明纳入指标体系的每一指标的优劣，而指标体系的整体优良标准是指标体系作为一个整体的基本优良性。综合评价指标体系整体优良标准检验就是要判断指标体系在整体上是否符合设定的优良标准和要求。综合评价指标体系整体优良标准检验的基本方法主要有综合系数检验法和克朗巴哈 α 系数法。下面分别进行详细介绍。

一、综合系数检验法

综合系数检验法就是利用前面给出的单个指标筛选的一些基本要求和量化标准构造一个基本的检验综合系数(指数)，利用这一系数的大小来比较指标体系的优劣。这一检验综合系数记为 τ，按照前面的讨论，则有：

$$\tau = \delta \frac{\bar{v}\bar{\beta}}{\overline{r^2}} \tag{3-7}$$

其中，$\bar{\beta}$ 是指标体系中所有指标的敏感系数的平均值，即平均敏感系数，$\bar{\beta} = \frac{1}{m}\sum_{j=1}^{m}\beta_j$，$\beta_j = \sum_{i=1}^{n}\omega_i |u_{ij}|$，参见(3-6)式；$\bar{v}$ 是各指标的离散系数的平均值，$\bar{v} = \frac{1}{m}\sum_{j=1}^{m} v_j$；$\overline{r^2}$ 是相关系数平方的平均值，$\overline{r^2} = \frac{1}{m(m-1)}\left(\sum_{i=1}^{m}\sum_{j=1}^{m} r_{ij}^2 - m\right)$，$r_{ij}^2$ 是 m 个指标的相关系数的平方；δ 是专家评估值，它的取值限定在 0～1 之间，专家评估时主要考虑三个因素：一是指标体系整体上是否符合时代特征(即具有现实意义)；二是指标体系是否整体上体现了研究的内容和目的(即满足实际需要)；三是指标体系各个准则(二级指标、三级指标)是否能全面反映指标体系所要研究的问题。δ 的取值越大，说明专家对指标体系的认可程度越高，一般将上述三个因素的满足与否看成是专家给出评估值 δ 的基本依据。

由式(3-7)可知，检验综合系数 τ 是一个大于 0 的数，τ 的值越大，说明指标体系设计越优良，至少指标体系在总体上更能满足目的性要求、变异性要求、全面系统性要求和较少冗余信息要求。式(3-7)一般应该根据无量纲化(标准化)和一致性处理的数据来计算。

二、克朗巴哈 α 系数法

克朗巴哈 α 系数法主要是利用克朗巴哈 α 系数测量各指标间的一致性，从而反映指标体系整体优良性的一种检验方法。克朗巴哈 α 系数原来是对量表信度进行检验的统计量，我们这里将其借用过来，目的是检验指标体系的内部一致性。当指标体系的内部一致性较高，说明指标体系具有较好的优良特征。克朗巴哈 α 系数的计算方法如下：

$$\alpha = \frac{q}{q-1}\left[1 - \frac{\sum_{i=1}^{q}\mathrm{Var}(x_i)}{\mathrm{Var}(H)}\right] \tag{3-8}$$

其中，q 是指标体系中的指标数量，即指标 x_i 的数量；$\mathrm{Var}(x_i)$ 是第 i 个指标的方差；$\mathrm{Var}(H)$ 是所有指标和的方差。

克朗巴哈 α 系数介于 0~1 之间，一般 α 越大，说明指标体系内部的一致性越高；α 大于 0.7，则说明其内部一致性较高，指标体系优良性较好。比较同一问题对应的不同指标体系的 α 系数，可评价指标体系的优良性。

例如，湖北省 17 个地市州 2016 年服务业发展水平评价指标体系 α 系数如表 3-12 所示。

表 3-12 湖北省 17 各地市州 2016 年服务业发展水平评价指标体系 α 系数

目标	准则	指标	分不同准则的 α 系数	整个指标体系的 α 系数
服务业发展指数	发展基础	服务业增加值	0.67	0.71
		服务业增加值占 GDP 比重		
		服务业增加值增速		
		服务业固定资产投资总额		
		服务业固定资产投资增速		
	发展质量	现代服务业增加值占 GDP 比重	0.74	
		服务业劳动生产率		
		服务业税收贡献率		
		服务业经济贡献率		
		服务业就业贡献率		
	发展潜力	人均生产总值	0.78	
		居民人均可支配收入		
		社会消费品零售总额		
		城镇化率		
		服务业从业人员增速		

数据来源：根据 2017 湖北省统计年鉴及统计公报计算得出。

第四章　数据处理的优良标准研究

第一节　概　　述

一、数据处理的基本任务

在日常生活中我们经常需要根据一定的标准，对相关问题给出自己的综合评价。综合评价的关键就是构建综合评价指标，获得相关数据并处理相关数据。处理相关数据的根本目标就是对数据进行“清洗”，除掉不必要的、无用的信息，保留和提炼有用信息。在“清洗”数据的过程中既要让数据具有原有的“痕迹”，又要凸显数据的基本特色。评价指标中可能含有定性指标，也可能有定量指标；可能有“正指标”，也可能有“逆指标”。同时不同指标的计量单位不尽相同，数量级各有高低，指标之间无法直接综合起来。如何兼顾各种评价指标的作用呢？定性指标的定量化问题，涉及不同数量级指标的调整，以及不同计量单位的转换。对于具体的实际评价问题，如何确定评价指标及评价指标数据的处理方法，也应该慎重考虑。

综合评价的基本步骤繁多，在该过程中又会面临多种方案、多个指标，加上样本数据结构复杂、评估专家众多等问题交织在一起，在这种情况下，直接使用没有经过处理的计量单位、数量级以及变动方向都不完全一致的数据，根本无法获得合理的结果。为了使综合评价结果符合综合评价目的的要求，对数据进行适当变换是必需的程序，对指标的无量纲化和一致性处理是一项基础的工作。无量纲化方法和一致性处理方法的选择直接影响综合评价的排序合理性。

二、数据处理方式的概述

由于评价指标的重要性，评价指标的选择及其数据处理方法吸引了众多学者的研究，并且已取得了丰硕的研究成果。这些成果也被广泛应用于管理科学与工程领域中，在经济管理、工业工程及决策等领域中占有重要地位。人们普遍认为不同数据反映的不同指标的含义、量纲、数值不同，不能直接进行运算和比较，这就需要对采集的原始数据进行一定的预处理。常用的数据处理方法有初值化变换、均值化变换、百分比变换、倍数变换、标准化变换等。

很显然，采用不同的数据处理方法会对综合排名产生显著的影响，采用适当的数据处理方法有助于得到合理的综合评价结果。俞立平和潘云涛(2009)进行了学术期刊综合评价数据标准化方法研究，研究结果表明，在综合评价中对指标数据进行标准化时需要遵守三大原则，即同一指标内部数据相对差距不变原则、不同指标之间的相对指标不变原则和标准化后极大值相等原则。① 他们在三大原则的基础上提出了一种正向指标标准化方法，同时也研究了新的反向指标标准化方法，这两种方法适用于截面数据的比较。对于面板数据和时间序列数据，苏永华(2012)认为，在现实生活中，很多评价对象的价值水平与指标值之间存在着非线性关系，此时就应该采用非线性标准化方法。② 郭亚军(2007)对指标的数据处理(一致化及无量纲化)进行了系统研究，在分析了无量纲化方法最常用的几种性质后，提出了“理想无量纲化方法”应满足的基本标准。③

---

① 俞立平，潘云涛，武夷山. 学术期刊综合评价数据标准化方法研究[J]. 图书情报工作，2009，53(12)：136-139.

② 苏为华. 我国多指标综合评价技术与应用研究的回顾与认识[J]. 统计研究，2012，29(8)：98-107.

③ 郭亚军. 综合评价理论、方法及应用[M]. 北京：科学出版社，2007：128-130.

目前，虽然学者对综合评价理论与应用的研究较多，但有很多学者仍然忽视数据处理方法的理论标准，甚至其在综合评价实践中对数据的处理选择也比较随意，从而影响了综合评价结果的准确性。此外，现有文献所介绍的数据处理方法的适用性与优良性还存在不足。

第二节 无量纲化方法的优良标准比较

一、常用无量纲化方法介绍

无量纲化可以消除指标的计量单位以及量纲的差异，这些差异可能会给综合评价排序结果带来不利的影响，导致指标之间无可比性。对于不同的数据有不同的数据处理方法，无量纲化方法本身是消除指标的计量单位和量纲差异的一种数据处理方法。

常用的无量纲化方法有以下六种。①

(一) 极值正规化无量纲化法

$$y_{ij} = \frac{x_{ij} - \min(x_j)}{\max(x_j) - \min(x_j)} \quad (i = 1, 2, \cdots, n; j = 1, 2, \cdots, m) \tag{4-1}$$

$y_{ij} \in (0, 1)$，由于数据的变换是线性变换，因此，各 y_{ij} 的分布仍与 X 值分布相同，适用于各种形式的指标值的无量纲化。

(二) 极大、极小值的无量纲化法

$$y_{ij} = \frac{x_{ij}}{\max(x_j)},\ y_{ij} = \frac{x_{ij}}{\min(x_j)} \quad (i = 1, 2, \cdots, n; j = 1, 2, \cdots, m) \tag{4-2}$$

① 徐吉辉，谢文俊. 综合评价理论、方法与军事应用[M]. 北京：国防工业出版社，2014：201-204.

$y_{ij} \in (0, 1)$，由于数据变换是线性变换，因此，各 y_{ij} 值仍与 X 值相同分布，适用于各类指标值的无量纲化。

(三)平均化无量纲化法

$$y_{ij} = \frac{x_{ij}}{\bar{x}_j} \quad (i = 1, 2, \cdots, n; j = 1, 2, \cdots, m) \qquad (4\text{-}3)$$

$y_{ij} \in (0, 1)$，由于数据变换是线性变换，因此，各 y_{ij} 值与 X 值分布相同。

(四)标准化法

$$y_{ij} = \frac{x_{ij} - \bar{x}_j}{s_j} \quad (i = 1, 2, \cdots, n; j = 1, 2, \cdots, m) \qquad (4\text{-}4)$$

$y_{ij} \in (-3, 3)$，由于数据变换是线性变换，因此，各 y_{ij} 值与 X 值分布相同，适用于正态分布指标的标准化。其中，$\bar{x}_j = \frac{1}{n}\sum_{i=1}^{n} x_{ij}$ 为样本均值，s_j 为样本标准差，$s_{ij} = \sqrt{\frac{1}{n-1}\sum_{i=1}^{n}(x_{ij} - \bar{x}_j)^2}$。

(五)秩次法的标准化法

将各指标值从小到大(正向指标)或从大到小(逆向指标)编秩次 X，从而达到无量纲化，$x \in (1, n)$，n 为样本含量。

$$y_{ij} = x \quad (x = 1, 2, \cdots, n)$$

(六)比重法的无量纲化法

$$y_{ij} = \frac{x_{ij}}{\sqrt{\sum_{i=1}^{n} x_{ij}^{2}}} \quad (i = 1, 2, \cdots, n; j = 1, 2, \cdots, m) \qquad (4\text{-}5)$$

y_{ij} 的值在 0~1 之间，各 y_{ij} 值分布仍与相应的原 X 值分布基本相同，适用于各类指标的无量纲化。当 $x_{ij} \geqslant 0$ 时，$y_{ij} \in (0, 1)$，无固定的最大值、最小值，$\sum_{i}(y_{ij})^2 = 1$。

二、常用无量纲化方法的优良性比较①

不同的无量纲化方法都有其特定的应用条件，不同的指标数据，可以选择不同的方法进行处理。根据以上介绍的无量纲化方法及其特点，结合实际研究需要，可以选择恰当的无量纲化方法。各种不同的数据类型和各种无量纲化方法的优缺点各不相同。为了使比较结果直观明了，本书以表格形式来展示各无量纲化方法的优劣特点。具体如表 4-1 所示。

表 4-1　指标无量纲化方法优劣比较

无量纲化方法	优点	缺点
极值正规化无量纲化法	经过极值变换后各组的关联系数保持了一致	忽略了评价矩阵中指标值的差异性，结果易受极值影响
极大、极小值的无量纲化法	经过指标极大、极小化之后，正、逆向指标均化为正向指标，而且还考虑到了指标的差异性	对于逆向指标进行标准化处理时，实际上是进行 r 非线性变换，变换后的指标值与原指标间的关系有所偏差
平均化无量纲化法	均值化过程中在分母的处理上用原始数据的平均值，很好地保持了原始数据整体的一致性和关联系数的一致性	正、逆向指标的方向没有发生改变

① 朱喜安，魏国栋. 熵值法中无量纲化方法优良标准的探讨[J]. 统计决策，2015(2)：12-15.

续表

无量纲化方法	优点	缺点
标准化法	标准化法和均值化法类似，都很好地保留了原始数据的整体性和关联系数的一致性	标准化过程中消除了各指标变异程度上的差异，无法准确反映原始数据所包含的信息
秩次法的标准化法	适用于小样本数据的标准化	整个过程只是简单地反映了原始数据的顺序和位次变化，较多地损失了原始指标提供的信息
比重法的无量纲化法	用原始数据在总体中所占比重来计算无量纲化，很好地保持了原始数据整体的一致性和关联系数的一致性	对正、逆向指标性质的区分不能准确反映

上述六种常规的无量纲化法无法在不破坏数据差异性的前提下将其转化为无量纲的指标。① 指标无量纲化方法的选择要慎重，防止出错。

通过以上对无量纲化方法的比较，有以下基本结论：在正负指标上具有较大优势的无量纲化方法是平均化无量纲化法，并且在保持正负向指标的方向上，平均化无量纲化法是有效的方法；不能准确保持正负向指标方向的无量纲化方法是比重法的无量纲化法。为了保证评价结果的有效性，综合评价数据处理中应注意指标的无量纲化方法的选择。

① 迟国泰. 基于改进群组G1赋权的生态评价模型及省份实证[J]. 系统工程理论与实践，2012，32(7)：1464-1475.

三、无量纲化方法的性质分析①

一般来说，可供选择的无量纲化方法肯定不止以上六种，那么，综合评价的实际工作中应该如何选择呢？除了已有的方法，还能不能找出更理想的无量纲化方法呢？如何判别无量纲化方法的优劣呢？人们普遍认为，理想的无量纲化方法应该更多地满足以下六个基本性质。

(1)单调性。要求无量纲化后的数据保留原有数据之间的数序关系。对于不同类型的指标而言是有差别的，对极大型指标来说，单调性是指原始指标与无量纲化值同增；对极小型指标来说，原始指标与无量纲化值同减。

(2)差异比不变性。要求无量纲化后的数据保留原有数据之间的比例关系。

(3)缩放无关性。将原有数据缩小或扩大一个倍数，这一变换对无量纲化结果不产生影响。

(4)平移无关性。对指标数据进行加减变换不影响无量纲化的结果。

(5)区间稳定性。对于指标数据的无量纲化处理结果都在一个对应的确定区间内。

(6)总量恒定性。对指标的无量纲化处理后的数据之和为一个恒定的常数。

但实际操作可以证明，截至目前，还不存在同时满足上述六条性质的理想无量纲化方法。任意一种无量纲化方法仅能满足其中的某几条性质。如表 4-2 所示。

① 朱喜安，魏国栋. 熵值法中无量纲化方法优良标准的探讨[J]. 统计与决策，2015(2)：12-15.

表 4-2　常用线性无量纲化方法及性质对应表

无量纲化方法	单调性	差异比不变性	缩放无关性	平移无关性	区间稳定性	总量恒定性
标准化变换	√	√	√	√	×	√
极值变换	√	√	√	√	√	×
线性比例变换 m_j	√	√	√	×	×	×
线性比例变换 M_j	√	√	√	×	×	×
线性比例变换$\overline{x_j}$	√	√	√	×	×	√
归一化变换	√	√	√	×	×	√
向量规范变换	√	√	√	×	×	×
功效系数变换	√	√	√	√	√	×

注：①符号“√”表示成立，符号“×”表示不成立；②仅考虑用同一种无量纲化方法对所有指标进行处理的情形。

从表 4-2 可以看出，标准化变换、极值变换及功效系数变换满足的性质最多，因此，与其他几种处理方法相比，这三种方法更为优良，这与实际评价活动中这三种方法被大量使用的情况是相吻合的。

第三节　一致性处理的优良标准比较

一、不同类型评价指标的一致性处理方法

一般情况下，评价指标 x_1，x_2，…，x_n 可以按照我们所期望的取值大小划分为“趋大型”“趋小型”“居中型”和“区间型”四类指标。对于一些定量指标，人们可能希望它们的取值越大越好，如收益、产出等，这类指标就是“趋大型”指标，也是我们经常所讲的“正指标”；而对于一些指标，我们期望它们的取值越小越好，如投入，消耗等，这类指标就是“趋小型”指标，也就是我们经常所讲的“负指标”；但对于一些指标，

我们既不期望它们越大越好，也不期望它们越小越好，如体重、身高等，这类指标就是“居中型”指标；而有些指标没有具体的取值，但我们期望它们落在某个区间内，这类指标就是“区间型”指标。在实际的评价活动中，可能既有趋大型指标、趋小型指标，又有居中型指标、区间型指标，这就需要在综合评价之前，对评价指标的类型作一致性处理。不同类型的指标，一致性处理的方法也不同。

我们一般将趋大型指标看作标准型指标，指标的一致性处理就是将其他类型的指标转化为标准型指标的过程。

对于趋小型指标 x，令：

$$x^{*} = x - M \qquad (M \text{ 为指标 } x \text{ 的一个允许上界})$$

$$\text{或 } x^{*} = \frac{1}{x} \qquad (x > 0)$$

对于居中型指标 x，令：

$$x^{*} = \begin{cases} 2(x - m), & m \leqslant x \leqslant \dfrac{M + m}{2} \\ 2(M - x), & \dfrac{M + m}{2} \leqslant x \leqslant M \end{cases} \tag{4-6}$$

其中，M 与 m 分别是指标 x 的允许上界和下界。

对于区间型指标 x，令：

$$x^{*} = \begin{cases} 1 - \dfrac{q_1 - x}{\max(q_1 - m,\ M - q_2)}, & x < q_1 \\ 1, & x \in (q_1,\ q_2) \\ 1 - \dfrac{x - q_2}{\max(q_1 - m,\ M - q_2)}, & x > q_2 \end{cases} \tag{4-7}$$

其中，q_1、q_2 为指标的最佳区间，M 和 m 分别为 x 的允许上界和下界。

二、不同类型评价指标的一致性处理的优劣比较

在具体的综合评价过程中必须将指标同趋势化，一般是将趋小型指

标、居中型指标和区间型指标转化为趋大型指标即正指标，即指标值越大越好的指标。为此，本书选用极大、极小值的一致性处理法，使得逆向指标转为正向指标的同时还能完整地保留原始数据之间的差异性。

数据的一致性处理与无量纲化相比，有不一样的特点。数据的无量纲化既有数据的线性变换，也有数据的非线性变换；而数据的一致性处理都是对原始数据进行线性变换。因此，一致性处理不会改变原有数据的根本次序和基本差异。数据的一致性处理方法的优良标准比无量纲化方法的优良标准简单、容易和直观。一般人们认为，选择适合数据特征的一致性处理方法就是最优良的方法。

不管采用上述哪种一致性处理方法，x^* 可以统一写成：

$$x^* = \alpha_j x_j + \beta_j \quad (j = 1, 2, \cdots, m) \tag{4-8}$$

若采用线性综合评价模型，则有：

$$y = \sum_{j=1}^{m} \omega_j x_j^* = \sum_{j=1}^{m} \omega_j \alpha_j x_j + \sum_{j=1}^{m} \omega_j \beta_j \tag{4-9}$$

此时，可用方差来测量综合评价结果 y 的分散程度，其方差为：

$$D(y) = \sum_{j=1}^{m} \omega_j^2 \alpha_j^2 \sigma_j^2 \tag{4-10}$$

可见，在选定的综合评价模型为线性综合评价模型时，指标类型一致性处理方式的选择对 y_i 的值及 $\{y_i\}$ 的排序是敏感的和线性的。x^* 的变化对 y_i 的变化是直接的和等效的，因此，一致性处理对评价结果的影响只是取决于 α_i^2 的大小。

第五章　综合评价赋权优良标准研究

第一节　概　　述

一、研究思路

权重是在综合评价中各指标的重要程度的体现，总体来说，权重有三层含义：第一，决策人对目标的重视程度；第二，各目标属性值的差异程度；第三，各目标指标数据的可靠性程度。我们认为权重应综合反映三种因素的作用。

已有的综合评价方法及其赋权方法很多，但对不同的赋权方法进行综合评价时，即使是同一评价对象和同一数据也可以获得差异很大的结果。因为不同的赋权方法都有自身的赋权准则和解决问题的思路，适用的条件也不完全相同，所以得出不同的评价结果实属正常。但怎样的赋权方法才是符合实际需要的呢？这就需要我们根据数据的特点和各种赋权方法的优良特征加以选择。本书希望提出一些赋权的优良检验标准，以此来选择赋权方法，下文将结合实例加以说明。

二、赋权方法可能存在的问题

目前，理论界对综合评价中赋权方法的优良性问题研究不多，从仅有的一些文献中发现，大家提出的检验标准主要有四个方面。第一个方面是使用相关系数法等方法来检验不同赋权方法的权重之间的相关性。某种赋权方法与其他方法的相关性越小，代表这种赋权方法较之其他方法对评价对象的适用性越差。综合评价中赋权方法的合理性取决于运用所选取的方法对被评价对象进行等级排序的结果的合理性。因此，人们可以根据评价结果所做的等级排序的“差距”或者相关度来判别赋权方法的优良性，具体可采用关联度法、等级相关系数法和模糊向量集合的贴近度法来评判。第二个方面是检验各赋权方法的一致性。有学者对德尔菲法(Delphi Method)、层次分析法、熵值法、主成分分析法、因子分析法五种方法进行了比较，并运用 Kendall 和谐系数检验实证得出了五种方法在实证样本赋权中具有一致性。第三个方面是检验各种方法的离散程度。许多学者利用欧氏距离法对主成分分析法、因子分析法、灰色关联度法、TOPSIS、熵值法和秩和比法等多种方法进行了比较，发现灰色关联度法适用性较强，其次为熵值法、因子分析法和 TOPSIS 法，秩和比法的相对有效性最差。第四个方面是通过观察评价的结果规律与被评价对象的实际情况结合来判断，通过对各种评价指标权重可信度作比较，探索各自的适应范围和优缺点。一般认为，样本数据完整时，熵值法的可信度较高；如果样本数据不全，德尔菲法的可信度可能不如 AHP 法；如果样本中含有一些模糊性数据，且指标个数较多，适用的赋权方法是模糊聚类分析法。人们普遍认为这些主客观赋权方法各有其优缺点，在实际研究中应根据具体情况综合运用。尽管理论界对赋权优良标准进行过一系列的研究，提出过有见地的做法，但仍然不够系统和具体，如何选择赋权方法，目前还是大多数学者进行综合评价时难以逾越的障碍。

第二节　赋权方法的分类

迄今为止，人们从不同角度提出了许多指标赋权的方法，分类的维度也多种多样。郭亚军(2012)将指标权重的确定方法分成三类，一是基于“功能驱动”原理的赋权法，二是基于“差异”原理的赋权法，三是综合各方信息集成赋权法。① 李红、朱建平(2012)对各类评价方法进行梳理，将赋权方法分成两类，一类是单一评价方法，另一类是组合评价方法。② 陈衍泰(2004)等将常用的评价方法分为九类;③ 李鹏、俞国燕(2009)按照评价赋权方法的特征以及约束条件，将这些方法划分为主观赋权法、客观赋权法，以及采用神经网络、熵、粗糙集、遗传算法与其他方法集合的集成评价方法。④ 通过对相关文献的梳理，本书将赋权方法分成定性评价法、运筹学方法、多元统计方法、系统工程方法和智能化赋权方法五类。

一、定性评价法

定性评价法主要有专家评判法、德尔菲法、层次分析法等。

专家评判法是指组织相关专家对评价对象进行调查走访，通过面谈和专家面对面开会交流等多种形式讨论达成共识，最终通过专家获得权重。由于它是通过整理专家学者对于备选的各个指标和因素的重要性程度给出主观判断信息来确定权重的方法，所以该方法又被称为专家评判赋权法、专家赋权法等。

按照一定的办法将调查表发放给相关专家征询专家的意见和建议，征询各位专家对不同指标赋权的看法，让专家以匿名的方式发表看法，经过多次的反复协商努力使其意见一致和集中，按照这种程序最终获得综合评价的权重的方法就是德尔菲专家调查法。

层次分析法的操作基本原理是根据具有递阶结构模型中的目标、子

① 郭亚军. 综合评价理论、方法与拓展[M]. 北京：科学出版社，2012：104-106.

② 李红，朱建平. 综合评价方法研究进展评述[J]. 统计与决策. 2012(9)：7-11.

③ 陈衍泰，陈国宏，李美娟. 综合评价方法分类及其研究进展[J]. 管理科学学报，2004，7(2)：69-79.

④ 李鹏，俞国燕. 多指标综合评价方法研究综述[J]. 机电产品开发与创新. 2009，22(4)：24、25、28.

目标(准则)及相关条件等来两两比较评价指标，确定主观判断矩阵，并确定判断矩阵的最大特征根和特征向量，根据特征向量及其分量，采用一定方法，在一定目标下最后综合出各方案(或指标)的权重系数(或优先程度)。

二、运筹学方法

该类方法通常是通过化多为少、分层列序和直接求非劣解、重排次序等方法来评价，大致可以分为多目标决策方法、数据包络分析法两类。在这类方法中赋权方法是被隐藏在综合评价的整体过程之中。

多目标决策方法(Multi-Objective Decision Making Method，简称MODM)是一种决策分析方法，兴起于20世纪70年代中期。决策分析是在不同阶段分析和预测当前或未来可能发生的状态，在已有的各项方案中选择和确定一个最佳方案的分析方法。其具体操作方式大体上可以分为以下五种。一是化多为少法，即通过汇总的方法将一个多目标问题简化为一个综合目标来决策。最常用的有加权和、加权平方和、乘除法和目标规划等基本方法。二是分层序列法，即按照重要性次序排列所有问题，先重后轻，重要的优先考虑的一种潜在的赋权方法。三是直接求所有非劣解的方法。四是次序重排法，例如ELECTRE(Elimination et Choice Translation Reality)法、基于估计相对位置的方案排队法、LINMAP(Linear Programming Techniques for Multidimensional Analysis of Preference，多维偏好分析的线性规划方法)法，等等。五是对话分析方法，又如逐步分析法(STEM)、贯序解分析法(SEMOP)、Geoffrion法等，这些方法都是用单目标规划法求解目标问题，每进行一步，都会把计算结果呈现给决策者来评价，若其认为已经满意，则停止反复迭代；否则会进行再修改和再计算，直到其满意。

数据包络法是由美国运筹学家A. Charnes和W. W. Cooper等人于1978年提出的。数据包络法是对决策单元(decision unit)的多投入和多产出的相对有效性进行综合评价的方法。DEA也是一种对经济投入产出关系进行估算的非参数方法，是指根据一组观察值，通过输入和输出关系来确定有效生产前沿面和相对应的投入产出效率。

三、多元统计方法

多元统计主要有主成分分析、因子分析、聚类分析、判别分析等基本的也是常用的赋权方法，在一定程度上这些赋权方法是客观赋权方法的典型代表。所以这些赋权方法被广泛运用于综合评价实践中。

主成分分析是通过寻求支配相关经济变量的共同因素，对原始变量相关矩阵的内部结构进行分析，找出几个较少的共同影响某些经济变量的不相关的综合指标(也即降维)，来线性表示原有的经济变量(指标)的一种综合评价赋权方法，它给出的权重是在降维的过程中自动生成的。

因子分析(factor analysis)是由英国心理学家 C. Spearman 提出的一种多元统计分析方法，也是一种较好的赋权方法。它是主成分分析思想的自然延伸和发展，其基本思想仍然是通过分析实现降维，通过研究多变量间的内部相互依赖性，把具有较高相关性的多个指标综合为少数独立的综合指标，用较少的公共(因子)变量反映较多变异，实现简化指标结构的目的的一种综合评价赋权方法。

四、系统工程方法

关联矩阵法主要是通过分析用矩阵表示的各有关评价指标及其重要度，评定指标变量之间的关系，达到确定指标权重的方法。其特点是对复杂系统问题的评价系统化和过程数学化，这种方法基本上是将两指标的重要性进行对比来代替复杂问题研究，使评价过程简化，它是综合评价中较为常用的系统工程方法。

模糊综合评价法是对影响因素模糊和边界不清的事物进行评价和研究的一种有效的评价和多因素决策方法。其特点是对研究对象的评判都是建立在模糊基础之上，对事物的评价都表示为一个模糊集合。由于模糊综合评价法可以较好地解决综合评价中的模糊不确定性，这也正是综合评价及其赋权方法所应该讨论的问题和具有的特点，所以该方法的应用较为广泛。

灰色关联度是一种灰色系统理论，灰色系统理论包括灰色关联度评价方法、灰色聚类分析方法、灰色预测方法等。灰色综合评价方法运用灰色系统理论对研究对象进行灰色关联度研究，即比较数列与参考数列的关联性，来确定各种影响因素或者备选方案的重要程度，进而决定权重。该方法也可以是一种时间序列分析方法，拓展到空间关联度分析，对非时间序列进行关联分析，该方法的使用较为灵活。

基于粗糙集理论评价方法来源于粗糙集理论。粗糙集理论(RST)是主要用来对存在不完整、模糊和不确定性数据的研究，主要分析、推理和挖掘数据之间的内在关系，探寻其潜在的重要信息，发现数据间潜在的规律性。它将权重确定问题转化为粗糙集的属性重要性评价问题，即通过知识约简得到权重。这种方法纯粹是一种以数据为基础的研究方法，它不苛求数学模型，也不需要事先提供任何先验信息，故该方法避开了主观因素，让综合评价过程和结果更加可靠客观。

五、智能化赋权法

人工神经网络(Artificial Neural Network，简称 ANN)是由大量且简单的处理单元广泛互相联系而形成的网络系统。BP 神经网络研究是将样本数据传输问题看作一种非线性规划问题的研究，它具有很强的对问题的识别功能。它的求解过程中使用了优化中的梯度下降算法，这也使得其过程较为方便，作为一种非线性的模拟仿真分析方法，分析误差可以通过一定办法控制到任意小的状态。其还有一个重要特点就是适应性和学习能力较强，当然这种方法也有一些缺点和不足。

建立在自然选择和遗传变异基础上的迭代自适应概率性搜索算法就是遗传算法(genetic algorithms)。它是主要模拟生物遗传中的染色体演进过程的搜索算法。这种方法的应用与综合评价最显著的特点是权重潜在于本方法的过程之中。

基于统计学习理论的 VC 维理论和结构风险最小原理，解决小样本、非线性、高维数和局部极小点等实际问题的综合评价方法就是支持向量机方法。支持向量机方法可再现评价专家的经验、知识和直觉思维，从而降低评价过程中的人为因素影响，保证其客观性。采用该方法有一些好处，主要体现在可以弥补专家评定法中主观性过强的问题，也可以通过对知识样本的学习获得评价专家的经验和知识。

六、时间权重

时间权重往往是指我们在处理带有时间序列的评价中，充分考虑时间序列数据距离评价时间点的“远近程度”，即数据的“新旧程度”，人们认为时间序列数据的“新旧程度”对综合评价模型的影响与对时间序列预测模型的影响基本一致，但也有一些差异。时间序列的“新旧程度”对综合评价模型的影响程度是存在的，一般来说，离评价模型时间越远，则其对建模影响程度越低，而离评价时间越近，则其对建模的时效性影响更强。在社会经济问题中，由于受到现实因素的影响，近期历史数据对于最终的预测结果的影响程度肯定要比远期历史数据的影响程度要大。因此，对于不同时期的历史数据给予不同的权重，这样建立的评价模型更符合实际情况，这一点与预测模型要求基本一致，但综合评价模型更为复杂，要求赋权精度更高，考虑的因素更多。

七、地理权重

在涉及空间的综合评价中，特别是空间回归分析中，需要克服地理空间的相互影响，即空间相关性问题，这就提出了所谓地理权重的问题。它源于与时间相关的空间概念，远比时间相关性分析复杂，这主要是因为时间是一维函数，空间是多维函数，其维数不同，处理问题的难易程度就完全不同。一般在度量空间自相关分析时，需要对空间对象的相互临接关系进行定义，根据空间对象的相互临近关系，在空间计量经济学中引入空间权重矩阵。图 5-1 是应用 r 相邻方法得到的中国内地 31

个省、市的一阶相邻矩阵，图中的矩阵 $\boldsymbol{W}_{31\times31}$ 的 961 个元素中，只有 139 个元素是非零的，这些非零点反映了对应省、市域间的相邻关系。根据这些相邻关系可以获得地理权重。

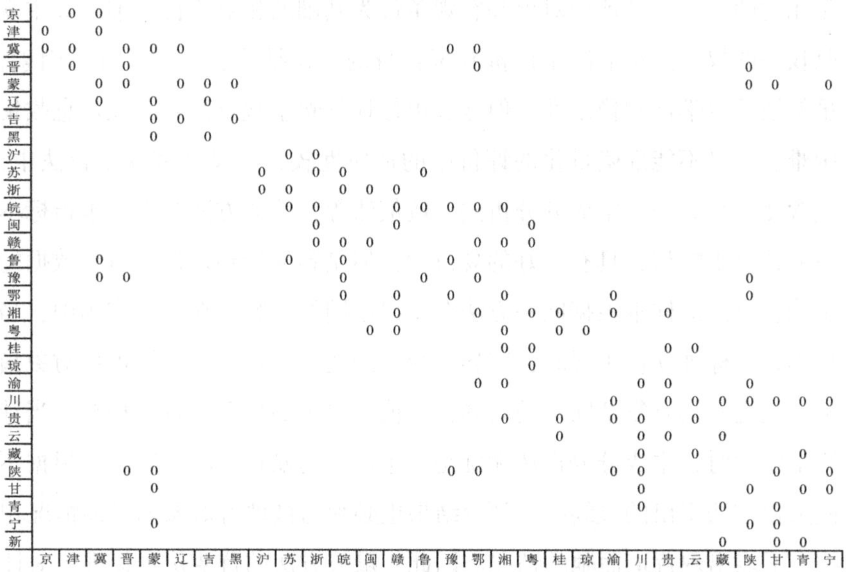

图 5-1　中国内地 31 个省、市的一阶临接矩阵

第三节　赋权方法的优良标准研究①

为了体现各个评价指标在评价体系中的作用、地位以及重要程度，必须对指标赋予不同的权重系数，不同的权重系数会导致截然不同甚至相反的评价结论。因此，赋权方法的优良性尤其重要，我们结合前期其他学者的赋权方法优良性标准研究，根据各类赋权方法的特点，提出了以下六个赋权方法的优良评判标准。

① 朱喜安，李良. 综合评价赋权优良标准的研究[J]. 统计与决策，2016，(19)：23-26.

一、对被评价对象和客观条件的适应性

不同类别的赋权方法各有特点，也有其适用的范围，因此，没有绝对优良的赋权方法，也没有完全低劣的赋权方法，赋权方法的优良标准是相对的，是以被评价对象和客观条件为基础的相对优良标准。如主观赋权法的权重大小取决于评价专家自身的知识结构、个人喜好等因素，虽然缺乏科学性和稳定性，但能够很好地反映主观意愿，其在信息收集困难、信息不能准确量化的评价中的适应性较强。又如客观赋权法中，包含变异系数法、主成分分析法、熵值法等，该类方法根据样本指标本身的特点来赋权，具有较好的规范性，但是容易受到被评价对象数据的影响，不同的样本根据同一方法会得出不同的权数。在实际应用中，当样本各指标独立性很强时，变异系数法的适应性较强；当被评价对象指标相互之间具有复杂联系的时候，熵值法得出的权重数较为理想；当计算量过大时，主成分分析法无疑是一个优良的赋权方法。同时，根据不同赋权方法得出的最终综合评价结果也必须与被评价对象的具体情况相符，不能出现背道而驰的情况。因此，赋权方法的首要优良标准是对评价对象和评价的客观条件的适应性。

二、分布一致性

分布一致性作为综合评价的优良标准，是评价结果一致性的基本要求。要解决根据多种评价方法得出的结果的分布一致性问题，实际上就是要解决两个以上独立样本之间是否具有相同分布的问题，可以借助多个独立样本检验(test for several independent samples)方法，这类方法主要有 Kruskal-Wallis H 检验法、中位数(Median)检验法和 Jonckheere-Terpstra 检验法，我们采用 Kruskal-Wallis H 检验法来检验赋权方法的分布一致性问题。

Kruskal-Wallis H 检验法是 Mann-Whitney U 检验法的扩展，是一种评价值检验。其基本思路是，首先对所有的样本合并，并按照升序排列

得出每个数据的秩，然后对各组样本求平均秩。如果平均秩相差很大，则认为两组样本所属的总体有显著差异。H 统计量的计算公式为：

$$H = \frac{12}{n(n+1)} \sum \frac{R_i^2}{n_i} - 3(n+1) \tag{5-1}$$

校正公式为：

$$H_c = \frac{H}{1 - \frac{\sum (t_j^2 - t_j)}{n^3 - n}} \tag{5-2}$$

其中，R_i 为第 i 个样本的秩和；n_i 为第 i 个样本的样本量，$N = \sum n_i$；t_j 表示某个观测值的重复次数。该检验方法的假设为：H_0，各样本代表的总体分布相同；H_0，各样本代表的总体分布不完全相同。

三、相关度标准

赋权方法的优良标准也可以从相关性角度来衡量。许芳（2015）采用了相关系数的方法，使用相关系数的平均值，假设所研究的问题共有 m 种赋权方法，R_{ij}表示第 i 种赋权方法与第 k 种赋权方法所得的结果或者排序的相关系数。令 $R_i = \frac{1}{m-1} \sum_{i \neq j} R_{ij}$，则称 R_j 为第 i 种赋权方法与其他方法的差异程度。差异度越低，表明第 i 种方法相对于其他方法越有效。程琮等（2010）利用 Kendall' W 协同系数检验对不同病人的戒酒指标进行分析，判断评分是否具有一致性。

Kendall' W 协同系数检验（Kendall' s Coefficient of Concordance W）是由 Kendall 和 Babington-Smith 在 1939 年提出的，该检验旨在考察 M 种评价方法对 N 个对象的评判结果之间是否一致，它是通过讨论协同系数 W 这个指标显示出的样本中的实际符合与最大可能的符合之间的分歧程度来进行的。该检验的思想是考察多次评价中的排序是否随机，Kendall' W 协同系数反映了各数据的相关程度，如果其取值接近于 1，则认为评价中的排序不是随机的，即样本来自多个配对总体的分布存在显著差异。Kendall'W 协同系数如下：

$$W = \frac{12\sum_{i=1}^{n} R_i^2 - 3m^2 n(n+1)}{m^2 n(n^2 - 1)} \tag{5-3}$$

其中，m 为评价方法的数目；n 为评价对象的数目；R 为各被评价对象的等级之和。该检验方法的假设为：H_0，m 中方法的评价等级不具有一致性；H_0，m 种方法的评价等级具有一致性。

四、离散程度标准

本书利用 Euclidean 距离，修正离散度的定义，用来测度评价方法的相对有效性。设研究问题有 m 种赋权方法，令 D_{ij} 表示第 i 种方法与第 j 种方法所得两个结果的 Euclidean 距离，令 $D_i = \frac{1}{m-1}\sum_{i \neq j} D_{ij}$，则称 D_i 为第 i 种方法与其他方法的离散度。离散度越小，表明第 i 种方法相对于其他方法越有效。

五、内在一致性标准

我们使用信度来测量评价结果与核心指标的相关性(或称内在一致性)。信度又称测量可靠性，它是指采用同样的方法对同一对象重复测量时所取得的结果的一致性程度，表现为多次测量结果的稳定性和一致性。它根据测量的具体情况可以分为再测信度、复本信度、内在一致性信度和评分者信度。内在一致性信度(internal consistent reliability)是当前比较流行的信度评价方法，是分半信度的推广，反映了指标之间相关的程度，这些指标应该反映同一独立概念的不同侧面。内在一致性可以采用克隆巴赫 α 系数来反映，克隆巴赫 α 系数实际上就是计算每个测试者在每个项目上的得分和总的得分之间的相关系数，并与所有单个项目得分的变异性比较。计算的逻辑是每个总分很高的测试者在每一个项目上的得分应该也很高，而每个总分很低的测试者在每一个项目上的得分应该也很低。一般认为，若克隆巴赫 α 系数在 0.8 以上，表示测评体系的内部一致性极好；若在0.6~0.8之间，表示内部一致性较好；若低于0.6，表示内部一致性差，应对指标进行修正。本研究信度系数在0.71~0.88之间，可以看出，评价指标体系具有较好的一贯性、一致性、再现性和稳定性。说明所建立的综合评价指标体系总体信度较高，综合评价指标体系是比较好的评价工具，测量结果可靠。根据Cronbach公式计算的是克隆巴赫α系数，按照Kuder-Richardson公式计算的是K-R系数，后者是前者在0、1二分变量情况下的特例。克隆巴赫α系数为：

$$\alpha = \frac{k}{k-1}\left(1 - \frac{\sum_{i=1}^{k} s_i^2}{s^2}\right) \tag{5-4}$$

这里k是需要赋权的项目数；$\sum_{i=1}^{k} s_i^2$是每个赋权项目给予的权重方差和；s^2是所有赋权项目的和的方差。

六、导向作用

综合评价的赋权方法除了是一种事后评价外，还可以是一种事前评价，用以指导和实现评价者的意图，如近年来国家对普惠金融的发展越来越重视，为了推动普惠金融的发展，除了将普惠金融的相关指标纳入地方政府金融发展的考核评价中，还在这些指标上予以倾斜以体现考核者的重视程度，这样往往能够起到一定的导向作用。如导向作用不明显，在指标体系没有变动的情况下，说明赋权方法还有一定的改进空间。

第四节　综合评价赋权方法优良标准的实证分析①

一、基本情况和指标体系

“普惠金融”是2005年联合国在推广国际小额信贷管理年时提出的

① 李良. 中国普惠金融进展及特征研究[D]. 中南财经政法大学，2017.

金融发展理念，其基本含义就是：一个能有效地、全方位地服务于社会所有阶层和群体，尤其是贫困、低收入人口的金融服务体系。

Beck(2007)最早提出了测度普惠金融程度的八个指标；焦瑾璞(2014)对构建普惠金融指标体系的国际实践进行了总结。世界银行从需求方的角度提供有价值的信息，构建和发布了全球普惠金融指数核心指标(Global Findex Core Indicators)，评估和监测各国普惠金融实践情况，为普惠金融有关研究提供基准和标杆；曾省晖、吴霞、李伟等(2014)对目前各国和各地区以及国际组织等构建的普惠金融指标体系进行了阐述。

本书借鉴前辈学者对普惠金融指标的研究成果，结合我国的金融具体实际情况以及数据的可得性和全面性，提出 11 项评价我国普惠金融状况的指标，具体如表 5-1 所示。

表 5-1　我国普惠金融发展水平评价指标体系

一级指标	变量	二级指标	计算方式
地理渗透性	X_1	每万平方公里机构数量	金融机构网点数量/面积(万平方公里)
	X_2	每万公里城市道路金融机构网点数量	金融网点数量/城市道路公里数(万公里)
	X_3	每 10 万人金融机构网点数量	金融机构网点数量/总人口
	X_4	每万平方公里保费收入	原保费收入/面积(万平方公里)
服务可得性	X_5	人均存款量(万元/人)	金融机构年末存款余额/总人口
	X_6	人均贷款量(万元/人)	金融机构年末贷款余额/总人口
	X_7	人均保费收入(万元)	原保费收入/总人口
	X_8	互联网普及率(%)	网民数/总人口
	X_9	每 10 万人金融行业从业人员数	金融行业从业人员/总人口
服务有效性	X_{10}	人均居民储蓄存款与人均 GDP 比	人均居民储蓄存款/人均 GDP
	X_{11}	金融行业增加值与 GDP 比	金融行业增加值/GDP

本书所使用的数据为 2005 年到 2013 年的各省市数据的平均值，使用的赋权方法有主成分分析法、TOPSIS 法、灰色关联度法、BP 神经网络法，经过各赋权方法的计算，各省普惠金融发展状况的结果以及排名如表 5-2 所示，可以看到，不同评价方法在结果上有所不同，需要对各方法的优良性进行判断和评估。

表 5-2　各省普惠金融发展状况评价表

	主成分分析法		TOPSIS 法		灰色关联度法		BP 神经网络法	
省市	分数	排名	分数	排名	分数	排名	分数	排名
北京	1. 424805	3	3. 635634	1	4. 51149	1	1. 732476	2
天津	1. 50825	2	0. 417131	6	0. 14789	6	0. 417923	9
河北	−0. 01997	17	−0. 43613	21	−0. 32975	18	−0. 75373	24
辽宁	0. 386317	9	−0. 03484	11	−0. 11006	11	0. 329148	10
上海	2. 811023	1	2. 811421	2	2. 390606	2	1. 78512	1
江苏	1. 172712	4	0. 356842	8	0. 033064	7	1. 355514	6
浙江	0. 623896	7	0. 454203	5	0. 245652	5	0. 027098	14
福建	0. 101636	13	−0. 42329	20	−0. 30856	17	−0. 24437	19
山东	0. 940911	5	−0. 38635	18	−0. 39606	21	0. 133557	13
广东	0. 894589	6	0. 943805	3	0. 571874	3	1. 720449	3
广西	−0. 14902	20	−1. 03635	31	−0. 61201	31	−1. 50389	30
海南	0. 110465	12	−0. 65816	26	−0. 46801	27	−0. 7308	22
吉林	0. 072102	15	−0. 46113	22	−0. 39826	22	−0. 19443	17
黑龙江	0. 203154	11	−0. 64012	25	−0. 45282	26	−1. 01303	26
山西	−0. 38008	21	0. 212799	9	−0. 01121	8	0. 861339	7
内蒙古	−0. 14016	19	−0. 46883	23	−0. 43559	25	0. 151343	12
安徽	0. 323873	10	−1. 01251	30	−0. 60983	30	−1. 55653	31
江西	−0. 55951	23	−0. 66285	27	−0. 50009	28	−0. 86167	25
河南	−0. 4756	22	−0. 40861	19	−0. 39405	19	−0. 32112	20

续表

	主成分分析法		TOPSIS 法		灰色关联度法		BP 神经网络法	
省市	分数	排名	分数	排名	分数	排名	分数	排名
湖北	0.543617	8	−0.95914	29	−0.5474	29	−1.36232	29
湖南	−0.58612	24	−0.55664	24	−0.42057	23	−0.47701	21
重庆	−0.10964	18	−0.33114	15	−0.22623	14	−0.74395	23
四川	−0.75653	25	−0.07762	12	−0.17529	12	−0.20401	18
贵州	−1.86939	30	0.393178	7	−0.07213	9	1.492651	5
云南	−1.02235	28	−0.34195	16	−0.39455	20	0.024296	15
西藏	−2.06267	31	0.846343	4	0.301979	4	1.572661	4
陕西	−1.00641	27	0.048985	10	−0.10758	10	0.464247	8
甘肃	−0.90145	26	−0.12048	14	−0.27998	15	0.297144	11
青海	−1.20073	29	−0.08304	13	−0.22378	13	−0.1744	16
宁夏	0.088886	14	−0.34453	17	−0.30213	16	−1.06129	27
新疆	0.03338	16	−0.6766	28	−0.42661	24	−1.1624	28

二、综合评价中赋权方法优良标准检验①

(一)分布一致性标准

使用 Kruskal-Wallis H 检验方法进行检验，通过 SPSS20.0 软件计算，结果如表 5-3 所示，可以看出，根据秩均值越大，赋权方法之间差异越明显的原则，各方法的优良次序是：TOPSIS 法>灰色关联度法>BP 神经网络法>主成分分析法。检验的卡方值为 0.620，自由度为 3，渐进显著性远大于 0.05，接近于 1，即表示 4 种赋权方法没有显著的差异。

① 朱喜安，李良. 综合评价赋权优良标准的研究[J]. 统计与决策，2016，10(19)：23-26.

表 5-3　Kruskal-Wallis H 检验结果

秩				检验统计量[a,b]	
	评价方法	N	秩均值		分数
分数	主成分分析法	31	66. 29	卡方	0. 62
	TOPSIS 法	31	59. 9	df	3
	灰色关联度法	31	60. 48	渐近显著性	0. 892
	BP 神经网络法	31	63. 32		
	总数	124			

注：a. Kruskal Wallis 检验；b. 分组变量：评价方法。

(二)相关性标准

采用 Kendall' W 协同系数检验 4 种赋权方法的相关性，通过 SPSS20. 0 软件计算，结果如表 5-4 所示。根据秩均值可以看出，赋权方法优良性从高到低依次是：主成分>BP 神经网络>灰色关联度。检验的卡方值为 1. 351，自由度为 3，渐进显著性为 0. 717，远大于 0. 05，接近于 1，表明我们所使用的 4 种赋权方法没有显著的差异。

表 5-4　Kendall' W 协同系数检验结果

秩		检验统计量	
	秩均值	N	31
主成分分析法	2. 32	Kendall' W[a]	0. 015
TOPSIS 法	2. 65	卡方	1. 351
灰色关联度法	2. 6	df	3
BP 神经网络法	2. 44	渐近显著性	0. 717

注：a. Kendall 协同系数。

(三)离散程度

使用欧氏距离(Euclidian Distance)计算4种赋权方法结果的近似矩阵表，该相似矩阵表实质是一个不相似矩阵，其中数值代表不同方法的离散程度，数值越大，表示两个方法之间的距离越大，即离散程度越高。

表5-5　近似矩阵

案例	赋权方法				均值
	主成分分析法	TOPSIS 法	灰色关联度法	BP 神经网络法	
主成分分析法	0	7737.924	7738.544	7739.853	7738.774
TOPSIS 法	7737.924	0	0.844	2.561	2580.443
灰色关联度法	7738.544	0.844	0	1.866	2580.418
BP 神经网络法	7739.853	2.561	1.866	0	2581.427

从计算的近似矩阵来看，主成分分析法与其他三种方法的近似值较大，而TOPSIS法、灰色关联度法以及BP神经网络法之间的离散程度较小，从4种方法的两两近似值的均值也可以看出，主成分分析法的均值要大于其他三种方法，说明TOPSIS法、灰色关联度法以及BP神经网络法在离散程度这个标准上要优于主成分分析法。

(四)内在一致性

采用克隆巴赫α系数来检验我们使用的4种赋权方法的内在一致性，通过SPSS20.0软件计算，结果如表5-6、表5-7所示，可以看出克隆巴赫α系数为0.843，表示4种赋权方法的内在一致性极好。

表 5-6　项间相关性矩阵

	主成分分析法	TOPSIS 法	灰色关联度法	BP 神经网络法	均值
主成分分析法	1	0.429	0.483	0.142	0.351333
TOPSIS 法	0.429	1	0.955	0.802	0.728667
灰色关联度法	0.483	0.955	1	0.629	0.689
BP 神经网络法	0.142	0.802	0.629	1	0.524333

表 5-7　可靠性统计量

Cronbach's Alpha	基于标准化项的 Cronbachs Alpha	项数
0	0.843	4

(五)赋权方法优良性的综合测度

以上运用分布一致性、离散程度、相关性以及内在一致性优良标准都可以得出相应的优良赋权结果，但是单一的方法并不能全面综合地反映赋权方法的优良性，需将四个标准结合起来，对赋权方法的优良性进行综合测度。本书采用公式(5-5)的方法进行指标正向化，采用公式(5-6)极差正规化法进行指标的无量纲化。

$$X_i = \frac{x_{\min}}{x_i} \tag{5-5}$$

$$y_i = \frac{x_i - x_{\min}}{x_{\max} - x_{\min}} \tag{5-6}$$

表 5-8　各优良标准排名结果表

		主成分分析法	TOPSIS 法	灰色关联度法	BP 神经网络法
分布一致性	实际值	66.29	59.90	60.48	63.32
	标准值 y_1	−1.27	0.90	0.69	−0.32

续表

		主成分分析法	TOPSIS 法	灰色关联度法	BP 神经网络法
相关度	实际值	2.32	2.65	2.60	2.44
	标准值 y_2	1.24	-0.95	-0.66	0.37
离散程度	实际值	7738.77	2580.44	2580.42	2581.43
	标准值 y_3	-1.50	0.50	0.50	0.50
内在一致性	实际值	0.35	0.73	0.69	0.52
	标准值 y_4	1.41	-0.77	-0.65	0.02
合计	标准值 Y	-0.13	-0.32	-0.12	0.57
	排序	3	4	2	1

将正向化和无量纲化后的标准值相加，即得优良标准的综合测度值 Y：

$$Y = y_1 + y_2 + y_3 + y_4 \tag{5-7}$$

根据 Y 的值和排名，可以将各种赋权方法的优良性从高到低排序为：BP 神经网络法>灰色关联度法>主成分分析法>TOPSIS 法。

(六)结论

本书提出了对被评价对象对客观条件的适应性、分布一致性、相关度、离散程度、内在一致性、导向作用 6 个综合评价赋权方法的优良标准，并通过实际案例对分布一致性、相关度、离散程度、内在一致性 4 个优良标准进行了实证检验，最后构造优良性综合测度的方法，并对各种赋权方法进行了优良性综合测度。

实证结果表明，对于既定的被评价对象，各种综合评价的赋权方法存在着一定的差异性，从优良标准的综合测度来看，优良性从高到低依次为：BP 神经网络法、灰色关联度法、主成分分析法、TOPSIS 法，选择相对优良的方法能够提高综合评价结果的准确性。本书也为综合评价方法的遴选提供了一个新的视角。

第六章　综合评价模型的优良标准研究

第一节　概　述

一、综合评价模型的优良标准的含义

综合评价模型的优良标准是整个综合评价排序结果优良标准的重要方面，综合评价排序结果的优良标准实际上就是综合评价模型优良标准的选择问题。综合评价排序结果受许多因素的影响，除了权重大小外，综合评价模型是关键因素之一。在给出赋权方法的优良标准以后，影响综合评价排序结果的主要因素实际上就是综合评价模型的优良标准选择。综合评价排序结果最终是由不同的综合评价模型决定的，同时，综合评价排序结果的优良性也体现了综合评价模型的选择结果。

事实上，综合评价模型优良标准的研究是整个综合评价的重中之重。因为无论选择什么指标体系，无论选择什么数据处理方式，以及无论采用什么赋权方法，最终都会体现在综合评价的排序结果的优良标准之中，综合评价的核心要通过综合评价的模型来体现。模型的选择也是综合评价结果是否优良的重要内容，只有选择适合的、优良的综合评价模型才能保证综合评价结果符合客观实际和理想状态。

二、综合评价模型优良标准研究的基本目标及基本标准

综合评价模型优良标准的研究就是要明确不同种类的综合评价模型的基本特征及使用状况，在不同理论标准下选择合适的综合评价模型，实现综合评价的排序结果的合理性和有效性。

讨论综合评价模型优良标准的选择，都是在不同的理论标准下来进行的，理论界主要有以下三种理论标准。一是差异说，就是指不同的综合评价模型得到的评价结果是存在不同变异性的。人们普遍认为，在其他条件不变的前提下，如果通过综合评价模型得到的综合评价结果的差异最大，即档次拉得最开，表明它是最优的综合评价模型。二是内部一致性说，就是指不同的综合评价模型得到的综合评价结果基本一致。如果以相同的指标体系和赋权方法采用的两个不同的综合评价模型得到的综合评价结果差异不大，则说明这些综合评价模型具有较高的一致性。测定内部一致性的办法主要有等级相关系数、克朗巴赫 α 系数、灰色关联度等方法。三是信息损失说，在利用综合评价模型进行综合排序时，反映综合评价对象的相关信息从多维空间映射到一维空间，其中大量信息被压缩和清洗，根据模型的特点，不同的综合评价模型会保留一些基本的、有用的信息，同时也会损失一些信息。如果在其他条件不变的情况下，综合评价模型能够最大限度地保留有用信息，相对应地，损失有用信息最少的综合评价模型就是最优的综合评价模型。

第二节　综合评价模型的种类及其特点

一、综合评价模型及其特点

综合评价过程中的综合评价模型，体现了评价者对评价对象属性特征的认识取向和方式，正因为如此，它也称为综合评价的价值函数，价值函数是一个纯量实值函数，它使评价对象的属性特征集与一个纯量实

数联系起来，使人们对评价对象多维发散的认识变成简单的、集中的一维实值。所以说价值函数是综合评价的重要工具。

综合评价模型应具有的一般特征：

(一)正则性

若所有 $x_1 = x_2 = \cdots = x_m = x$，则通过综合评价模型即价值函数有 $f(x_1, x_2, \cdots, x_m) = x$。

(二)单增性

即当综合评价指标 $x_1, x_2, \cdots, x_m$ 均为标准型(即越大越好的指标)指标时，$f(x_1, x_2, \cdots, x_m)$ 是关于所有变元的单调增加函数，即对于任意的 x_i 和 x_j，若有 $x_i \leqslant x_j$，则 $f(x_1, x_2, \cdots, x_i, \cdots, x_m) \leqslant f(x_1, x_2, \cdots, x_j, \cdots, x_m)$。

(三)连续性

$f(x_1, x_2, \cdots, x_m)$ 是关于所有变元的连续函数。

(四)差异性

当能够通过综合评价模型将多维现象转化为一维纯量时，综合评价结果(其一维纯量的值)具有较大的变异性。

(五)敏感性

当综合评价指标 $x_1, x_2, \cdots, x_m$ 中的每一个变元发生微小的改变，综合评价模型 $f(x_1, x_2, \cdots, x_m)$ 都会有相应的变化。

二、综合评价模型的基本种类

综合评价模型多种多样，但归纳起来主要有以下两类。

(一)线性加权综合评价模型

这是最常用也是最简单的综合评价模型，其基本形式为：

$$y_i = \sum_{j=1}^{m} w_j x_{ij}$$

其中，x_{ij} 为已经经过处理的评价指标；w_j 为权重系数，且 $\sum_{j=1}^{m} w_j = 1$。

线性综合评价模型各指标对综合评价值的影响相互独立，评价者间接地容许相互线性地补偿，评价者希望凸显权重系数在综合评价中的作用。

(二)非线性加权综合评价模型

非线性加权综合评价模型是一大类综合评价模型，形式多样、结构复杂，但在综合评价中使用较多且具有一定代表性的非线性综合评价模型的主要形式有四种。

1. 加权乘积法模型，即几何平均模型：

$$y_i = \prod_{j=1}^{m} x_{ij}^{w_j} \tag{6-1}$$

2. 理想点逼近模型：

$$y = \sum_{i=1}^{m} w_i (x_i - x^*)^2 \tag{6-2}$$

3. 加权重置理想法模型：

$$\mathrm{CI}_j^{WDI2} = \sqrt{\sum_{k=1}^{K} (w_k x_{kj})^2} \tag{6-3}$$

4. 逼近理想点排序法模型：

$$\mathrm{CI}_j^{\mathrm{TOPSIS}} = \frac{\sqrt{\sum_{k=1}^{K} (w_k x_{kj} - \min\{w_k x_{kj}\})^2}}{\sqrt{\sum_{k=1}^{K} (w_k x_{kj} - \min\{w_k x_{kj}\})^2} + \sqrt{\sum_{k=1}^{K} (w_k x_{kj} - \max\{w_k x_{kj}\})^2}} \tag{6-4}$$

该类模型强调各指标值大小的一致性，弱化了权重系数的作用，对指标值变动的反应更加敏感。非线性加权综合评价模型形式还有很多，这里不一一列举。

第三节　综合评价模型优良标准选择

本节以我国区域绿色发展水平评价指标体系中的资源利用子模块和相关数据为例，按照信息损失最小原则来研究综合评价模型的优良标准。

在对我国区域绿色发展水平的各分维度指数及总指数的测算中，测度结果很大程度上取决于所使用的基础数据汇总方案，即综合评价方法的选择对绿色发展指数的测度结果具有决定性影响。在综合评价方法比较的众多标准中，由 Zhou 和 Ang(2009)提出的 Shannon-Spearman 测度方法是基于信息损失的概念构建的测度指标，即信息损失量 SSM 值，结合 Bootstrap 抽样技术比较各种综合评价方法。龚锋和雷欣(2010)认为优良性选择标准是：若综合评价结果的信息损失量 SSM 值最小，且其 Bootstrap 样本的标准误也最小，则利用该评价方法得到的评价结果越稳健，该方法就是最优的综合评价方法。① 目前应用比较普遍的几种综合评价方法有：加权求和法、加权乘积法、加权重置理想法、逼近理想点排序法(TOPSIS)等，本节以资源利用指数的测算为例，对上述四种综合评价方法进行比较，从中选择最为合适的综合评价方法。

一、四种综合评价方法介绍

加权求和法、加权乘积法、加权重置理想法、逼近理想点排序法(TOPSIS)的计算公式如表 6-1 所示。

① 龚锋，雷欣. 中国是财政分权的数量测度[J]. 统计研究，2010，27(10)：47-55.

表 6-1 四种综合评价方法的计算公式

加总方法	公式
加权求和法 SAW	$CI_j^{SAW} = \sum_{k=1}^{K} w_k x_{kj}$
加权乘积法 WP	$CI_j^{WP} = \prod_{k=1}^{K} (x_{kj})^{w_k}$
加权重置理想法 WDI2	$CI_j^{WDI2} = \sqrt{\sum_{k=1}^{K} (w_k x_{kj})^2}$
逼近理想点排序法（TOPSIS）	$CI_j^{TOPSIS} = \dfrac{\sqrt{\sum_{k=1}^{K} (w_k x_{kj} - \min\{w_k x_{kj}\})^2}}{\sqrt{\sum_{k=1}^{K} (w_k x_{kj} - \min\{w_k x_{kj}\})^2} + \sqrt{\sum_{k=1}^{K} (w_k x_{kj} - \max\{w_k x_{kj}\})^2}}$

注：CI 为合成指数，K 为指标个数，x_{kj} 为第 j 个评价对象的第 k 个指标值，w_k 为第 k 个指标值的权重。

加权求和法就是用加权算术平均的方法对数据进行加总，该方法的优点有以下几个方面：第一，它适用于各原始指标之间相互独立的情况；第二，各原始指标之间可以相互线性补偿；第三，采用此方法时权重的作用非常重要；第四，该评价方法可以突出权重较大的原始指标的作用，因此可以引导和促进被评价主体采用倾斜型的发展战略，以达到考核评价的目的；第五，邱东(1997)认为该加总方法对原始数据无特定要求，因此非常容易推广。①

逼近理想点排序法，是根据各被评价主体与正、负理想点之间的相对距离对其进行排序的测度方法。其中，理想点是理想中最优的评价对象，而负理想点则是最差的评价对象。TOPSIS 法采用欧几里得范数为

① 邱东，汤光华. 对综合评价几个阶段的再思考[J]. 统计教育，1997(4)：25-27.

测度函数，计算各被评价主体到正理想点、负理想点间的相对距离，与正理想点的距离越近且与负理想点的距离越远的被评价主体的分数越高。俞立平、潘云涛和武夷山(2012)认为TOPSIS法较为重视评价指标体系的整体系统性和协调性，评价结果的单调性较好，正向指标越大，得到的分数也越高。①

加权乘积法，是先将每个原始指标以其权重为幂计算 $(x_{kj})^{w_k}$，再将各项 $(x_{kj})^{w_k}$ 相乘得到评价结果的方法。加权重置理想法，是对各项 $(w_k x_{kj})^2$ 求和后再开方，这两者均是正向指标越大，评价结果也越大。

二、Shannon-Spearman 测度方法及 Bootstrap 抽样技术

2009年Zhou和Ang提出了Shannon-Spearman测度方法，用以计算各种评价方法的信息损失量(SSM值)的大小。② 利用该方法结合蒙特卡洛方法进行Bootstrap抽样，以信息损失量最小为标准选择最合适的测度方法。其主要思路为：首先，计算各个测度指标的信息损失值(SSM值)；其次，由于SSM值的统计特征(包括标准差和置信区间等)是未知的，因此龚锋和雷欣(2010)认为需要根据蒙特卡洛方法及Bootstrap抽样技术，估计SSM值的标准差和置信区间，以计算各个综合评价指标的信息损失量的精度及可靠性，从而比较分析各个综合评价指标的优劣。③ 基于Shannon-Spearman测度的优良性选择方法的具体步骤如下。

① 俞立平，潘云涛，武夷山. TOPSIS在期刊评价中的应用及在高次幂下的推广[J]. 统计研究，2012，29(12)：96-101.

② ZHOU P，ANG B W. Comparing MCDA Aggregation Methods in Constructing Composite Indicators Using the Shannon-Spearman Measure [J]. Social Indicators Research，2009，94(1)：83-96.

③ 龚锋，雷欣. 中国式财政分权的数量测度[J]. 统计研究，2010，27(10)：47-55.

(一)Shannon-Spearman 测度值(SSM 值)的计算公式

$$SSM = \left| \sum_{k=1}^{K} w_k \left(1 + \frac{1}{\ln m}\sum_{j=1}^{m} p_{kj}\ln p_{kj}\right) r_{sk} - \left(1 + \frac{1}{\ln m}\sum_{j=1}^{m} p_j \ln p_j\right) r_s \right| \tag{6-5}$$

其中, $m = N \times T$；N 是被评价对象的个数, 在本书中有 30 个省市($N=30$)；T 是评价的年数(本书 $T=10$)；$p_{kj} = \dfrac{x_{kj}}{\sum_{j=1}^{m} x_{kj}}$；$p_j = \dfrac{CI_j}{\sum_{j=1}^{m} CI_j}$；$r_{sk}$ 是 x_k 与参照向量 $\boldsymbol{r}_0$ 的斯皮尔曼秩相关系数; r_s 是测度指标 CI 与参照向量 r_0 的斯皮尔曼秩相关系数, 参照向量为 $\boldsymbol{r}_0 = (m, m-1, \cdots, 3, 2, 1)^T$。

分别将 CI 设定为加权平均法、加权乘积法、加权重置理想法、逼近理想点排序法等综合评价指标, 即可以计算得出这些综合评价指标的信息损失值。

(二)用 Bootstrap 抽样方法获得 SSM 值的置信区间

在进行 Bootstrap 抽样时, 需要考虑资源利用指标的样本的面板数据结构。根据 Kato、Galvao 和 Montes-Rojas(2010)的 Monte Carlo 模拟结果, 在个体重复 Bootstrap 抽样、时期重复 Bootstrap 抽样、个体-时期重复 Bootstrap 抽样三种抽样方法中, 当个体 N 和时期 T 的个数适中时, 个体重复 Bootstrap 抽样的效果最好。在本书资源利用指数的测度研究中采用个体重复 Bootstrap 抽样法获得 SSM 值的 Bootstrap 样本。令 $\mathbf{CI}_{i.}$ 为 $T \times 1$ 维的综合评价指标向量, 其元素为第 i 省 T 年的资源利用综合评价数值; $\boldsymbol{X}_{i.}$ 是 $T \times K$ 维(K 是资源利用指标体系中的指标个数, 本书 $K=13$)的原始指标矩阵, 其元素是第 i 省 T 年 K 个原始指标值。将 $\mathbf{CI}_{i.}$ 和 $\boldsymbol{X}_{i.}$ 组合成 $T \times (K+1)$ 维的矩阵 $(\mathbf{CI}_{i.}, \boldsymbol{X}_{i.})$, $i = 1, 2, \cdots, N$。具体的 Bootstrap 抽样过程如下:

第一, 对矩阵 $(\mathbf{CI}_{i.}, \boldsymbol{X}_{i.})$ 以 $1/N$ 的概率进行有放回的重复抽样,

获得 Bootstrap 样本（$\mathbf{CI}_{it}^*$，x_{it}^*），$i=1, 2, \cdots, N$；$t=1, 2, \cdots, T$。

第二，按个体顺序将 N 个省份 T 年的 Bootstrap 样本（CI_{it}^*，x_{it}^*）综合在一起，形成综合的 Bootstrap 样本（CI_j^*，x_j^*），其中 $x_j^* = (x_{1j}^*, x_{2j}^*, \cdots, x_{5j}^*)$，$j=1, 2, \cdots, N\times T$。计算汇总 Bootstrap 样本的信息损失值 SSM^*：

$$\mathrm{SSM}^* = \left| \sum_{k=1}^{K} w_k \left(1+\frac{1}{\ln m}\sum_{j=1}^{m} p_{kj}^* \ln p_{kj}^*\right) r_{sk}^* - \left(1+\frac{1}{\ln m}\sum_{j=1}^{m} p_j^* \ln p_j^*\right) r_s^* \right| \tag{6-6}$$

其中，$p_{kj}^* = \dfrac{x_{kj}^*}{\sum_{j=1}^{m} x_{kj}^*}$；$p_j^* = \dfrac{CI_j^*}{\sum_{j=1}^{m} CI_j^*}$；$m=N\times T$；$k=1, 2, \cdots, K$；$r_{sk}^*$ 是 x_k^* 与参照向量 $\boldsymbol{r}_0$ 的 Spearman 秩相关系数；r_s^* 是 CI^* 与参照向量 $\boldsymbol{r}_0$ 的 Spearman 秩相关系数。

第三，重复上述过程 1000 次，获得 1000 个 SSM^* 值，构成 SSM 的 Bootstrap 样本。根据 Bootstrap 样本频数分布的分位数，即可得到其置信水平为 95%的置信区间。

根据上述计算结果，信息损失量 SSM 值最小，且 Bootstrap 样本的标准误最小的综合评价方法，其评价结果更具有鲁棒性，因此也就是最优的综合评价方法。

三、4 种综合评价方法的优良性比较①

根据上述 4 种综合评价方法及表 6-1 中资源利用 13 个原始指标的权重，本书分别将 13 个原始指标汇总成 4 个综合指标，部分计算结果如本书附表 11、附表 12 和附表 13 所示。表 6-2 报告了这 4 个综合评价指标与资源利用方面的 13 个原始指标的相关系数。

由表 6-2 可以看出，各个综合指标与单位 GDP 能耗降低、单位二

① 郝淑双，朱喜安. 中国区域绿色发展水平影响因素的空间计量[J]. 经济经纬，2019(1)：10-17.

氧化碳排放降低、农业用水效率、资源产出率等相对指标的相关性较强，而与能源消费总量、用水总量、耕地保有量等绝对指标的相关性较弱。

由表 6-2 还可以看出，在这 4 种综合评价方法中，加权乘积法与原始指标的相关性相对最弱。下面进一步计算 4 个综合评价指标的相关系数，如表 6-3 所示，可以看出，加权乘积法(WP)的排序结果与其他 3 种方法的相关性也最低，加权求和法和 TOPSIS 法排序结果的相关性最高，其次是加权重置理想法。

表 6-2　4 种综合评价方法与原始指标之间的相关系数

序号	指标	正逆向	SAW	WP	WDI2	TOPSIS
1	能源消费总量	逆向	-0. 243	0. 078	-0. 309	-0. 210
2	单位 GDP 能源消耗降低	正向	0. 456	0. 362	0. 423	0. 486
3	单位 GDP 二氧化碳排放降低	正向	0. 494	0. 342	0. 473	0. 535
4	天然气占一次能源消费比重	正向	0. 416	0. 097	0. 481	0. 399
5	用水总量	逆向	-0. 507	-0. 059	-0. 549	-0. 475
6	万元 GDP 用水量下降	正向	0. 263	0. 073	0. 277	0. 283
7	单位工业增加值用水量降低率	正向	0. 237	0. 202	0. 194	0. 217
8	农业用水效率	正向	0. 488	0. 391	0. 353	0. 443
9	耕地保有量	正向	-0. 145	0. 244	-0. 200	-0. 041
10	新增建设用地规模	逆向	-0. 323	-0. 138	-0. 374	-0. 351
11	单位 GDP 建设用地面积降低率	正向	0. 199	0. 158	0. 205	0. 209
12	资源产出率	正向	0. 379	0. 186	0. 259	0. 280
13	一般工业固体废物综合利用率	正向	0. 193	0. 024	0. 077	0. 069

表 6-3 4 种综合评价结果的相关系数矩阵

	SAW	WP	WDI2	TOPSIS
SAW	1.000	0.519	0.955	0.982
WP	0.519	1.000	0.383	0.536
WDI2	0.955	0.383	1.000	0.958
TOPSIS	0.982	0.536	0.958	1.000

来源：笔者计算整理得出。

一般来讲，我们希望综合评价指标与原始指标的相关性越强越好。因此，根据表 6-2 和表 6-3 的结果，首先可以排除加权乘积法。其次，从加权求和法、加权重置理想法和 TOPSIS 法的得分来看，加权求和法和 TOPSIS 法的得分都在 0.3～0.7，而加权重置理想法的得分在 0.01～0.035。由此可以看出，加权重置理想法对各区域资源利用水平的区分度不够，评价结果难以令人信服，因此可排除加权重置理想法。

下面我们利用 Shannon-Spearman 测度方法以及 Bootstrap 抽样技术，分别计算加权求和法和 TOPSIS 法的 SSM 值的置信区间，根据 SSM 值的精度和可靠性，判断这两种综合评价指标之间的差异。

具体来说，根据式(6-5)计算综合评价指标的信息损失量(SSM 值)。表 6-4 中 SSM 值的计算结果表明，通过加权乘积法(WP)得到的综合指标造成的信息损失量最小。下面根据 Bootstrap 抽样方法来获得各个综合评价指标的 SSM 值的置信区间。①

① 为了更细致地比较这四种方法的区别，本书也列举了加权乘积法和加权重置理想法的 SSM 值及统计特性。

表 6-4 4 种综合评价方法的 SSM 值及置信区间

	SSM 值	标准误	95%置信区间		95%置信区间长度
			2.5%分位数	97.5%分位数	
SAW	0.001809	0.001238	0.000195	0.004597	0.004402
WP	0.000875	0.001255	0.000221	0.004850	0.004629
WDI2	0.001595	0.001109	0.000160	0.004203	0.004043
TOPSIS	0.001857	0.001235	0.000192	0.004906	0.004714

来源：笔者计算整理得出。

本书数据由 30 个省市 2006—2015 年的 4 个综合指标数据构成，对这 4 个综合指标分别采用个体重复抽样方法，根据前面介绍的步骤编程获得 SSM 值的 Bootstrap 样本,① 图 6-1 给出这 4 种评价结果的信息损失量 SSM 的 Bootstrap 样本直方图，并根据样本分布计算 SSM 值的 95%置信区间。

从表 6-4 可以看出，与 TOPSIS 法相比，不仅加权求和法的 SSM 值小，而且 SSM 值的 95%置信区间也较小。由此表明，在利用加权求和法(SAW)汇总原始指标时，不仅损失的信息最少，而且误差也更小，综合评价结果更具有鲁棒性。因此，根据上述分析可知，在对 2006—2015 年资源利用水平评价中，加权求和法是这 4 种综合评价方法中最优的评价方法，我们将其作为我国区域资源利用水平的有效测度指标。

总之，本节利用 4 种综合评价指标对资源利用方面的 13 个原始指标进行综合，并根据这些综合指标与原始指标的相关性及综合评价指标的区分度，筛选出加权求和法，即线性加权综合评价模型及 TOPSIS 法两种备选方法；进一步根据 Shannon-Spearman 测度方法及 Bootstrap 抽样技术，获得这两种综合评价方法的 SSM 值及其置信区间，根据 SSM 值的精度和可靠性，选择加权求和法即线性加权综合评价模型作为最优

① 本书采用软件 Matlab 2015b 编程计算各种综合评价指标的 SSM 值及统计特性.

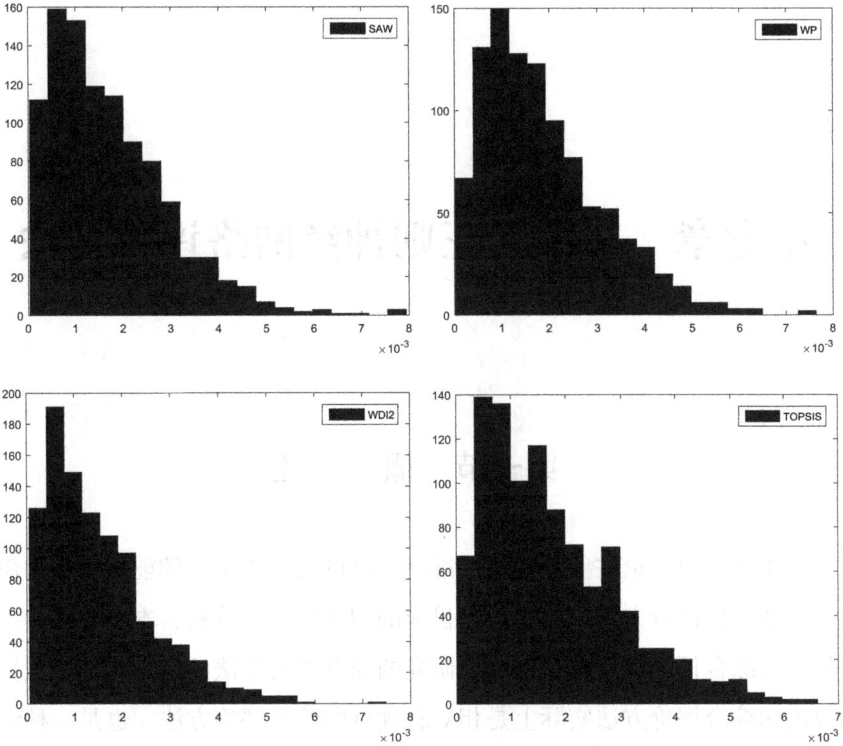

图 6-1　4 种综合评价方法的 SSM 值的 Bootstrap 样本直方图

的综合评价模型。

第七章　贝叶斯正则神经网络评价方法

第一节　概　　述

本章主要讨论在上述优良标准已经可以应用于实际的前提下，如何真正使综合评价方法优化。根据目前的理论研究和分析，本书拟提出一种新的综合评价方法。根据以上研究的综合评价方法的优良标准，我们提出的综合评价方法实际上是相对较优良的综合评价方法，也是一种综合评价的赋权方法。对于综合评价的权重，不同的评价机构和评价学者会选择不同的评价方法，大部分学者只是对赋权方法进行改进和比较，查阅大量文献和项目实践经历，总结出综合评价的几条原则。

差异性原则是指权重的选择必须突出各个指标间的差异性，没有这个差异性，权重的选择就失去了意义，变为等权问题。因此，准确区分各个指标的差异性，突出重点指标的重要性程度是综合评价权重的意义，也是权重选择的基本思想和原则。

特征性原则是指各个指标的权重选择除了要根据主观赋权确定方法和客观权重确定方法进行权重的确定分析外，还要根据评价者的特殊要求和偏好进行权重的修正，即对于某些指标的计算权重进行导向性修正。

归一化原则是指被评价的各个评价指标的权重必须满足各个权重之和等于一的要求，即：

$$\sum_{i=1}^{n} W_i = 1 \tag{7-1}$$

定性分析与定量分析相结合的原则是指在进行评价指标的权重分析时，应当同时使用主观分析方法、客观分析方法以及特殊性分析方法。在进行了上述分析之后，综合各种方法的利弊后确定最终权重。

在实际的权重确定中不是所有的赋权方法都同时使用的，一般是根据具体情况进行选择性使用，因此就存在一个如何选择赋权分析方法的问题。

(1)在选择客观赋权分析方法时，一般认为：

①关注评价指标的差异性时，一般使用变异系数法、熵值法。

②关注评价指标之间的关联性时，使用相关系数法。

③既关注评价指标的差异性，又关注评价指标的关联性时，使用坎蒂雷赋权法。

(2)选择主观赋权方法的一般原则为：

①关注专家们的统一意见时，使用德尔菲专家调查方法。

②关注各个深层次意见和数据的规范性、统一性时，使用层次分析法。

第二节　贝叶斯正则化神经网络模型赋权方法改进

在选择指标的赋权方法时，应注意两种极端倾向：一种是过分信赖统计和数学等定量方法，而忽视评价指标的主观定性分析；另一种是完全依赖专家意见，而抛弃科学的客观赋权方法。

客观赋权较为依赖样本数据，其权重值会随着数据的变化而改变；主观赋权虽然方法简单，但易受人为因素影响。而且这两种方法都存在着信息损失，所以为了最大程度地减少信息损失，使结果更趋于实际，必须采用组合赋权。对传统赋权方法进行改进的神经网络模型，该赋权方法在算法上优于传统的客观赋权方法，因此比传统赋权方法更可信。

神经网络是自20世纪80年代以来人工智能领域兴起的研究热点。神经网络实现了一个从输入到输出的映射功能，能够以任意精度逼近任何非线性连续函数，使得其特别适合于求解内部机制复杂的问题。

本书主要利用神经网络训练权值优化，选取适当的学习方法，使得权值最优。Dario Baptista 等开发出一套训练权重误差值最小的工具。Lu Xu 等提出了一种两层前馈神经网络的在线梯度法的理论有界性和收敛性分析，基于差分方程研究了参数序列的有界性和收敛性。大多数文献是神经网络训练参数的改良，主要是选择适当的激活函数、网络层数、单元连接方式、单元数量等。吴微等人利用 $L_{1/2}$ 正则化方法进行神经网络权值训练，对比了 BP 神经网络、高阶神经网络、双并行前馈神经网络、Takagi-Sugeno 模型。

针对本书输入参数，由于目标误差值和初始权向量两大参数的影响较大，因此首先对其进行改进。在后文叙述中分别运用熵权法和贝叶斯正则化法对初始权向量和目标误差值进行改进，运用改进后的参数输入神经网络，最终求得各指标的权重。

一、多层感知器的半监督学习神经网络模型赋权方法介绍

（一）BP 神经网络理论

神经网络或人工神经网络是在一定程度和层次上模仿了人脑神经网络系统的信息处理，利用大量的简单计算单元（神经元）构成的非线性系统。近期神经网络是随着计算机的计算能力发展而进一步发展的。

组成人工神经网络的三部分是人工神经元模型、人工神经网络的学习和网络的拓扑结构。神经元模型作为人工神经网络的基本单元，有以下三个基本的要素。

一是一组连接（对应于生物神经元的突触），连接强度由各连接上的权值表示，权值为正表示激活，为负表示抑制。

二是一个求和单元，用于求取各输入信号的加权和（线性组合）。

三是一个非线性激活函数，起非线性映射作用，并将神经元输出幅度限制在一定范围内，一般为(0, 1)或(-1, 1)。

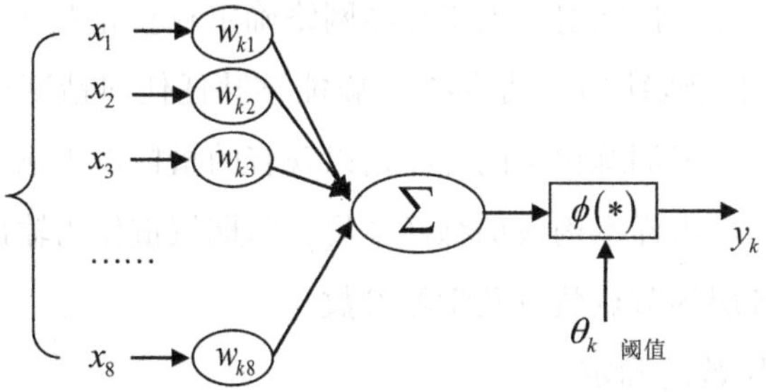

图 7-1　BP 神经网络原理图

此外还有一个 θ_k（或偏值 $b_k=-\theta_k$）。以上可分别以数学形式表达出来：

$$u_k=\sum_{j=1}^{p}w_{kj}x_j\ ,\ v_k=\mathrm{net}_k=u_k-\theta_k\ ,\ y_k=\vartheta(v_k)$$

其中，x_1，x_2，…，x_n 为输入信号；w_{k1}，w_{k2}，…，w_{kp} 为神经元 k 的权重；u_k 为线性组合结果；θ_k 为阈值；$\phi(*)$ 为激活函数；y_k 为神经元 k 的输出。

(二)BP 网络训练参数介绍

BP 网络是由非线性普通变换单元组成的前馈网络的简称。其算法的主要思想是，学习过程是由信号的正向传播与误差的反向传播两个过程组成，权值随着信号变化不断调整，这也就是所谓网络的学习训练过程。在此训练过程中，一直进行到网络输出的误差减少到可接受的程度或进行到预先设定的学习次数为止。① 下面确定影响因素的人工神经网

① 张天云，陈奎，魏伟，杨扬. BP 神经网络法确定工程材料评价指标的权重[J]. 材料导报 B · 研究篇，2012，26(1)：159-163.

络模型的参数。

1. 权重训练原理

当神经网络结构的权值确定后，神经网络构成从 m 维输入空间到 n 维输出空间的非线性映射。人工神经网络确定权重是基于一个隐层的 3 层 BP 网络，只要隐层节点足够多，就能够胜任任何精度逼近有界区域的连续函数。本书训练权重的思路是以现有的指标作为输入空间，通过对研究区选择城市样本构成训练样本集，前期权重作为输出空间，确定网络层数、各层的节点数以及学习参数。

2. 网络层数的确定

理论上，具有单隐层的前馈网可以映射所有连续函数的规律已经得到证明，因此，降低训练误差可以通过增加隐层数来实现，这样还可以提高学习训练速度，当然相应地，网络结构也会变得比单层更加复杂。降低训练误差也同样可以通过增加网络的节点数来实现，其训练效果比增加层数更容易观察和调整。因此，为了减少训练误差，应优先考虑增加隐含层中的神经元节点数。本书就是主要采用具有单隐层的三层前馈网络。

3. 隐含层节点数的确定

输入输出单元的多少和输入输出单元的分布都与问题的要求、隐含层、节点数的确定有直接的关系。

隐含层节点数量过多，有可能把样本中非规律性的内容也学会记牢，如噪声；隐含层节点数量太少，网络从样本中获取的信息能力就差，不足以概括和体现训练集中的样本规模。如果出现“过度拟合”问题，反而会降低神经网络的泛化能力。此外，节点数太多还会增加训练时间。

本书采用试凑法确定隐含层节点数目，也即先设置较少的隐含层节点训练网络，然后逐渐增加隐含层节点数，网络误差最小时所对应的隐含层节点数就是最终满足要求的节点数目。

$$L = \alpha(I + O) \tag{7-2}$$

其中，L 为隐含层节点数，数据最后取整；I 为输入层节点数；O 为输出层节点数；α 为调节系数，$\alpha \in [0.5,\ 1]$ 。

4. 激活函数的确定

根据对函数逼近的人工神经网络的特点分析，可知三层 BP 神经网络的隐藏层的激活函数为 Sigmoidal 函数，表达式如式(7-3)所示：

$$y = f(x) = \frac{1}{1 + e^{-\lambda x}} \tag{7-3}$$

Sigmoidal 函数是连续可微的，使得神经元的权值可用误差反向传播学习算法调节，对于输出层的激活函数是线性函数。

单极性 S 型函数属于非线性转移函数，它是实数域 **R** 到[0，1]闭集的非减连续函数，其特点是函数本身及其导数都是连续的，因此在处理上具有很大的便利性。与线性转移函数相比，其优点是不仅将离散的函数转化为连续型函数，而且还将函数收敛到[0，1]，方便计算与检验。

5. 期望误差的选取

在设计网络的训练过程中，期望误差值是可以用来终止网络训练的指标。因此，如果期望误差过小，则同一组数据训练次数过多，进而造成过拟合；而期望误差过大，则训练次数不够，导致其可靠性与应用价值不大。而且期望误差是否合适可以通过检测样本误差的大小来判断，如果不满足要求就重新训练网络，直到检测样本的误差满足要求。

本章首先运用传统的神经网络进行赋权，为了尽可能地提高赋权准确度，在本轮赋权过程中引入伯努利大数定理。神经网络随机赋权产生的结果，虽然有伯努利大数定理作为其理论依据，但实际操作过程中存在较大的漏洞。

(1)伯努利大数定理发生作用的前提条件是 n 足够大，但实际操作中这个 n 无法完全穷尽，即无法做到足够大。虽然本章在运行过程中是对随机产生的 1000 次结果取平均数，但 1000 次也无法表示足够大。

(2)由于 1000 次结果是随机产生的，即每一次运行的结果都不相同，不同的人运行的也不相同，其结果无法进行科学的预测，完全随机产生，结果无法令人信服。

因此，基于以上考虑，为了使神经网络运行结果更趋客观、合理，本章将对神经网络算法进行改良。

二、基于 L_1 和 H1/4 神经网络参数赋权算法的改良

标准的 BP 神经网络算法应用中，网络训练很容易形成局部极小而得不到全局最优，在训练过程中发生震荡、收敛变慢。目前主要是通过改进动量因子、学习率可变的方式修改神经网络。

动量 BP 算法是在梯度下降算法的基础上引入动量因子 $\eta(0<\eta<1)$。

$$\Delta x(k+1)=\eta\Delta x(k)+\alpha(1-\eta)\frac{\partial E(k)}{\partial x(k)} \tag{7-4}$$

$$x(k+1)=x(k)+\Delta x(k+1) \tag{7-5}$$

本算法的具体操作过程是，以前一次修正结果影响本次修正量，当前一次的修正量过大时，第二项的符号将与前一次修正量的符号相反，从而使本次的修正量减少，起到减少震荡的作用。当前一次的修正量过小时，第二项的符号将与前一次修正量的符号相同，从而使本次的修正量增大，起到加速修正的作用。

对于学习率可变的 BP 算法，学习率在整个学习过程中起到很大的作用。因其是常数，当学习率过大时，算法可能震荡；当学习率过小时，则收敛的速度较慢，训练时间长。因此需要利用局部误差来调整学习率，有：

$$a(k+1)=\begin{cases}k_{\text{inc}}a(k)\\ k_{\text{dec}}a(k)\end{cases} \tag{7-6}$$

因为训练函数 traungdx 和 learngdm 各有各的优缺点，因此可以在 MATLAB 的选择参数中将二者结合起来并利用各自的优点。

除此之外，本书还主要进行初始参数的优化，其目的是使输出结果尽量合理。因此引出了下文熵权法和贝叶斯改进算法的应用。

(一)L_1 概述

在前一章筛选出的 8 个指标中，除年平均气温和人口密度不能使用正负向指标数值表示，其他的都可以使用正负向指标数值表示，因此需要转化为正负向指标来表示，以便后续的计算。故引入了 L_1 范数来进一步衡量指标。

L_1 范数是指向量中各个元素的绝对值之和，也有个美称叫“稀疏规则算子”(Lasso regularization)。范数：$\| A \|_1 = \max\left\{ \sum |a_{i1}|,\ \sum |a_{i2}|,\ \cdots,\ \sum |a_{in}| \right\}$（列和范数，A 为每一列元素绝对值之和的最大值，其中 $\sum |a_{i1}|$ 为第一列元素绝对值的和 $\sum |a_{i1}| = |a_{11}| + |a_{21}| + \cdots + |a_{n1}|$，其余类似)。

在泛函分析中，范数表示的是一个“长度”概念的函数，为向量空间内的所有向量赋予非零的正长度或大小。

$$\| X \|_1 = \sum_{i=1}^{n} |x_i| \tag{7-7}$$

(二)H1/4 熵权法叙述

在具体的实验操作过程中，通过研究发现，直接使用熵权法得到的权重常常会出现某个数值很大的情况，这与指标重要性的程度严重不符。在多指标评价过程中，尽管各指标的重要程度不尽相同，但若某个指标的权重过大，则通过该指标就可直接反映被评对象的优劣，而无需考虑其他指标。正是因为如此，熵权法的应用受到了一定限制。鉴于此，本书将以 0.25 为上限，并且以神经网络训练权重，以求进一步减少其误差。①

① Chun-Hsiang Tan, Peter A. McNaughton. The TRPM2 ion Channel is Required for Sensitivity to Warmth[J]. Nature: International Weekly Journal of Science, 2016, 5, 36(7617).

(三)熵权法改良赋权模型构建

在信息论中，熵是对不确定性的一种度量。熵权法是依据各指标数据所包含的信息量大小来确定指标的权重，信息量越大，则熵越小，反之则越大。①

$$H(x) = -\sum_{i=1}^{m} P(x_i)\text{In}P(x_i) \tag{7-8}$$

其中，x_i 为第 i 个状态值(总共有 m 个状态)；$P(x_i)$ 为出现第 i 个状态的概率。根据熵的特性，可以通过计算熵值来判断一个事件的随机性及无序程度，也可以用熵值来判断某个指标的离散程度，指标的离散程度越大，该指标对综合评价的影响(权重)越大，其熵值越小。

设有 m 个城市待选评价，n 项选择指标的指标数据矩阵为 $X = (x_{ij})_{m\times n}$，对于某个指标，j 为待选供应商的指标值 X_{ij} 间的差距越大，信息熵就越小，该指标在选择中所起的作用就越大，赋予的权重就越高；反之就越小。

第一步，指标的归一化处理：异质指标同质化。

由于各项指标的计量单位、性质属性并不统一，因此，对于不同指标用不同的算法进行数据标准化处理。其具体方法如下。

正向指标：

$$x_{ij} = \frac{u_{ij} - \min(u_{ij})}{\max(u_{ij}) - \min(u_{ij})} \tag{7-9}$$

负向指标：

$$x_{ij} = \frac{\max(u_{ij}) - u_{ij}}{\max(u_{ij}) - \min(u_{ij})} \tag{7-10}$$

第二步，计算第 j 项指标下第 i 个城市占该指标的比重：

$$e_j = -k\sum_{i=1}^{n} x_{ij}Inx_{ij} \tag{7-11}$$

① 郭显光. 改进的熵值法及其在经济效益评价中的应用[J]. 系统工程理论与实践，1998(12)：3-5.

其中，k 为比例数，一般认为是结果 $e_j \subset [0, 1]$，取 $k = (\text{In}m)^{-1}$。

计算指标的差异系数，由上式计算可得第 j 个指标的差异系数 h_j：

$$h_j = 1 - e_j \tag{7-12}$$

第三步，计算第 j 项指标的熵值：

$$w_j = \frac{h_j}{\sum_{j=1}^{n} h_j} \tag{7-13}$$

第四步，计算信息熵冗余度：熵权修正。

当 $w_j > 0.25$ 时，将其强制修正为 $w_j^* = 0.25$，将多余部分 $w_j - 0.25$ 通过下式按比例分配到其余 $m - 1$ 个指标中。

$$\omega_i^* = \omega_i + \frac{\omega_i}{\sum_{k=1}^{m} \omega_k} \times (\omega_j - 0.25) \tag{7-14}$$

由此得出各指标的修正熵权 $W^* = (\omega_1^*, \omega_2^*, \omega_3^*, \cdots, \omega_m^*)$。

若 W^* 中又出现某个指标的修正熵权 $\omega_k^* > 0.25$，则可将其强制修正为 0.25，再将多余的部分权重 $w_k^* - 0.25$ 根据上式分配到其余的 $m - 2$ 个指标中去，然后得到 $m - 2$ 个指标的修正熵权。

通常而言，如果所得指标的熵权超大，将其修正后，一般不会再出现一个指标的熵权大于 0.25 的情况。

三、基于贝叶斯正则化 BP 神经网络赋权方法分析

为了对评价方法进行优劣比较，本书并没有选用传统的赋权方法，而是选用了基于贝叶斯正则化 BP 神经网络赋权方法。因为传统的赋权方法大多不可避免地会在计算过程中丢失部分信息，评估结果难以令人满意。而人工神经网络可以通过网络学习达到与其期望输出相符的结果。

所谓正则化，是指为了提高神经网络的推广能力而限制网络权值的规模。因为较小的权值可以使神经网络的输出曲线具有一定的光滑度，

以避免过分复杂的曲线对训练数据过度拟合，从而提高神经网络的推广能力。而贝叶斯正则化是指用贝叶斯方法估计正则化参数。①

（一）贝叶斯理论

贝叶斯理论把分布参数 θ 作为随机变量，在获得样本之前，对 θ 的认识成为先验经验，采用先验分布；获得样本后，样本中又包含了 θ 新的信息，采用似然函数；通过贝叶斯公式将先验分布与似然函数结合，最终得到 θ 的后验分布，从而不断更新对 θ 的认识，这也是贝叶斯理论的精髓所在。

贝叶斯正则化的 BP 神经网络算法的基本思想是：给定一组训练样本 $S=\{(p_1, t_1), (p_2, t_2), \cdots, (p_m, t_m)\}$，神经网络学习的目的是寻找能有效逼近改组样本的函数 f，使误差函数最小化，一般情况下，神经网络的训练误差函数采用均方误差函数：

$$E_D = \frac{1}{n}\sum_{t=1}^{n}(t_i - a_i)^2 \tag{7-15}$$

这里 n 为样本数，t_i 为期望输出值，$a_i = f(p_i)$ 为网络的实际输出值。为了提高泛化能力，可以在目标函数里加上网络权值平均的算术平均值，即目标函数变为：

$$F = \beta E_D + aE_W \tag{7-16}$$

其中，$E_W = \frac{1}{m}\sum_{i=1}^{m}\omega_i^2$ 为网络权重的平方和；ω_i 是神经网络连接权值；m 为神经网络连接权的个数；α、β 是目标函数的参数。贝叶斯正则化方法可以在网络训练过程中自适应地调整参数 α、β 的大小，在保证网络误差平方和最小的前提下，能够有效控制网络的复杂度，从而显著地提高神经网络的泛化能力。

若 $\alpha < \beta$，则训练算法倾向于使学习集网络响应的误差减小，容易

① Mackay, D. J. C. A Practical Bayesian Framework for Back Propagation Networks[J]. Neural Compution, 1992(3): 448-472.

使网络出现过拟合现象；若 $\alpha > \beta$，则训练强调权值的减小，自动缩小了网络规模，使网络的输出更加平滑，可有效增强网络的泛化性能，但容易导致网络欠拟合。

(二) 贝叶斯正则化算法

用常规的正则化算法很难确定 α 和 β，贝叶斯正则化算法恰好可以在网络训练中自适应调节 α 和 β，使其达到最优解。将网络权值视为随机向量，根据贝叶斯规则给定学习集后权值的后验概率密度函数如式(4-17)所示。

$$p(w \mid D, \alpha, \beta, M) = \frac{p(D \mid w, \beta, M)p(w \mid \alpha, M)}{p(D \mid \alpha, \beta, M)} \quad (7\text{-}17)$$

式中，D 为学习集数据；M 为采用的神经网络模型；$p(D \mid \alpha, \beta, M)$ 为总体概率密度函数；$p(w \mid \alpha, M)$ 为权值向量的先验概率密度函数；$p(D \mid w, \beta, M)$ 为权值给定时输出的概率密度函数。

假设样本数据中存在噪声和权向量服从正态分布，则有：

$$\begin{aligned} p(D \mid w, \beta, M) &= \frac{\exp(-\beta E_d)}{Z_n(\beta)} \\ p(w \mid \alpha, M) &= \frac{\exp(-\beta E_w)}{Z_m(\alpha)} \end{aligned} \quad (7\text{-}18)$$

其中，$Z_n(\beta) = (\frac{\pi}{\beta})^{\frac{n}{2}}$，$Z_m(\alpha) = (\frac{\pi}{\alpha})^{\frac{m}{2}}$。由于标准化因子 $p(D \mid \alpha, \beta, M)$ 与权值向量 w 无关，本书选用的公式为：

$$p(w \mid D, \alpha, \beta, M) = \frac{e^{-(\beta E_D + \alpha E_W)} / (Z_n(\beta) Z_m(\alpha))}{p(D \mid \alpha, \beta, M)} = \frac{e^{-F}}{Z(\alpha, \beta)} \quad (7\text{-}19)$$

其中，$Z(\alpha, \beta) = \frac{p(D \mid \alpha, \beta, M)}{Z_n(\beta) Z_m(\alpha)}$。

最优的权值向量应具有最大后验概率 $p(w \mid D, \alpha, \beta, M)$，最大的后验概率在 $Z(\alpha, \beta)$ 一定的情况下等价于最小正则化目标函数 F，F

最小点 w_0 处 α 和 β 的优化解为：

$$\alpha = \frac{\gamma}{2E_w(w_0)}, \beta = \frac{m - \gamma}{2E_d(w_0)} \tag{7-20}$$

其中，γ 为学习集训练确定的网络参数的有效个数。

(三) 贝叶斯正则化神经网络权重训练步骤

第一步，确定网络结构，初始化超参数 α 和 β，一般设定为 $\alpha = 0$ 和 $\beta = 1$。根据先验分布对网络参数赋予初始值。

第二步，用 BP 算法训练网络，使总误差 $F = \beta E_D + \alpha E_W$ 达到最小。

第三步，利用高斯-牛顿逼近法求 Hessian 阵 $\nabla^2 F \approx 2\beta J^{\mathrm{T}} J + 2\alpha I_m$，并计算有效参数个数 γ。

第四步，计算超参数 α 和 β 新的估计值。

第五步，循环执行第二步、第三步、第四步。

贝叶斯正则化神经网络法是个迭代过程，每个迭代过程中总误差函数随着超参数的变化而变化，最小值点也在变化，网络的参数也在不断修正，最终达到总误差函数在迭代过程中没有较大改变，结果更加收敛。

第三节 城市生活环境综合评价的实证分析①

一、城市生活环境指标的再处理

对于指标的选取而言，筛选完指标后，由于本书综合评价选取的指标数量不大，每个指标将来还需要被赋予权重，选择评价方法进行评价，因此必须对每个指标的合理性进行分析。

一般情况下，人体适宜居住环境温度是 23℃左右，② 将此作为一

① 陈战波. 综合评价指标筛选与赋权方法改进研究——以城市生活环境评价为例[D]. 中南财经政法大学，2017.

② Chun-Hsiang Tan, Peter A. McNaughton. The TRPM2 ion Channel is Required for Sensitivity to Warmth[J]. Nature, 2016(8): 1-19.

个标准度量。因此本书将 13 个城市一年中每日平均气温与标准度量的差值求和，数值越小的城市越适合人居住。人口密度也是同样的道理，一般情况下，城市人口密度是 500 人/km^2，以此作为一个标准度量。将每个城市的平均人口密度与标准度量求差，发现其数据较大，因此，对所求差值与标准度量求取倍数，其数值越小越适合人居住。其公式如式(7-21)、式(7-22)所示。

$$年平均气温指标：|X|_i = \sum_{i=1}^{n} |x_i - x^*| \tag{7-21}$$

$$人口密度指标：|X|_i = \frac{|x_i - x^*|}{x^*} \tag{7-22}$$

城市绿化覆盖率和人均城市道路面积指标说明，这两大指标也属于中性指标，并不能将其简单地归类到正向或负向指标之中。但分别查阅相关权威文献得知：当城市绿化覆盖率达到 50%时可保持良好的城市环境；国际人均城市道路面积标准为 30m^2/人。本书所选的 13 个城市在这 2 个指标上都未达到国内外公认的标准，而在达到标准之前，该类指标属性是越大越好。因此，本书将这 2 个指标归类为正向型指标，按正向指标标准化。

剩余的 4 个指标是污水处理厂集中处理率、等效声级、空气质量达到及好于二级的天数和市辖区人均 GDP。除等效声级为负向指标外，其余 3 个都属于正向指标，都可以直接运用极值法进行标准化，指标再处理数据如附表 14 所示。

二、城市生活环境综合评价三种不同方法的赋权结果

贝叶斯正则化神经网络权值的初始化一般是随机产生的，这期间会有很大的误差，不同的权值会对最终的结果有很大的影响，因此本书结合熵权法取初始权值进行训练，以减少初始权值对最终结果的影响。一般情况下，神经网络初始训练参数是根据经验值设定的，期间有很大的误差，本书根据数据训练输入参数，将训练结果作为权值训练初始值

输入。

(一)城市生活环境评价神经网络随机赋权

第一步，将原始数据 13 × 8 矩阵的第一行数据分别乘以其对应的 8 个权重 w_{1k}（$k = 1, 2, \cdots, 8$），得到一组 1 × 8 的矩阵，作为新的矩阵的第一行。再将该矩阵分别加上对应的 8 个权重 w_{1k}（$k = 1, 2, \cdots, 8$），得到一组 1 × 8 的矩阵，作为原始数据矩阵第二行的权重，记为 w_{2k}（$k = 1, 2, \cdots, 8$）。

第二步，将原始数据 13 × 8 矩阵的第二行数据分别乘以其对应的 8 个权重 w_{2k}（$k = 1, 2, \cdots, 8$），得到一组 1 × 8 的矩阵，作为新的矩阵的第二行。再将该矩阵还是分别加上对应的 8 个权重 w_{2k}（$k = 1, 2, \cdots, 8$），得到一组 1 × 8 的矩阵，作为原始数据矩阵第三行的权重，记为 w_{3k}（$k = 1, 2, \cdots, 8$）。

第三步，重复上述过程分别在上一行的基础上算出新的矩阵，最终得到一个全新的 13 × 8 矩阵。

第四步，将新矩阵每列相加，分别记为 q_{1j}（$j = 1, 2, \cdots, 8$），最终得到一个 1 × 8 的矩阵。

第五步，将第四步得到的 1 × 8 矩阵求和得到求和值，将求和值与阈值相比较。如果求和值小于阈值，则通过检验；如果求和值大于阈值，则说明参数设置不合理，需重新设置参数。根据以上步骤，神经网络随机赋权结果如表 7-1 所示。

表 7-1 神经网络随机赋权结果

指标	年平均气温	城市绿化覆盖率	人口密度	污水处理厂集中处理率	等效声级	空气质量达到及好于二级的天数	人均城市道路面积	市辖区人均 GDP
权重	0.2169	0.1327	0.1279	0.1570	0.1299	0.1311	0.1699	0.1088

(二)城市生活环境改进熵权法赋权结果

通过计算，熵权法权值如表7-2所示。

表7-2　熵权法训练权值表

指标	年平均气温	城市绿化覆盖率	人口密度	污水处理厂集中处理率	等效声级	空气质量达到及好于二级的天数	人均城市道路面积	市辖区人均GDP
权值	0.0677	0.1009	0.0485	0.0489	0.3393	0.0937	0.2055	0.0956

通过计算发现有奇异值，因此采用改进的熵权法重新计算的权值如表7-3所示。

表7-3　改进熵权法训练权值表

指标	年平均气温	城市绿化覆盖率	人口密度	污水处理厂集中处理率	等效声级	空气质量达到及好于二级的天数	人均城市道路面积	市辖区人均GDP
权值	0.0826	0.1157	0.0634	0.0638	0.2500	0.1085	0.2055	0.1105

(三)贝叶斯正则化神经网络权重结果

采用贝叶斯正则化算法(trainbr)训练误差值，最终训练出的允许误差结果为0.00053959。将之前计算的熵权法作为神经网络的初始权值输入，将贝叶斯训练误差值输入，结合神经网络训练出的权重结果如表7-4所示。

表 7-4 贝叶斯正则化神经网络权值表

指标	年平均气温	城市绿化覆盖率	人口密度	污水处理厂集中处理率	等效声级	空气质量达到及好于二级的天数	人均城市道路面积	市辖区人均 GDP
权值	0. 0827	0. 1158	0. 0635	0. 0638	0. 2496	0. 1086	0. 2055	0. 1105

第四节 L_2 惩罚函数综合评价权重的优良标准研究

通过改进的熵权法和贝叶斯正则化法得出了最终权值，但最终何种权重最优，何种权值效果最好，目前已有的研究方法是从数据应用本身出发，将计算出的最终结果与已经有的结果进行对比，谁的正确率高，则对应的权值计算方法好。针对此类非监督学习问题，大量标签学习方法可以很好地解决最优问题。由于实际评价中的数据是无标签数据，本书提出从数据本身出发的监督学习方式，从惩罚函数值的角度去比较权重的优劣。

一、正则化惩罚函数介绍

惩罚函数是在约束优化问题中将约束违反度乘以惩罚项加到目标函数中，构造出带参数的目标函数，是一种有效的求解出约束优化问题的方法。本书的主要思想是把一系列的约束优化问题转变为从数据本身出发的无约束优化问题求解。在一个矩阵中，最优解往往是确定的，实际求解过程往往很难实现最优解，只是无限趋近最优解，根本原因就是惩罚因子不断发生变化。通过对现有矩阵目标函数值加上一个约束违反程度值，对不可行解进行惩罚，将约束优化问题进行迭代计算。本书从非线性约束优化问题求解的角度来计算出所需权值谁更优。惩罚函数的基本步骤如下。

第一步，构建惩罚函数。

第二步，给定 $C_0>0$，$\gamma>1$，初始化 $x_0\in\mathbf{R}^n$ 和允许误差 $\varepsilon\geqslant 0$，$k=1$。

第三步，以 x_{k-1} 为初始点，利用非线性无约束的方法求解 $\psi(x)$ 的最优解 x_k。

惩罚函数法的主要优点是可以直接利用无约束最优化问题的方法来求解原约束优化问题，本书选取 L_2 来克服惩罚参数选取的问题。

本书使用正则化参数使计算的误差值最小，使用贝叶斯先验的 L_2 监督机器学习问题，利用规则化参数检测最小化误差。所计算的最小化误差是为了让训练模型拟合训练数据，而规则化参数是防止模型过分拟合训练数据。

由于参数数目太多，可能会导致模型复杂程度迅速上升，出现数据过拟合现象，也就是使得训练误差很小，这也是正则化处理的主要目的。

选择能够较好地解释已有的数据并且简洁的模型是我们选择模型的基本规则之一。正则化就是利用关于模型的已有的先验概率，是结构风险最小化策略的实现，在形式上只不过增加一个正则化或惩罚项。

根据一般规则，最小化的目标函数就是监督学习：

$$\Psi^* = \arg\min_{\omega}\sum_i L(y_i,\ f(x_i,\ \omega)) + \lambda\Omega(\omega) \tag{7-23}$$

在此，前面一项 $L(y_i,\ f(x_i,\ w))$ 主要用来考察一个误差，即模型对第 i 个样本的检验值 $f(x_i,\ w)$ 和真实的标签值 y_i 之前的误差。要求这一项最小，也就是要求模型尽量拟合训练数据。加上第二项是要求模型测试误差小，也即对参数 w 的规则化函数 $\Omega(w)$ 去约束模型尽量简单，本书选取 L_2 范数。

（一）L_2 范数正则化

规则化范数使用的是 L_2 范数——$\|W\|^2$，在回归里面叫“岭回归”

(ridge regression)，同时也叫权值衰减(weight decay)。它可以很好地改善机器学习中的过拟合问题，就是让模型训练的误差很小。

向量各元素的平方和然后求平方根就是 L_2 范数。让 L_2 范数的规则项 $\|W\|^2$ 最小，可以使得 W 的每个元素都很小，接近于 0，但与 L_1 范数不同，它不会等于 0，而是接近于 0。越小的参数说明模型越简单，越简单的模型则越不容易出现过拟合现象。通过 L_2 范数，可以实现对模型空间的限制，从而在一定程度上避免过拟合。L_2 范数有以下两个特点。

1. 学习理论的角度

从学习理论的角度来说，L_2 范数可以防止过拟合，提升模型的泛化能力。

2. 优化计算的角度

从优化或者数值计算的角度来说，L_2 范数有助于处理条件数值。优化有两大难题，一是局部最小值，二是 ill-condition 病态问题。我们要找的是全局最小值，如果局部最小值太多，那么优化算法就很容易陷入局部最小而不能自拔。条件数用来衡量 ill-condition 系统的可信度，如果方阵 $\boldsymbol{A}$ 是非奇异的，那么 $\boldsymbol{A}$ 的条件数定义为：$K(\boldsymbol{A}) = \|\boldsymbol{A}\| \ \|\boldsymbol{A}^{-1}\|$。

实际上，每一个可逆方阵都存在一个条件数。方阵 $\boldsymbol{A}$ 如果是奇异的，那么方阵 $\boldsymbol{A}$ 的条件数就是一个正无穷大了。但如果要计算它，需要先知道这个方阵的范数和机器的精度。范数就相当于衡量一个矩阵的大小。我们知道本来矩阵是没有大小的，但是当要衡量一个矩阵 $\boldsymbol{A}$ 或者向量 $\boldsymbol{b}$ 的变化的时候，解 x 变化的大小和范数即矩阵的大小就有很大关系。

L_2 范数可以有助于处理条件数不好的情况下矩阵求逆困难的问题。因为目标函数如果是二次函数，对于线性回归来说，实际上是有解析解的，求导并令导数等于零即可得到最优解为：

$$\hat{W} = (X^{\mathrm{T}} X)^{-1} X^{\mathrm{T}} y \tag{7-24}$$

当样本 X 的数目比每个样本的维度还要小的时候，矩阵 $\boldsymbol{X}^{\mathrm{T}}\boldsymbol{X}$ 将会

不是满秩的，也就是 $\boldsymbol{X}^{\mathrm{T}}\boldsymbol{X}$ 会变得不可逆，所以 ω^* 没办法直接计算。或者更确切地说，将会有无穷多个解，会出现过拟合。

但如果加上 L_2 规则项，就变成了下面这种情况，可以直接求逆：

$$\omega^* = (X^{\mathrm{T}} X+\lambda I)^{-1} X^{\mathrm{T}} y \tag{7-25}$$

考虑没有规则项的时候，也就是 $\lambda=0$ 的情况，如果矩阵 $\boldsymbol{X}^{\mathrm{T}}\boldsymbol{X}$ 的条件数很大的话，解线性方程组就会在数值上相当不稳定，而这个规则项的引入可以改善条件数。

另外，如果使用迭代优化的算法，条件数太大仍然会导致问题，即它会拖慢迭代的收敛速度，而规则项从优化的角度来看，实际上是将目标函数变成 λ-strongly convex（λ 强凸）。当 f 满足：

$$f(y) \geqslant f(x) + \nabla f(x), \quad y - x > \frac{\lambda}{2} \| y - x \|^2 \tag{7-26}$$

称 f 为 λ–强凸函数，其中参数 $\lambda>0$。当 $\lambda=0$ 时，退回到普通凸函数的定义。

在直观地说明强凸之前，先看看普通的凸是怎样的。假设让 f 在 x 的地方做一阶泰勒近似 $f(x)=f(a)+f(a)(x-a)+o(\|x-a\|)$ ：

$$(x) \geqslant f(x) + \nabla f(x), \quad y - x > o(\| y - x \|) \tag{7-27}$$

直观来讲，凸性质是指函数曲线位于该点处的切线，也就是线性近似之上，而强凸则进一步要求位于该处的一个二次函数上方，也就是说函数不要太平滑，而是保证有一定的向上增长的趋势。使凸可以保证函数在任意一点都处于它的一阶泰勒函数之上，而强凸可以保证函数在任意一点都存在一个二次下界。这是一个非常重要的假设，具体如图 7-2 所示。

函数 $f(w)$ 取最优解 w^* 的地方，实数对应的函数都会位于虚线对应的二次函数之上，即使 w_t 和 w^* 离得比较近的时候，$f(w_t)$ 和 $f(w^*)$ 的值的差别也较大，也就是保证在最优解 w^* 附近的时候，还存在较大的梯度值，这样才可以在比较少的迭代次数内达到 w^* 。如图 7-2 所示，实数对应的函数 $f(w)$ 只约束在一个线性的虚线对应的函数之上，

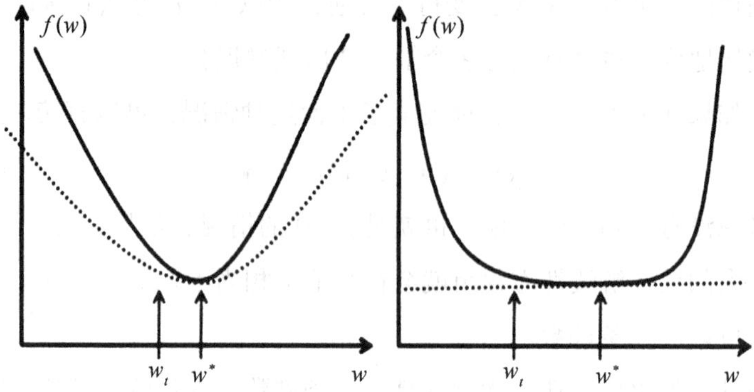

图 7-2 惩罚函数梯度下降图

如果在曲线非常平坦的情况下，w_t 还离最优点 w^* 很远的时候，近似梯度 $\frac{f(w_t)-f(w^*)}{w_t-w^*}$ 就已经非常小，在 w_t 处的近似梯度 $\frac{\partial f}{\partial w}$ 就更小，这样通过梯度下降 $w_t+1=w_t-\alpha\times\frac{\partial f}{\partial w}$，得到的结果 w 的变化是非常缓慢地向最优点 w^* 爬动，在有限的迭代时间内，它离最优点还是很远。

所以仅仅靠凸性质并不能保证在梯度下降和有限的迭代次数的情况下得到的点 w 会是一个比较好的全局最小点 w^* 的近似点，让迭代在接近最优的地方停止，也是一种规则化或者提高泛化性能的方法。如果 $f(w)$ 在全局最小点 w^* 周围是非常平坦的情况，有可能会找到一个很远的点。但如果遇到强凸的话，就能对情况做一些控制，因此可以得到一个更好的近似解。最优解的界的好坏也要取决于强凸性质中的常数 α 的大小。在梯度下降中，目标函数收敛速率的上界实际上是和矩阵 $\boldsymbol{X}^{\mathrm{T}}\boldsymbol{X}$ 的条件数有关，$\boldsymbol{X}^{\mathrm{T}}\boldsymbol{X}$ 的条件数越小，上界就越小，收敛速度会越快。

（二）L_2 模型建模与惩罚函数值计算

L_2范数不仅可以防止过拟合，还可以让优化求解变得稳定和快速。

1. 下降速度

L_2是规则化的方式，将权值参数以L_2的方式放到代价函数里面，模型就会尝试去最小化这些权值参数。而这个最小化就像一个下坡的过程，L_1和L_2的差别就在于速度不同，L_2是按二次函数的倍数下降的。所以实际上在0附近，L_2的下降速度较慢。

2. 模型空间的限制

L_2规则化的代价函数，可以写成以下形式：

$$\text{Ridge}: \min_w \frac{1}{n} \| y - Xw \|^2, \quad \text{s.t.} \ \| w \|_2 \leqslant C \tag{7-28}$$

也就是说，将模型空间限制在w的一个L_2中，建模过程主要如图7-3所示。

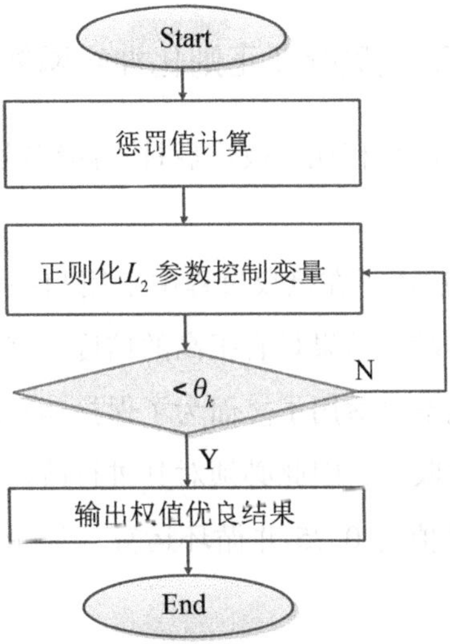

图7-3 惩罚函数算法流程图

在给定的包括权值的数据集中，$D = \{(x_1, y_1), (x_2, y_2), \cdots, (x_m, y_m)\}$，其中$x \in \mathrm{R}^d$，$y \in \mathrm{R}$，考虑最简单的线性模型，以平方误差为损失函数，则优化函数有：

$$\min_w \sum_{i=1}^{m} (y_i - w^{\mathrm{T}} x_i)^2 \tag{7-29}$$

当样本特征很多，样本数相对较少时，为了缓解过拟合问题，对上式引入正则化项，则有：

$$\min_{w}\sum_{i=1}^{m}(y_i - w^{\mathrm{T}}x_i)^2 + \lambda \| w \|_2^2 \tag{7-30}$$

其中，正则化参数 $\lambda > 0$，通过引入 L_2 范数正则化，可以降低过拟合的风险，进一步算出惩罚函数值。

$$\begin{aligned}\min_{w}\sum_{i=1}^{m}(X - w^{\mathrm{T}}x_i)^2 &= \min \| X - \sum_{i=1}^{m} w^{\mathrm{T}}x_i \|^2 \\ &= \min \| (X - \sum_{i=1} w^{\mathrm{T}}x_i) - w^{*\mathrm{T}}x_i \|^2 \\ &= \min \| X_i - w^{T}x_i \|^2\end{aligned} \tag{7-31}$$

二、城市生活环境贝叶斯正则化神经网络赋权的优良性分析

与改进前的神经网络相比，改进后神经网络赋权法的优良性主要表现在以下四个方面。

(1)传统的熵权法由于在赋权过程中采用归一化的无量纲化法以及依据客观数据，使得赋权结果具有很高的信度，然而其存在的缺陷就是一旦遇到极端值时就不再适用了。而为了保持信息的完备性，直接删除极端值的方法是不可取的，因此必须对其进行改进。而本书正是基于此对熵权极端值强行赋值为 0.25 并循环运算，使全部数据稳定在正常、合理的范围之内。

(2)运用贝叶斯正则化对标准误差值进行训练改进主要是防止出现过度拟合现象。运用正则化对最小化经验误差函数加以约束，正则化解决了逆问题的不适应性，使得产生的解是存在的、唯一的，同时也是依赖于数据的，噪声对不适定性的影响就会大大减弱，权重解就不会过度拟合。如果先验知识合理，则权重解就倾向于符合真实的解，这样就更能避免参数训练过程中的过度拟合了。

(3)经过以上两轮的改进优化，本书提出的赋权方法分别克服了极

端值和过度拟合，使得赋权结果更加客观、合理。

(4)惩罚值计算。

改进熵权法的惩罚矩阵如下：

$$
\begin{bmatrix}
0.0221 & 0.0295 & 0.0212 & 0.0181 & 0.0369 & 0.0255 & 0.0279 & 0.0357 \\
0.0329 & 0.0440 & 0.0317 & 0.0270 & 0.0550 & 0.0381 & 0.0416 & 0.0532 \\
0.0158 & 0.0211 & 0.0152 & 0.0130 & 0.0264 & 0.0183 & 0.0200 & 0.0256 \\
0.0159 & 0.0213 & 0.0153 & 0.0131 & 0.0267 & 0.0185 & 0.0202 & 0.0258 \\
0.1106 & 0.1479 & 0.1065 & 0.0907 & 0.1850 & 0.1280 & 0.1399 & 0.1789 \\
0.0305 & 0.0409 & 0.0294 & 0.0250 & 0.0511 & 0.0354 & 0.0386 & 0.0494 \\
0.0670 & 0.0896 & 0.0645 & 0.0549 & 0.1120 & 0.0776 & 0.0848 & 0.1083 \\
0.0312 & 0.0417 & 0.0300 & 0.0256 & 0.0521 & 0.0361 & 0.0394 & 0.0504
\end{bmatrix}
$$

神经网络训练后的惩罚矩阵如下：

$$
\begin{bmatrix}
0.0307 & 0.0377 & 0.0296 & 0.0260 & 0.0462 & 0.0347 & 0.0377 & 0.0397 \\
0.0430 & 0.0528 & 0.0414 & 0.0364 & 0.0647 & 0.0485 & 0.0528 & 0.0556 \\
0.0236 & 0.0290 & 0.0227 & 0.0200 & 0.0355 & 0.0266 & 0.0289 & 0.0305 \\
0.0237 & 0.0291 & 0.0228 & 0.0201 & 0.0357 & 0.0267 & 0.0291 & 0.0306 \\
0.0928 & 0.1138 & 0.0892 & 0.0785 & 0.1395 & 0.1046 & 0.1137 & 0.1198 \\
0.0404 & 0.0495 & 0.0388 & 0.0342 & 0.0607 & 0.0455 & 0.0495 & 0.0521 \\
0.0764 & 0.0937 & 0.0734 & 0.0646 & 0.1149 & 0.0862 & 0.0936 & 0.0986 \\
0.0411 & 0.0504 & 0.0395 & 0.0348 & 0.0618 & 0.0463 & 0.0504 & 0.0530
\end{bmatrix}
$$

改进熵权法的最终惩罚值为 2.4564，贝叶斯正则化神经网络赋权的最终惩罚值为 2.4514。训练后的惩罚值比较小，说明此时的训练值更优，由此可以得出，通过神经网络训练后得到的权值更符合题意、效果更优。对于本书提出的赋权方法，赋权结果的优良性可以通过评价结果比较进行分析。

第八章　不同方法下的评价优良标准验证

对于本书提出的指标筛选方法，以及提出的基于贝叶斯正则化的神经网络赋权模型，最终的方法优良性需要通过评价结果的优良性来进行验证。综合评价是一个全方位、多角度的评价方式，并不是单靠某一种评价方法就能够得到最优结果，优良性验证需要通过对各评价方法的评价结果优劣进行区分与选择。

第一节　多种方法下的城市生活环境竞争力评价

现阶段的多指标评价方法众多，较为常用的有 TOPSIS 法、熵权法、主成分分析法、层次分析法和灰色关联度法等。对于众多的综合评价方法，首先需要根据数据特征进行分析，找出适合数据的评价方法；其次需要研究比较究竟使用何种评价方法的评价结果最好。

结合本书研究对象的实际以及相关研究原则，层次分析法由于其定性成分多、主观性较大，与定量研究原则相悖，故不采用此法。灰色关联度法是基于时间序列进行评价，而本书所采用的数据为截面数据，故也无法采用。TOPSIS 法是基于评价对象与理想化目标的接近程度对现有对象进行相对优劣排序的最优方法，适用于本书的城市生活环境评价。基尼系数法由于不受数据量纲的限制，能够最大限度地保留各指标之间的差异程度，使之与其他数据标准化后的评价方法进行横向比较，因此可以使用该法作为其他方法的参照。主成分分析法的优劣评价完全基于各指标数据自身在评价过程中所占的比重，而且其评价完全自成体系，可以与其他运用了赋权的评价方法进行比较，便于对各评价方法进行优劣筛选。

最后，单一的评价方法的好坏无法通过单一方法的比较而得出，必须对单一评价方法进行综合，再分别比较单一方法与综合后的方法的优劣，因此本书还需引入 Borda 综合评价方法。另外，在综合评价中 T-S 模糊系统综合评价利用训练样本维数来确定模糊神经网络输入与输出结点数，具有评价准确的特点，本书引入 T-S 模糊系统对城市生活环境进行综合评价。

一、改进神经网络赋权的 TOPSIS 法的城市生活环境评价

TOPSIS 法是通过评价对象与最优解、最劣解的距离来进行排序的，最优解即各指标值都达到指标标准的最优，最劣解即各指标都是指标标准的最差值，该种方法在综合评价中最为常用。

第一步，对原始数据进行标准化处理。令 $Y = (y_1, y_2, \cdots, y_8) = (y_{ij})_{13\times 8}$ 为标准化后的无量纲数据矩阵，其中：

$$y_{ij} = \frac{x_{ij}}{\sqrt{\sum_{i=1}^{13} x_{ij}^2}} \quad (i = 1, 2, \cdots 13; j = 1, 2, \cdots 8) \tag{8-1}$$

第二步，对标准化后的无量纲矩阵进行加权处理，即确定各项指标的最优样本与最劣样本。在此则采用第三章经熵权法及贝叶斯正则化误差训练后所得的权重，w_{ij} = (0.0827, 0.1158, 0.0635, 0.0638, 0.2496, 0.1086, 0.2055, 0.1105)，进而得到各指标的加权值 $z_{ij} = y_{ij} \times w_{ij}$。再用所有参评样本中各指标的最大值构成最优样本，用各指标的最小值构成最劣样本，分别用 Y^+ 和 Y^- 表示，则：

$$Y^+ = (z_1^+, z_2^+, \cdots, z_8^+), Y^- = (z_1^-, z_2^-, \cdots, z_8^-) \tag{8-2}$$

其中，$z_j^+ = \max\limits_{0\leqslant i\leqslant 13}\{z_{ij}\}$，$z_j^- = \min\limits_{0\leqslant i\leqslant 13}\{z_{ij}\}$，$j = 1, 2, \cdots, 8$。

第三步，计算样本点到最优样本点的相对接近度：

$$C = \frac{D_i^-}{D_i^+ + D_j^-} \quad (i = 1, 2, \cdots, 13) \tag{8-3}$$

其中，D_i^+ 和 D_i^- 分别为各样本点到最优样本点和最劣样本点的距离：

$$D_i^+ = \sqrt{\sum_{j=1}^{8} (z_{ij} - z_j^+)^2}, D_i^- = \sqrt{\sum_{j=1}^{8} (z_{ij} - z_j^-)^2} \quad (i = 1, 2, \cdots, 13) \tag{8-4}$$

C_i 越大，则表明样本点与最优样本点的相对距离越近，根据 C_i 值进行排名，结果如表 8-1 所示。

表 8-1　TOPSIS 得分及名次表

城市	TOPSIS 得分	名次
北京	0. 3360	11
天津	0. 4196	7
沈阳	0. 4516	3
上海	0. 3913	10
南京	0. 3924	8
杭州	0. 4271	5
济南	0. 5194	1
郑州	0. 3360	13
武汉	0. 4197	6
长沙	0. 4468	4
广州	0. 4626	2
重庆	0. 3586	12
成都	0. 3921	9

二、主成分赋权的城市生活环境评价

主成分分析法是一种客观赋权的评价方法，其中心思想就是利用降维将原有的多个指标线性组合成新的指标，在降低指标间重复信息的同时还保留了大部分(80%以上)的原始信息，而且其客观性体现在各指标的方差贡献率就代表了综合评价的权重，减少了人为赋权的主观因素干预，主成分综合评价在常见的综合评价方法里具有简单、易于操作的特点。主成分评价有以下五个步骤。

第一步，原始数据标准化处理，直接使用上一部分 TOPSIS 法标准化后的数据 Y。

第二步，计算第一步得到的数据集 X_{ij} 的相关系数矩阵 R。

第三步，计算特征值及单位特征向量，即计算 R 的特征值(λ_j ，$j=1,\ 2,\ \cdots,\ 8$)及其对应的单位特征向量。

第四步，计算主成分的方差贡献率 $\left(\dfrac{\lambda_j}{\sum\limits_{j=1}^{8}\lambda_j},\ j=1,\ 2,\ \cdots,\ 8\right)$ 和累计方差贡献率 $\left(\sum\limits_{j=1}^{k}\dfrac{\lambda_j}{\sum\limits_{j=1}^{8}\lambda_j},\ k=1,\ 2,\ \cdots,\ 8\right)$。

第五步，计算主成分。

由附表 15 可知，前 4 个主成分因素的累计贡献率达到了 80.497%，大于80%，因此，选择 4 个主成分已足够。同时还得到了因子载荷矩阵(a_{jl})，如附表 16 所示。

因子载荷矩阵并不是主成分分析中所需要的标准化正交向量(e_{jl})，为了得到标准化正交向量，还需对因子载荷矩阵做进一步的处理，计算公式为：$e_{jl}=a_{jl}/\sqrt{\lambda_j}$ ，得到标准化正交向量矩阵 e_{jl} ，如附表 17 所示。

利用标准化后的矩阵 Y 与标准正交特征向量矩阵 e_{jl} 得到前 4 个主成分，计算公式为：$f=Y\times e_{jl}$ 。以每个主成分的方差贡献率作为权重构造评价函数，算出 13 大城市的综合得分并排名，如附表 18 所示。计算函数为：$F=0.28065f_1+0.22945f_2+0.19264f_3+0.10223f_4$。可得综合得分及排名如表 8-2 所示。

表 8-2　城市生活评价主成分得分及名次表

城市	主成分得分	名次
北京	0.47157204	2
天津	0.12979652	5
沈阳	0.28955047	4
上海	0.12249989	6
南京	-0.2305159	11
杭州	-0.0023741	7
济南	-0.0626865	9
郑州	-1.3139976	13
武汉	-0.0881693	10
长沙	0.40723509	3
广州	0.6470326	1
重庆	-0.3259196	12
成都	-0.0440236	8

三、改进神经网络赋权的 Borda 法的城市生活环境评价

在结合前文所选的 13 个城市和 8 个指标，分别运用熵权法给各指标进行赋权，在运用 TOPSIS 法和主成分分析法对 13 个城市进行综合评价和排名的基础之上，为了综合上述两种评价方法的优点，建立 Borda 模糊组合评价模型，并运用该模型对 13 个城市生活综合竞争力重新进行综合评价和排序，使其结果更趋于合理。

(一)综合评价方法的差异性(一致性)分析

上述两种评价方法的评价对象虽然是同一组数据，但由于评价方法的原理不同，使得最终的排名也不尽相同。为了进一步了解评价方法是否存在差异性或一致性，采用相关样本的非参数检验来验证这两种评价方法的差异化程度，判断其是否存在显著的差异性。若不存在显著的差异性，则再使用相关系数检验法判断两种评价方法的密切程度，以及两

种评价方法的具体得分及排名结果。

相关样本的非参数检验是在对总体分布不太了解的情况下，对样本所在的相关配对总体的分布是否存在显著差异性进行检验，该检验一般是对同一研究对象分别给予多种处理，判断各处理方法是否存在显著差异性。虽然该检验对单个总体的分布并不做过多要求，但必须是成对的数据，通过比较对应样本之间的差异来检验总体的差异。

结合本书实际，选用适合两相关样本非参数检验的 Wilcoxon 秩和检验。结合两种评价方法的 Wilcoxon 检验结果可以得知两种评价方法得分之间差异的中位数不等于 0，即二者存在一定的差异性。

如附表 19 所示，由 Wilcoxon 检验可知二者存在差异，那么为了进一步了解二者存在的相关关系，本书再运用 Pearman 等级相关系数来求解二者的相关系数，如附表 20 所示。综合 Wilcoxon 检验和 Pearman 等级相关系数检验可知，两种评价方法并不趋同，存在一定程度的差异化，为了更好地利用以上两种评价方法，需要对这两种方法进行改良，使之更趋于合理。

表 8-3　两种评价方法的得分及排名表

城市	TOPSIS 得分	名次	主成分得分	名次
北京	0. 3717	11	0. 4716	2
天津	0. 4558	6	0. 1298	5
沈阳	0. 3567	12	0. 2896	4
上海	0. 3145	13	0. 1225	6
南京	0. 5588	2	−0. 2305	11
杭州	0. 4193	10	−0. 0024	7
济南	0. 4554	7	−0. 0627	9
郑州	0. 4801	4	−1. 3140	13
武汉	0. 4691	5	−0. 0882	10
长沙	0. 4926	3	0. 4072	3
广州	0. 6075	1	0. 6470	1
重庆	0. 4217	9	−0. 3259	12
成都	0. 437	8	−0. 0440	8

（二）建立组合评价模型——模糊 Borda 组合评价模型

从上述两种单一评价模型的排序结果来看，二者存在一定的差异。为了消除这种差异，充分利用单一模型的优点而尽量避免单一模型的缺陷，本书采用模糊 Borda 组合评价模型①重新进行综合评价，借以得出更为合理的结果。模糊 Borda 在综合以上两种评价模型时既能考虑到二者得分上的差异，又能充分考虑排序上的差异。② 具体的计算过程如下所示。

第一步，令 μ_{ij} 为城市 i 在第 j 种评价方法下属于"优"的隶属度，其计算公式为：

$$\mu_{ij} = \frac{x_{ij} - \min\limits_{i}\{x_{ij}\}}{\max\limits_{i} x_{ij} - \min\limits_{i}\{x_{ij}\}} \times 0.9 + 0.1 \quad (i = 1, 2, \cdots 13; j = 1, 2) \tag{8-5}$$

其中，x_{ij} 为城市 i 在第 j 种评价方法的具体得分，结果如表 8-4 所示。

第二步，令 p_{ih} 为城市 i 排在第 h 位的模糊频数，计算模糊频数（率），具体结果如表 8-5 所示，其公式为：

$$p_{ih} = \sum_{j=1}^{2} \delta_{ih}^{j} \mu_{ij} = \delta_{ih}^{1} \mu_{i1} + \delta_{ih}^{2} \mu_{i2} \tag{8-6}$$

其中，δ_{ih}^{j} 为城市 i 在第 j 种评价方法下排在第 h 位，则有：

$$\delta_{ih}^{j} = \begin{cases} 1，第 j 种评价方法下城市 i 排在第 h 位 \\ 0，其他 \end{cases}$$

① 张目，李伟，贺颖. 基于模糊 Borda 法的战略性新兴产业企业信用评价［J］. 科技管理研究，2014，34（5）：65-68.

② 孙博文，刘艳春. 基于模糊 Borda 组合评价法的电力行业上市公司经营绩效评价［J］. 管理科学，2013，43（10）：1-8.

表 8-4 两种评价方法下的隶属度

城市	TOPSIS 隶属度	主成分隶属度
北京	0. 2757	2. 5838
天津	0. 5340	2. 1084
沈阳	0. 2296	2. 3306
上海	0. 1000	2. 0982
南京	0. 8504	1. 6072
杭州	0. 4219	1. 9245
济南	0. 5328	1. 8406
郑州	0. 6087	0. 1000
武汉	0. 5749	1. 8052
长沙	0. 6471	2. 4943
广州	1. 0000	2. 8279
重庆	0. 4293	1. 4745
成都	0. 4763	1. 8666

表 8-5 模糊频率及得分差异模糊评价表

城市	模糊频率	得分差异模糊频率
北京	2. 8595	0. 0901
天津	2. 6424	0. 0832
沈阳	2. 5602	0. 0807
上海	2. 1982	0. 0693
南京	2. 4576	0. 0774
杭州	2. 3464	0. 0739
济南	2. 3734	0. 0748
郑州	0. 7087	0. 0223
武汉	2. 3801	0. 0750
长沙	3. 1414	0. 0990
广州	3. 8279	0. 1206
重庆	1. 9037	0. 0600
成都	2. 3429	0. 0738

其中，δ_{ih}^{j} 为城市 i 在第 j 种评价方法下排在第 h 位，则有：

$$\delta_{ih}^{j}=\begin{cases}1, & \text{第} j \text{种评价方法下城市} i \text{排在第} h \text{位}\\0, & \text{其他}\end{cases}$$

定义反映得分差异的模糊频率为：

$$W_{ih}=\frac{p_{ih}}{Z_i}=\frac{p_{ih}}{\sum_{h=1}^{13}p_{ih}} \tag{8-7}$$

第三步，令 Q_h 为城市排在 h 位的得分，将其排序转化为得分，其公式为：

$$Q_h=\frac{1}{2}(n-h)\times(n-h+1) \tag{8-8}$$

其中，$1\leqslant h\leqslant n$。

再令 B_i 为城市 i 的模糊 Borda 数得分，计算公式为：

$$B_i=W_{ih}Q_{ih}^{1}+W_{ih}Q_{ih}^{2} \tag{8-9}$$

其中，Q_{ih}^{j} 为城市 i 在第 j 种评价方法下排在第 h 位的得分。最终可以得到模糊 Borda 综合评价得分及排名，如表 8-6 所示。

表 8-6　模糊 Borda 综合评价得分及排名表

城市	Borda 得分	名次
北京	6.2158	3
天津	5.3277	5
沈阳	3.7102	6
上海	1.9391	11
南京	5.3422	4
杭州	1.9959	10
济南	2.3179	8
郑州	1.0047	12
武汉	3.1492	7
长沙	10.8861	2
广州	18.8123	1
重庆	0.6597	13
成都	2.2143	9

四、基于原始数据的基尼系数的城市生活环境评价

(一)基尼系数理论及方法介绍

基尼系数(Gini Coefficient)是客观反映收入分配不均程度的数量界限，是由意大利经济学学家基尼(Corrado Gini)于1992年提出的。本书旨在运用基尼系数的原理对城市生活环境进行评价，这样既可以考虑到指标的公平性，还可以考虑到效率性，这有利于对城市环境竞争力进行综合评价。

张菀洺(2013)测算了教育公平的基尼系数，并选用联合国的标准作为判断教育公平程度的限值，得出我国的教育公平状况出现明显的好转；胡祖光(2004)在收入五分法的前提下，通过严格的数学公式推导得出基尼系数的理论最佳值为1/3；田平和秦迪岚分别利用基尼系数研究了洞庭湖和张家港水网的水污染物总量分配问题的优化，并将0.2作为基尼系数的合理限值，本书采取的标准也是按照联合国的基尼系数划分标准。

城市环境竞争力的评价是一个复杂的过程，在前文的论述中已经进行了原始指标的筛选，并利用神经网络得到了各个指标的权重分布，接下来利用基尼系数的方法结合前文得到的权重进行综合评价。本书之所以用基尼系数进行综合评价，除了基尼系数本身的优点之外，主要有以下六个原因。

一是城市环境竞争力评级体系复杂，应该保证评价体系的客观性。从目前的研究方法来看，其主要的综合评价方法有主、客观两大类。主观的方法一般有Delphi法、AHP、G1、G2、模糊综合评判法等，这类评价方法大多根据经验进行赋值计算，其主观性较强，人为因素较大。客观赋权法有熵权法、主成分分析法、TOPSIS法、灰色关联度法等，这类方法中的原始数据由各指标在被评价对象中的实际数值形成。这些常用的方法都在某些方面存在一定的缺陷。

二是无法保证数据信息的敏感性，以及信息贡献的累积过程，从而

无法体现评价过程的公平性问题。

三是利用基尼系数最大限度地消除了量纲化的影响。这是因为基尼系数计算的本身就已经消除了指标之间的单位量纲，利用基尼系数进行两两计算，可以更好地反映指标之间的差异性，最大限度地使用数据所反映的信息量。

四是基尼系数的使用范围最广泛。李刚(2014)在对基尼系数进行研究时发现，不论数据经过何种无量纲化处理，运用基尼系数都可以很好地进行评价，该种方法不受限制，但是其他的评价方法均在不同程度上有所限制。①

五是保序性比较好。保序性优良的标准是比较在不同数据形式下的权重大小并进行排序，一致性的顺序越多，则认为这种方法的保序性越好。李刚通过实证证明了基尼系数方法在保序性上具有极其优良的特性。

六是基尼系数在反映贫富差距上具有优势——全球通用，因此用这种方法得到环境竞争力的基尼系数再进行评价，其合理性就更高了。具体如表 8-7 所示。本书还将结合 13 个城市的指标数据进行实证分析。

表 8-7 不同方法在不同数据形式下的适用性检验表

指标数据形式	基尼系数权法	熵权法	均方差法	极差法
原始数据	√	√	×	×
隶属度	√	×	√	×
标准化	√	√	×	√
线性比例(最小值)	√	√	√	√
线性比例(最大值)	√	√	√	√
归一化	√	√	√	√
向量标准化	√	√	√	√
功效系数法	√	√	√	×

注：“√”表示适用；“×”表示不适用。

① 李刚，程砚秋，董霖哲，王文君. 基尼系数客观赋权方法研究[J]. 管理评论，2014，26(1)：12-22.

基尼系数的计算方法有很多种，其主流的方式一般包括：直接计算法、几何法、协方差法、平均差法、矩阵法、曲线回归法、人口等分法、城乡分解法。这些方法在不同的情境下，其选择方式也均不相同，每种计算方法的误差也不同。本书简单介绍几种常用的基尼系数计算方法。

基尼在1912年提出了无替换的基尼平均误差计算公式：

$$\Delta = \sum_{j=1}^{n}\sum_{i=1}^{n}|x_j - x_i|/n(n-1) \quad (0 \leqslant \Delta \leqslant 2u) \tag{8-10}$$

其中，Δ 是基尼平均差；$|x_j - x_i|$ 是任何一对样本差的绝对值；n 是样本容量；u 是收入均值。

通过上式可以发现，Δ 是收入不平等程度的单调递增函数，于是基尼规定 $G = \Delta/2u$，$0 \leqslant \Delta \leqslant 1$，所以直接计算的基尼系数的表达式为：

$$G = \frac{1}{2n(n-1)}\sum_{j=1}^{n}\sum_{i=1}^{n}|x_j - x_i| \tag{8-11}$$

但是理论的计算方法在真实情况中却很难应用，因为这种计算方法对于数据的要求很高，要求收入的数据不仅仅可以获得，而且还要具有代表性，并且当样本趋于无穷时，其运算量很大。虽然原始的计算方法的误差很小，但是在现实中直接使用该公式的情况较少。

回归曲线法是常用的基尼系数的计算方法。这种方法适合于样本数据较少、OC 曲线未知的情况。其计算根据 $G = \frac{S_A}{S_{A+B}} = 2S_A = 2(\frac{1}{2} - S_B) = 1 - 2S_B$，具体的步骤如下。

第一步，设定洛伦兹曲线的函数关系式，一般设为幂函数 $OC = \alpha p^{\beta}$。

第二步，利用样本数据进行拟合回归，计算出 α、β 的参数值。若进行幂函数的拟合出现 R 方的数值较小，则可以换其他的函数进行模拟。利用其他函数的模拟，其计算思路与幂函数的积分求解思路相同，但是求解的最终结果与第三步的 G 的计算不同。

第三步，求积分计算出基尼系数值 G，即：

$$G = 1 - 2S_B = 1 - 2\int_0^1 \alpha p^{\beta} \mathrm{d}p = 1 - \frac{2\alpha}{\beta + 1}$$

(二)基尼系数法的具体计算

对于本书而言，由于数据量较小，并且均为离散的数据，所以对于直接求解法则不能使用。另外，本书借鉴了基尼系数方法的兼顾评价体系公平性和效率性的特点，并选用了该方法。因此，书中对于环境竞争力的评估并未涉及人口、收入等因素，所以也不宜使用城乡分解法。因此，本书计算的基础建立在回归拟合法的基础之上，其方法和步骤均与上文的介绍相同。

本书所选用的计算公式以及方法如下所示。

第一步，计算与分析单项指标基尼系数。这里主要包含：①首先把经济综合竞争力指数(简称 ECCI)与各个指标进行比值计算，然后进行升序排列；②计算出各个指标的累计值和累积百分比；③根据坐标(0，0)，…，(1，1)等绘制洛伦兹曲线。

第二步，根据公式 $G = 1 - \sum_{i=1}^{n}(X_i - X_{i-1})(Y_i + Y_{i-1})$，进行回归拟合，其中 X_i 为年平均气温、城市绿化覆盖率、人口密度、污水处理厂集中处理率、等效声级、空气质量好于二级的天数、人均城市道路面积、市辖区人均 GDP 这 8 个指标。Y_i 为经济综合竞争力的累积百分比，i 为分配对象，当 $i=1$ 时，(X_{i-1}, Y_{i-1}) 视为原点坐标(0，0)，这样求出的是某一个指标的 13 个城市的整体的基尼系数。

第三步，计算某一个城市的单一指标的基尼系数。

(1)计算累积基尼系数(AG)，G_i 表示单一指标的整体基尼系数，AP_k 是指在升序排列的前提下，第 k 个城市单一指标的累积百分比，所以，$AG_k = G_i \times AP_k$。

(2)计算第 k 个城市的第 i 个指标的单一基尼系数，这里设为 G_{ki}，则 $G_{\mathrm{ki}} = AG_{k+1} - AG_k$。

第四步，计算综合基尼系数。综合基尼系数用字母 CG 表示，其计算公式为：$CG = \sum_{i=1}^{m} W_i G_i$，其中 W_i 为第 i 个指标的权重。这里所使用的权重为上文中利用神经网络训练得到的权重，且满足 $\sum_{i=1}^{m} W_i = 1$，G_i 表示第 i 个指标的基尼系数。对于这里直接使用的神经网络训练的权重，前文已经进行了详细的叙述，不再赘述。

第五步，根据最终的数值进行综合评价，并对结果进行具体分析。评价分为两种：一是利用整体基尼系数进行整体评价，二是利用某一城市所有指标的基尼系数与权重的乘积进行城市评价。

由于基尼系数可以克服量纲化的影响，所以不论是使用原始数值还是量纲化后的数据均可。由于前面使用的是利用极值法进行的标准化，这种形势下每种指标标准化后的数据必定含有0。但是计算基尼系数的过程中需要指标标准化后的数据作为分母，所以这里不可使用对极值法进行标准化的数据。因此，该部分采用原始数据进行测算基尼系数。

(三)基尼系数的测算过程

这里主要包含三个步骤：第一步，把经济综合竞争力指数(ECCI)与各个指标进行比值计算，然后进行升序排列；第二步，计算出各个指标的累计值和累积百分比；第三步，根据坐标(0，0)，…，(1，1)等绘制洛伦兹曲线，然后通过曲线拟合，找到拟合效果最好的曲线，利用曲线函数进行求解积分，得到单个指标的基尼系数。每个指标的求解过程，如表8-8及附表21~附表27所示，其中每个表格第9列的数值即为单一指标的最终基尼系数。表格的第10列根据公式 $G_{ki} = AG_{k+1} - AG_k$ 进行计算而得。这里仅以年平均气温-环境竞争力基尼系数表(表8-8)的第10列进行详细论述。该表的第2行第10列的数值即为累积基尼系数的数值；第3行第10列的数值为0.0551，是由第3行第9列的数值减去第2行第9列的数值得到的结果。第10列其他的数值以此类推，分别得出杭州、济南、北京、上海等城市的单一指标的基尼系数，本章中只有年平均气温基尼系数表，如表8-8所示，剩余7大指标的基尼系数表如附表 21～附表 27 所示。

为了进一步地分析问题，我们进行了数据整理。整理的原因就在于，起初在进行洛伦兹曲线拟合的过程中有一个必要的环节，就是计算比值。比值即为表 8-8 及附表 21～附表 27 的第 2 列的数值除以第 3 列的数值，从而得到比值这一列。按照洛伦兹曲线的求解过程，必须按照比值的大小进行城市升序排列，可以得出，表 8-8 及附表 21～附表 27 中的第 1 列的城市排列顺序均不同，其原因就在于比值这一项在不同指标下的大小排列顺序不同。其他表格的计算过程与此相同，不再赘述。

为了更好地观察这些不同城市不同指标的基尼系数，本书对数据进行了重新的整理，表 8-9 中的 S_1～D_{11} 是按照原始城市排序以后的数据结果，表的最后一列是加权-城市基尼系数。

表 8-8　年平均气温-环境竞争力基尼系数

名称	综合经济竞争力指数	S_1：年平均气温（℃）	比值	累积综合竞争力指数	累积年平均气温	累积综合竞争力指数百分比	累积年平均气温百分比	累计基尼系数	单个城市的基尼系数
重庆	0.2100	18.60	0.0113	0.2100	18.60	0.0482	0.0879	0.0551	0.0551
长沙	0.2280	18.60	0.0123	0.4380	37.20	0.1006	0.1759	0.1102	0.0551
杭州	0.2240	17.50	0.0128	0.6620	54.70	0.1520	0.2586	0.1620	0.0518
济南	0.2000	15.40	0.0130	0.8620	70.10	0.1980	0.3314	0.2076	0.0456
郑州	0.2350	16.30	0.0144	1.0970	86.40	0.2520	0.4085	0.2559	0.0483
成都	0.2660	16.00	0.0166	1.3630	102.40	0.3130	0.4842	0.3032	0.0474
武汉	0.2940	16.70	0.0176	1.6570	119.10	0.3806	0.5631	0.3527	0.0495
南京	0.2910	16.40	0.0177	1.9480	135.50	0.4474	0.6407	0.4013	0.0486
广州	0.5260	21.70	0.0242	2.4740	157.20	0.5682	0.7433	0.4655	0.0643
沈阳	0.2290	9.20	0.0249	2.7030	166.40	0.6208	0.7868	0.4928	0.0272

续表

名称	综合经济竞争力指数	S_1:年平均气温(℃)	比值	累积综合竞争力指数	累积年平均气温	累积综合竞争力指数百分比	累积年平均气温百分比	累计基尼系数	单个城市的基尼系数
天津	0.4300	14.00	0.0307	3.1330	180.40	0.7196	0.8530	0.5342	0.0415
北京	0.4430	14.10	0.0314	3.5760	194.50	0.8213	0.9196	0.5760	0.0418
上海	0.7780	17.00	0.0458	4.3540	211.50	1.0000	1.0000	0.6263	0.0503

注：根据前面的叙述，单一指标的整体基尼系数即为基尼系数那一列的最后一个数值。如平均气温-环境竞争力最终的基尼系数即为0.1868. 最后一列表示每个城市在平均气温-环境竞争力下的基尼系数。

表8-9　最终排名基尼系数及其整理数据

名称	S_1:城市基尼系数	S_5:城市基尼系数	S_{10}:城市基尼系数	P_7:城市基尼系数	P_{16}:城市基尼系数	R_{11}:城市基尼系数	D_5:城市基尼系数	D_{11}:城市基尼系数	加权:城市基尼系数
北京	0.0418	0.0393	0.0156	0.0194	0.0188	0.0244	0.0151	0.0178	0.0226
天津	0.0415	0.0286	0.0169	0.0187	0.0185	0.0279	0.0300	0.0185	0.0249
沈阳	0.0272	0.0313	0.0229	0.0203	0.0188	0.0222	0.0303	0.0128	0.0234
上海	0.0503	0.0315	0.0148	0.0191	0.0186	0.0214	0.0146	0.0181	0.0219
南京	0.0486	0.0365	0.0099	0.0193	0.0167	0.0134	0.0396	0.0144	0.0255
杭州	0.0518	0.0298	0.0272	0.0195	0.0188	0.0188	0.0223	0.0170	0.0239
济南	0.0456	0.0333	0.0164	0.0183	0.0182	0.0275	0.0421	0.0127	0.0274
郑州	0.0483	0.0336	0.0794	0.0189	0.0181	0.0186	0.0149	0.0075	0.0246
武汉	0.0495	0.0332	0.0446	0.0203	0.0185	0.0106	0.0328	0.0164	0.0264
长沙	0.0551	0.0350	0.0239	0.0133	0.0186	0.0173	0.0275	0.0174	0.0251
广州	0.0643	0.0348	0.0272	0.0175	0.0179	0.0175	0.0285	0.0238	0.0270
重庆	0.0551	0.0349	0.0010	0.0200	0.0186	0.0166	0.0142	0.0062	0.0200
成都	0.0474	0.0349	0.0403	0.0182	0.0188	0.0214	0.0242	0.0133	0.0251

在利用神经网络的过程中得到 S_1、S_5、S_{10}、P_7、P_{16}、R_{11}、D_5、D_{11} 的权重值分别为 0. 0827、0. 1158、0. 0635、0. 0638、0. 2496、0. 1086、0. 2055、0. 1105。利用公式 $CG = \sum_{i=1}^{m} W_i G_i$ 进行求解，其中表格的第 2 行第 10 列的数值计算过程是：

$$0.0418 \times 0.0827 + 0.1158 \times 0.0393 + \cdots + 0.0151 \times 0.2055 + 0.0178 \times 0.1105 = 0.0226$$

其余的第 10 列数据以此类推即可。所有城市的单一指标的综合基尼系数和加权-城市基尼系数如表 8-9 所示。

关于拟合优度的问题，可以说洛伦兹曲线的拟合效果的好坏，很大程度上影响了基尼系数的误差的大小。在对洛伦兹曲线进行拟合的过程中，选用线性、二次函数、三次函数、幂函数、对数函数等函数进行测试，并进行拟合效果的对比，最终选用的是对比后拟合误差最小的函数形式。其函数的参数如表 8-10 所示。

表 8-10　各种方程的拟合参数

指标	函数形式	常数项	一次项系数	二次项系数	三次项系数	拟合优度
S_1	三次函数	-0. 21	0. 798	-0. 668	0. 882	1
S_5	三次函数	-0. 11	0. 854	-0. 841	0. 98	0. 999
S_{10}	三次函数	0	0. 189	0. 225	0. 586	1
P_7	三次函数	-0. 008	0. 77	0. 655	0. 88	0. 999
P_{16}	三次函数	-0. 007	0. 797	-0. 722	0. 919	0. 999
R_{11}	三次函数	-0. 014	0. 745	-0. 622	0. 88	0. 999
D_5	三次函数	-0. 015	0. 74	-0. 945	1. 168	0. 994
D_{11}	三次函数	-0. 008	0. 703	-0. 155	0. 441	0. 999

从表 8-10 中可以看到，利用三次函数进行拟合优度的检验效果很好，在进行 R 方检验的时候竟然趋近于 1，这说明曲线的拟合效果极

好。但是这里有必要说明一下为什么进行拟合的函数的效果都会集体性地趋向1。在进行求解基尼系数的过程中，必须先计算比值，然后对比值进行升序排列，然后再进行累计。因为，进行排序以后，数据就变得不再杂乱无章，加之进行累计才可以拟合曲线，由于数据是从小到大地进行累计，而每一个城市的每一种指标的数值差距又不是极大，所以，其累计过程刚好符合幂函数、三次函数的变化过程。按照一般意义上的拟合函数，幂函数应该被采用，本书也进行了幂函数的拟合，其中 R 方均在0.9以上，效果也比较理想。但是三次函数的拟合效果比幂函数的效果更好，所以这里采用前面所讲的计算过程的例外情况，选择了非幂函数的其他函数，并且给出了拟合效果很好的原因。

表8-11　综合基尼系数

名称	S_1	S_5	S_{10}	P_7	P_{16}	R_{11}	D_5	D_{11}
综合基尼系数	0.6263	0.4367	0.368	0.2427	0.2388	0.2577	0.336	0.1958

通过计算综合基尼系数可以看出各个指标的整体基尼系数，前文已经交代了对于综合基尼系数的分析是建立在国际基尼系数的临界值上的。在贫富差距的衡量中，选用0.4这一数值作为衡量临界值，超过0.4，则认为贫富差距较大。借鉴这一说法，本书对综合基尼系数进行分析，发现只有 S_1 年平均气温和 S_5 城市绿化覆盖率这两个指标的综合基尼系数超过0.4，这说明在城市生活环境竞争力的评价中，S_1 与 S_5 这两个指标是亟待提升的指标，但是从指标的本身属性上看，年平均气温是无法或者说很难改变的，每个城市所属的气候不同，存在很大的差异。所以，降低 S_5 指标的综合基尼系数对于提升我国城市生活环境竞争力水平十分重要。另外，虽然其余的6个指标的综合基尼系数均小于0.4，但是 S_{10} 与 D_5 的数值均十分接近于0.4，所以，在提升 S_5 的同时也应该关注这两个指标的综合基尼系数的变化。

计算每个城市的加权基尼系数，并根据系数的大小得到每个城市最终利用该方法得出的城市生活环境竞争力排名。将基尼系数法与 Borda 法进行比较，具体如表 8-12 所示。

表 8-12　加权基尼系数法与 Borda 法的最终排名

城市	加权基尼系数	加权基尼系数排名	Borda 法排名
济南	0. 0293	1	8
天津	0. 0280	2	5
广州	0. 0279	3	1
武汉	0. 0275	4	7
南京	0. 0267	5	4
长沙	0. 0262	6	2
沈阳	0. 0262	6	6
成都	0. 0256	8	9
杭州	0. 0255	9	10
上海	0. 0255	9	11
北京	0. 0251	11	3
郑州	0. 0248	12	12
重庆	0. 0208	13	13

通过数据可以得出基尼系数法与 Borda 法对于城市生活环境综合评价的排名，其运行的结果整体相同，差距较小。其中济南、北京、长沙三个城市的评分排序差距较大，其余的排名的差距均小于 3，其中对于南京、沈阳、上海、杭州、郑州、重庆等城市的排名相差无几，但是依然需要对两种方法的评价结果的优良性作出比较。

五、贝叶斯神经网络赋权的城市生活环境 T-S 模糊综合评价

1965 年，美国加利福尼亚大学的控制论专家 Zadeh. LA 率先提出了模糊集合的概念。模糊综合评价是将模糊变换原理与最大隶属度原则运

用到被评价事物的相关因素当中，进而对评价事物做出综合评价。其计算原理如式(8-12)所示：

$$\boldsymbol{A} \cdot \boldsymbol{R} = \boldsymbol{B} \tag{8-12}$$

其中，$\boldsymbol{A}$ 为评价指标的权重经归一化处理得到的一个 $1 \times m$ 阶矩阵，$\boldsymbol{R}$ 为由各单指标评价行矩阵组成的一个 $m \times n$ 阶的模糊关系矩阵，$\boldsymbol{B}$ 为综合评价结果，是一个 $1 \times n$ 阶行矩阵的形式。

模糊理论的基础是隶属度函数的概念，其输出范围为[0，1]区间，而神经元的输出范围也在[0，1]区间，从而可以用来表现模糊集的隶属度，隶属度函数可以和模糊论结合起来。T-S 模糊系统综合评价具有准确度高、算法快的特点，近年来随着机器学习的加速而得到广泛应用。本书引入 T-S 模糊系统对 13 个城市生活环境进行综合评价。

(一)T-S 模糊系统

(1)在规则为 R^i 的情况下，模糊推理如下：

$$R^i: \text{If } x_1 \text{ is } A_1^i,\ x_2 \text{ is } A_2^i,\ \cdots,\ x_k \text{ is } A_k^i,\ \text{then } y_i = p_0^i + p_1^i x_1 + \cdots + p_k^i x_k \tag{8-13}$$

其中，A_j^i 为模糊系统的模糊集；p_j^i 为模糊系统参数；y_i 为根据模糊规则得到的输出。输入部分(即 if 部分)是模糊的，输出部分(即 then 部分)是确定的，该模糊推理表示输出为输入的线性组合。

假设对于输入量 $x = [x_1, x_2, \cdots, x_k]$，首先根据模糊规则计算各输入变量 x_j 的隶属度：

$$\mu A_j^i = e^{-\frac{(x_j - c_j^i)^2}{b_j^i}} \quad (j = 1, 2, \cdots, k;\ i = 1, 2, \cdots, n) \tag{8-14}$$

式中，c_j^i、b_j^i 分别为隶属度函数的中心和宽度；k 为输入参数；n 为模糊子集数。

对各隶属度进行模糊计算，采用模糊算子作为连乘算子：

$$\omega^i = uA_j^1(x_1) * uA_j^2(x_2) * \cdots * uA_j^k(x_k) \quad (i = 1, 2, \cdots, n) \tag{8-15}$$

根据模糊计算结果计算模糊模型的输出值 y_i：

$$y_i = \frac{\sum_{i=1}^{n} \omega^i (p_0^i + p_1^i x_1 + \cdots + p_k^i x_k)}{\sum_{i=1}^{n} \omega^i} \tag{8-16}$$

T-S 模糊神经网络分为四个层次，即输入层、模糊化层、模糊规划计算层和输出层。输入层与输入向量 x_i 二者相互连接，节点数与输入向量的维数相同。模糊隶属度值 μ 是通过模糊化层，采用隶属度函数对输入值进行模糊化得到的。模糊规划计算层采用模糊连乘公式计算得出 ω 。输出层采用公式计算模糊神经网络的输出。

(2)模糊神经网络的学习算法如下所示。

①误差计算：

$$e = \frac{1}{2}(y_d - y_e)^2 \tag{8-17}$$

式中，y_d 是网络期望输出；y_c 是网络实际输出；e 为期望输出和实际输出的误差。

②系数修正如式(8-18)与式(8-19)所示：

$$p_j^i(k) = p_j^i(k-1) - \alpha \frac{\partial e}{\partial p_j^i} \tag{8-18}$$

$$\frac{\partial e}{\partial p_j^i} = \frac{(y_d - y_c)\omega^i}{\sum_{i=1}^{m} \omega^i} \cdot x_j \tag{8-19}$$

式中，$p_j^i(k)$ 为神经网络系数；α 为网络学习率；x_j 为网络输入参数；ω^i 为输入参数隶属度连乘积。

③参数修正：

$$c_j^i(k) = c_j^i(k-1) - \beta \frac{\partial e}{\partial c_j^i} \tag{8-20}$$

$$b_j^i(k) = b_j^i(k-1) - \beta \frac{\partial e}{\partial b_j^i} \tag{8-21}$$

式中，c_j^i、b_j^i 分别为隶属度函数的中心和宽度。

（二）T-S 模糊神经网络的建立及评价结果

模糊神经网络的构建是根据训练样本维数来确定模糊神经网络输入/输出结点数、模糊隶属度函数个数。采用归一化的训练样本和检验样本数据，对网络进行训练和检验，再利用已训练好的模糊神经网络对城市生活环境竞争力进行综合评价，得到的结果与排名如表 8-13 所示。

表 8-13　T-S 模糊神经网络法得分及排名

城市	得分	排名
杭州	1. 608986	1
天津	1. 608986	2
广州	1. 608879	3
重庆	1. 608867	4
武汉	1. 608735	5
郑州	1. 602448	6
沈阳	1. 601099	7
济南	1. 599245	8
长沙	1. 598162	9
南京	1. 527276	10
成都	1. 305958	11
上海	0. 80727	12
北京	0. 42087	13

通过比较以上五种综合评价的结果可以得出，各种评价方法的结果不尽相同，同一个城市在不同的评价方法中所得到的评价得分是不同的，单从主观上也无法判断哪一种评价方法的评价效果优良，因此需引入科学的检验方法对评价效果进行验证。

第二节　基于城市生活环境评价结果的优良性研究

综合评价是一个全方位、多角度的综合性问题，在科学评价指标体系的前提下，评价方法的客观性、科学性就显得尤为重要了。前文分别运用了五种较为常用的评价方法对城市生活环境进行评价，单从定性分析的角度看，基尼系数法、Borda 法、TOPSIS 法、主成分分析法以及 T-S 模糊系统法五种方法对于城市生活竞争力的评价差异并不显著，这就必须再运用客观的定量方法对上述评价方法的优劣进行判别，以使评价方法更趋于合理、实际。

一、评价方法优劣判别的评价辨识度理论

从现阶段综合评价研究的文献情况来看，有很多论述评价方法优劣的文章，例如白雪梅、赵松山在序号总和的基础上引入众数理论并提出保类、保序和保距性三大原则，以此来判断评价方法的优劣。① 俞立平、潘云涛、武夷山在对期刊组合的评价研究中引入一致度概念，通过将一种评价方法与其他方法进行偏回归，测度出评价方法的相似程度，进而判断评价方法的好坏。② 陈衍泰、陈国宏、李美娟通过分类归纳各种综合评价方法得出多种综合评价方法存在结果非一致性、针对性不强、理论脱离实践等定性问题。③ 以上方法的缺陷在于仅仅围绕着各类评价方法的具体排名进行量化计算，或是根据评价方法间简单的相

---

① 白雪梅，赵松山. 多种综合评价方法的优劣判断研究[J]. 统计研究，2007(7)：45-48.

② 俞立平，潘云涛，武夷山. 基于结果一致度的学术期刊组合评价研究[J]. 中国科技期刊研究，2011(1)：59-64.

③ 陈衍泰，陈国宏，李美娟. 综合评价方法分类及研究进展[J]. 管理科学学报，2004，7(2)：69-79.

似性来进行综合性、复合化的民主评价。这些判别方法都无法显著表现出各评价方法的差异，得到的结果也无法令人信服。为了进一步地探究二者在生活竞争力评价方面的优劣，本书引入定量分析法——评价辨识度。

辨识度指的是拥有某些特质，可以较好分辨事物属性的统计量。① 本书中所用的评价辨识度就是指在一定的评价目的下，评价能够反映评价对象相对差距的程度。② 其计算原理是对评价数据排序，并将数据与序号进行标准化处理，然后分别以其为横纵坐标计算各评价方法数据点的连线长度，以连线长度为依据进行优劣判断。评价辨识度能够综合运用各评价方法的评价分值和具体排序，并将其转化为二维坐标点，使其结果可视化，并且还能算出各评价方法的相对差距，避免定性化的判别结果。评价辨识度是通过相对差距来体现优劣程度的，相对差距大，则评价辨识度就高，评价效果也越好；反之则评价效果越差。

(一)数据选取及标准化处理

各评价方法对于13个城市生活环境的具体评价分值与排序，如表8-14所示。为了计算评价辨识度必须对各评价分值和排序进行标准化，因为指标往往由于量纲的不一致而无法在同一标准下进行比较，而且指标的类型也会对标准化方法产生重要影响，同时指标一般分为极大型(即值越大越好)、中间型(即取值越中间越好)和极小型(即取值越小越好)三大类。由表8-14可以看出，需要进行标准化的数据可以分为极大型和极小型两类，因此统一采用极值法，反向指标则利用线性变化为正值后再进行标准化。

① [OL].[2020-09-25].http://baike.baidu.com/view/2585512.htm.

② 俞立平，姜春林. 科技评价指标与评价方法辨识度的测度研究[J]. 图书情报工作，2013(3)：38-41.

表 8-14　五种综合评价方法评价分值及排名

城市	基尼系数法得分	排名	Borda 法得分	排名	TOPSIS 法得分	排名	主成分分析法得分	排名	T-S 模糊系统法得分	排名
北京	0. 0251	11	6. 2158	3	0. 336	11	0. 4716	2	0. 4209	13
天津	0. 028	2	5. 3277	5	0. 4196	7	0. 1298	5	1. 6086	2
沈阳	0. 0262	7	3. 7102	6	0. 4516	3	0. 2896	4	1. 6011	7
上海	0. 0255	10	1. 9391	11	0. 3913	10	0. 1225	6	0. 8073	12
南京	0. 0267	5	5. 3422	4	0. 3924	8	−0. 2305	11	1. 5273	10
杭州	0. 0255	9	1. 9959	10	0. 4271	5	−0. 0024	7	1. 6091	1
济南	0. 0293	1	2. 3179	8	0. 5194	1	−0. 0627	9	1. 5993	8
郑州	0. 0248	12	1. 0047	12	0. 336	13	−1. 314	13	1. 6024	6
武汉	0. 0275	4	3. 1492	7	0. 4197	6	−0. 0882	10	1. 6087	5
长沙	0. 0262	6	10. 8861	2	0. 4468	4	0. 4072	3	1. 5982	9
广州	0. 0279	3	18. 8123	1	0. 4626	2	0. 647	1	1. 6089	3
重庆	0. 0208	13	0. 6597	13	0. 3586	12	−0. 3259	12	1. 6089	4
成都	0. 0256	8	2. 2143	9	0. 3921	9	−0. 044	8	1. 3060	11

对于具体的评价得分，由于已经是正向化指标(即值越大越好)，直接运用极值法进行标准化，其计算公式如式(8-22)所示：

$$x_{ij} = \frac{x - x_{\min}}{x_{\max} - x_{\min}} \quad (i = 1,\ 2;\quad j = 1,\ 2,\ \cdots,\ 13) \qquad (8\text{-}22)$$

对于排序序列，由于其属于负向指标(即值越小越好)，为了使标准化后的序列与评价分值相对应，需对其进行转向计算，使其正向化，其计算公式如下：

$$x_{ij} = \frac{x_{\max} - x}{x_{\max} - x_{\min}} \quad (i = 1,\ 2;\quad j = 1,\ 2,\ \cdots,\ 13) \qquad (8\text{-}23)$$

经过标准化后的 13 个城市生活竞争力的各评价方法的评价得分与排序如表 8-15 所示。

表 8-15　五种综合评价方法的评价分值及排名标准化后的结果

城市	L_1:基尼系数法	排名计算	城市	L_1:基尼系数法	排名计算
重庆	0.0000	0.0000	长沙	0.6353	0.5833
郑州	0.4706	0.0833	南京	0.6941	0.6667
北京	0.5059	0.1667	武汉	0.7882	0.7500
上海	0.5529	0.2500	广州	0.8353	0.8333
杭州	0.5529	0.3333	天津	0.8471	0.9167
成都	0.5647	0.4167	济南	1.0000	1.0000
沈阳	0.6353	0.5000			
城市	L_2:Borda 法	排名计算	城市	L_2:Borda 法	排名计算
重庆	0.0000	0.0000	沈阳	0.1680	0.5833
郑州	0.0190	0.0833	天津	0.2572	0.6667
上海	0.0705	0.1667	南京	0.2580	0.7500
杭州	0.0736	0.2500	北京	0.3061	0.8333
成都	0.0856	0.3333	长沙	0.5634	0.9167
济南	0.0913	0.4167	广州	1.0000	1.0000
武汉	0.1371	0.5000			
城市	L_3:TOPSIS 法	排名计算	城市	L_3:TOPSIS 法	排名计算
郑州	0.0000	0.0000	武汉	0.4561	0.5833
重庆	0.1232	0.0833	杭州	0.4966	0.6667
北京	0.1550	0.1667	长沙	0.6039	0.7500
上海	0.3016	0.2500	沈阳	0.6300	0.8333
成都	0.3058	0.3333	广州	0.6901	0.9167
南京	0.3075	0.4167	济南	1.0000	1.0000
天津	0.4556	0.5000			
城市	L_4:主成分分析法	排名计算	城市	L_4:主成分分析法	排名计算
郑州	0.0000	0.0000	上海	0.7325	0.5833
重庆	0.5039	0.0833	天津	0.7362	0.6667
南京	0.5525	0.1667	沈阳	0.8177	0.7500
武汉	0.6251	0.2500	长沙	0.8777	0.8333
济南	0.6381	0.3333	北京	0.9105	0.9167

续表

城市	L_4:主成分分析法	排名计算	城市	L_4:主成分分析法	排名计算
成都	0.6476	0.4167	广州	1.0000	1.0000
杭州	0.6688	0.5000			
城市	L_5:T-S 模糊系统法	排名计算	城市	L_5:T-S 模糊系统法	排名计算
北京	0.0000	0.0000	郑州	0.9945	0.5833
上海	0.3252	0.0833	武汉	0.9998	0.6667
成都	0.7450	0.1667	重庆	0.9999	0.7500
南京	0.9312	0.2500	广州	0.9999	0.8333
长沙	0.9909	0.3333	天津	1.0000	0.9167
济南	0.9918	0.4167	杭州	1.0000	1.0000
沈阳	0.9934	0.5000			

(二)评价辨识度的具体计算

将得分按照升序进行排列，再以评价值为纵坐标，排名为横坐标，组成二维坐标并画在二维象限图中，再将各点连成直线，如图 8-1 所示。

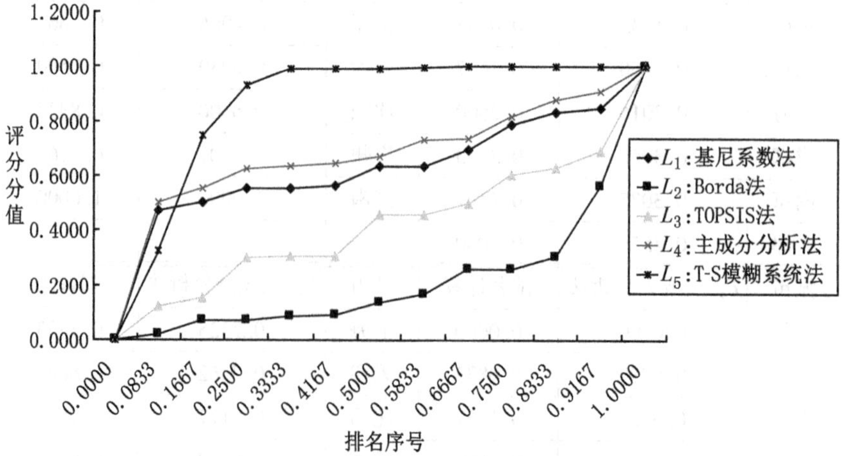

图 8-1　五种综合评价方法的评价辨识度曲线图

图 8-1 中，曲线 L_1 表示基尼系数法，曲线 L_2 表示 Borda 法，曲线 L_3 表示 TOPSIS 法，曲线 L_4 表示主成分法，曲线 L_5 表示 T-S 模糊系统法。由上图可以很明显地证明 L_1、L_2、L_3、L_4 和 L_5 的极大值为 2，极小值为 1。根据前文所述，曲线长度越长，则评价辨识度越好。因此，再分别计算评价辨识度，其计算公式为：

$$D = \sum_{i=1}^{n-1} \sqrt{(S_{i+1} - S_i)^2 + (M_{i+1} - M_i)^2} \qquad (8\text{-}24)$$

其中，D 为评价辨识度，S 为各评价方法标准化后的评价值，M 为各评价方法标准化后的排名序号，n 为评价对象个数即城市数量。

依据上述公式，本书分别计算出 5 种评价方法的辨识度。具体结果如表 8-16 所示。

表 8-16　五种综合评价方法具体辨识度表

	基尼系数法	Borda 法	TOPSIS 法	主成分分析法	T-S 模糊系统法
辨识度	1.6059	1.635	1.5661	1.5913	1.7371

(三)评价辨识度结果分析

(1)从辨识度来说，T-S 模糊系统汪的总体辨识度最优，Borda 法次之，TOPSIS 法与主成分法的辨识度最低。而且相对来说，Borda 法与基尼系数法的总体辨识度相差无几，TOPSIS 法、主成分法与前两者的差距则明显要大很多，说明在综合评价中主成分法和 TOPSIS 法的评价效果不甚理想，无法满足评价的基本区分要求；

(2)经过本书评价辨识度检验后，前文所用的 5 种评价方法各有其优势之处，但结合本书的检验结果，T-S 模糊系统法的评价效果最优。

(3)评价辨识度法可以对评价结果的合理性作出验证，通过相对差距来体现评价方法的优劣程度。

二、基于首尾一致率和区分度的评价方法优劣判别

单从辨识度角度来说，本书可以得出 T-S 模糊系统的评价效果最优，但在实际研究过程中单方面的评价往往有失偏颇，甚至得出完全错误的结论。而且虽然通过辨识度得出了结论，但对于得出的结论的可靠性程度却没有相应的数据支撑，因此，对上述 5 种评价方法优劣的选择还需进一步深化。最终本书选定首尾一致率和区分度来进行评价结果的一致性检验和可靠性检验。①

(一)首尾一致率计算

虽然各评价方法的具体评价结果是不一致的，但根据正态分布规律，在一个群体中，最好的和最差的那部分对象总是少数的，而二者的差别往往较大、区分度较高，各评价方法对于这两部分的评价容易取得共识，较少存在争议。其具体计算方法为：对于 m 个评价对象，将各种评价方法按其评价结果 v 进行降序排列，本书运用“二八定律”②，选取前 20%的评价对象作为最差的部分，并选取各评价方法公共的 y 个评价对象；选取后 20%的评价对象作为最好的部分，并选取各评价方法公共的 x 个评价对象；最后计算其首尾一致率 S。其计算方式如下：

$$s = \frac{x + y}{0.4m} \tag{8-25}$$

显然，S 值处于 0~1 之间，S 越大，说明不同的评价方法的结果更为一致。

针对本书，根据表 5-16 可知，在 4 种评价方法中，前 20%的最差城市排名中共同的城市个数 $y = 1$，在后 20%的最好城市排名中共同的

① 俞立平，潘云涛，武夷山. 比较不同评价方法评价结果的两个新指标——以《泰晤士报高等教育副刊》大学排名为例[J]. 南京师大学报(自然科学版)，2008(3)：135-140.

② [OL].[2020-11-15].http://baike.baidu.com/item.

城市个数 $x=1$，所以其首尾一致率为：

$$S=\frac{1+1}{0.4\times 13}=38.46\%>20\% \tag{8-26}$$

该一致率大于所选城市比例 20%，因此认为本书的首尾一致率基本符合要求。

(二)区分度计算

传统意义上的区分度是对考试试题质量的一种度量，而本书所运用的区分度是对评价对象相对差距的一种度量，很显然，其相对差距越大，则说明该评价方法存在的争议越少。其具体原理是：对于 m 个评价对象，将各种评价方法按其评价结果 v 进行降序排列，然后给每个分值编上序号 N，其中 $1\leqslant i\leqslant m$，则函数 $V=f(N)$ 是单调递减函数。因此，评价结果最好的坐标值为（V_1，1），评价结果最差的坐标值为（V_m，m）。其区分度计算公式为：

$$D=\frac{\sum_{i=1}^{m-1}\sqrt{(V_{i+1}-V_i)^2+(N_{i+1}-N_i)^2}}{\sqrt{(V_m-V_1)^2+(N_m-N_1)^2}} \tag{8-27}$$

上述公式即表示各方法的相邻两点距离之和(曲线总长度)与首尾两点距离(极值距离)的比值。$D\geqslant 1$ 且 D 越大，说明相邻的两点越分散，则评价结果区分度越好，意味着评价结果的可靠性越高。

如前文所说，虽然需要标准化的数据可以分为极大型和极小型两类，但由于各评价方法对评价对象得到的具体的值都是不一致的，例如 TOPSIS 法得到的评价结果范围在 0~1，主成分分析法的范围在-1~1。量纲的不一致就必须进行标准化才能够进一步的比较，辨识度统一采用极值法标准化，虽然将各评价具体值的范围统一归纳到 0~1，但同时也存在一个问题，就是导致标准化后的两点之间的距离之和与首尾两点极值距离都会缩小，进而导致其比值缩小，最终导致区分度进一步减小，即标准化后的所有数值的范围都处于[0, 1]，很明显这是一个很小的区间范围，进而导致所有数值都拥挤在一个狭小的范围内，很难找到数据之间的区分度，或者说即使找到了区分度，区分度也是极小的，而区分度过小，则无法达到区分评价对象的最终目的，进而对评价结果产生负面影响。因此，在计算区分度的标准化方面做如下改进：本书将标准化处理后的值设定为0～m之间，即最大值点的坐标为（m，1），最小值点的坐标为（0，m），中间某点的标准化值根据原值与极大值的差等比例处理。其计算公式如下：

$$V_i' = m \times (1 - \frac{|V_i - V_1|}{V_1 - V_m}) \tag{8-28}$$

其中，V' 为标准化后的值，V_i 为原指标值。经过改进后，标准化后的数值就只对原值进行了简单的线性变化，并不会改变原评价结果的分布规律，保留了原数据之间固有的特点，而且标准化后的数值范围也并没有缩小到[0，1]的范围，拉大了区分度，使得区分度的计算、比较更为科学合理。

标准化后，区分度的计算可以进一步简化为：

$$D = \frac{\sum_{i=1}^{m-1}\sqrt{(V_{i+1} - V_i)^2 + 1^2}}{\sqrt{(m-0)^2 + (m-1)^2}} = \frac{\sum_{i=1}^{m-1}\sqrt{(V_{i+1} - V_i)^2 + 1}}{\sqrt{2m^2 - 2m + 1}} \tag{8-29}$$

按照上述标准化公式对基尼系数法、Borda 法、主成分分析法、Topsis 法与 T-S 模糊系统法的数据进行标准化，得到的结果如表 8-17 所示。

表 8-17　五种评价方法得分标准化的值

城市	L_1:基尼系数法	排名	城市	L_1:基尼系数法	排名
济南	13.0000	1	成都	7.3412	8
天津	11.0118	2	杭州	7.1882	9
广州	10.8588	3	上海	7.1882	10
武汉	10.2471	4	北京	6.5765	11

续表

城市	L_1:基尼系数法	排名	城市	L_1:基尼系数法	排名
南京	9.0235	5	郑州	6.1176	12
长沙	8.2588	6	重庆	0.0000	13
沈阳	8.2588	7			
城市	L_2:Borda 法	排名	城市	L_2:Borda 法	排名
广州	13.0000	1	济南	1.1875	8
长沙	7.3236	2	成都	1.1133	9
北京	3.9790	3	杭州	0.9569	10
南京	3.3534	4	上海	0.9162	11
天津	3.3430	5	郑州	0.2471	12
沈阳	2.1846	6	重庆	0.0000	13
武汉	1.7829	7			
城市	L_3:TOPSIS 法	排名	城市	L_3:TOPSIS 法	排名
济南	13.0000	1	南京	3.9969	8
广州	8.9715	2	成都	3.9752	9
沈阳	8.1901	3	上海	3.9202	10
长沙	7.8504	4	北京	2.0146	11
杭州	6.4556	5	重庆	1.6018	12
武汉	5.9299	6	郑州	0.0000	13
天津	5.9229	7			
城市	L_4:主成分分析法	排名	城市	L_4:主成分分析法	排名
广州	13.0000	1	成都	8.4192	8
北京	11.8372	2	济南	8.2952	9
长沙	11.4103	3	武汉	8.1262	10
沈阳	10.6307	4	南京	7.1828	11
天津	9.5713	5	重庆	6.5504	12
上海	9.5229	6	郑州	0.0000	13
杭州	8.6950	7			

续表

城市	L_5:T-S 模糊系统法	排名	城市	L_5:T-S 模糊系统法	排名
杭州	13.0000	1	济南	0.0715	8
天津	8.7721	2	长沙	0.0027	9
广州	3.3156	3	南京	0.0013	10
重庆	0.8940	4	成都	0.0012	11
武汉	0.1184	5	上海	0.0000	12
郑州	0.1066	6	北京	0.0000	13
沈阳	0.0863	7			

将以上各评价方法的坐标点描述在二维坐标中，如图 8-2 所示。

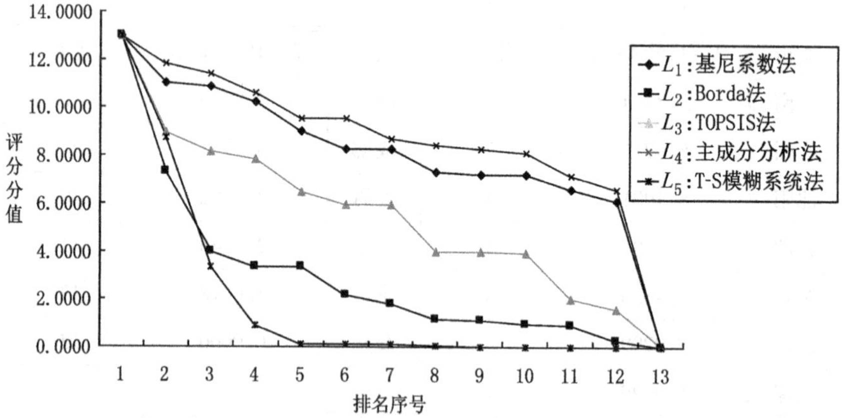

图 8-2　五种评价方法区分度散点图

计算可以得到各评价方法区分度的具体得分，如表 8-18 所示。

表 8-18　五种评价方法的区分度得分

	基尼系数法	Borda 法	TOPSIS 法	主成分分析法	T-S 模糊系统法
区分度	1.1355	1.1562	1.1087	1.1242	1.2876

最终得出结论：在城市生活环境竞争力的综合评价中 T-S 模糊系统法的评价效果最优。通过辨识度和区分度两种优劣判别法可以发现，T-S 模糊系统相对于传统的评价方法存在较大的优势，评价效果也优于其他方法。因此本书最终以 T-S 模糊系统的评价结果为 13 个城市生活环境竞争力排名结果。具体评价结果如表 8-19 所示。

表 8-19　T-S 模糊系统评价排名结果

城市	得分	排名
杭州	1. 6091	1
天津	1. 6090	2
广州	1. 6089	3
重庆	1. 6089	4
武汉	1. 6087	5
郑州	1. 6024	6
沈阳	1. 6011	7
济南	1. 5992	8
长沙	1. 5982	9
南京	1. 5273	10
成都	1. 3060	11
上海	0. 8073	12
北京	0. 4209	13

三、基于评价结果分析的赋权优良性比较

(1)在五种综合评价方法中，T-S 模糊系统法的区分度得分最高，说明该评价方法在城市生活环境评价排名结果方面的区分度大，评价排序误判的可能相对较小，排序更为稳定可靠，另外该方法应用了上一章的赋权结果，因此验证了改进的神经网络赋权法是有效的。

(2)基尼系数法由于其自身的缺陷，数值基本处于[0，1]，而且较少出现极值情况，所以区分度并不明显。但经过对其指标进行赋权处理之后，数值的差距逐渐拉大，使区分度优势得以凸显，在五种评价方法中的区分度得分也较高。基尼系数法虽然不受原始数据量纲的影响，使用了原始数据，但其评价计算数值都处于[0，1]，使得该法对于城市生活环境竞争力评价优劣程度的区分并不明显。虽然经赋权改进后，结果区分度有所凸显，但在辨识度和区分度两方面的得分仍都低于 Borda 法与 T-S 模糊系统法。

(3)TOPSIS 法的区分度得分最低，这是由于该法主要运用于评价对象内部相对接近程度，并不能反映与理想最优方案的相对接近程度。但经过模糊 Borda 法与主成分分析法综合后，Borda 法的区分度得以提高。TOPSIS 法是基于上一章的合理赋权和标准化后的数据进行分析评价的，但由于其评价方法自身存在的缺陷，评价效果不甚理想，无法通过检验。

(4)主成分分析法虽然使用了标准化后的数据，但由于其计算评价完全基于指标数据的数值，并没有考虑各指标在实际生活中的地位、影响(即没有合理使用赋权，而仅仅基于各指标的累计贡献方差)，因而其评价结果与实际情况存在偏差，进而导致其辨识度与区分度得分不高。

(5)通过五种评价结果的优良性分析得出，13 个城市生活环境最优的 T-S 模糊系统综合评价排名如下：杭州、天津、广州、重庆、武汉、郑州、沈阳、济南、长沙、南京、成都、上海、北京。

(6)对于赋权结果的优良性，众多学者提出通过比较评价结果来进行了验证。本章利用五种评价方法对 13 个城市生活环境竞争力进行了评价，并对结果进行了分析。通过辨识度和区分度方法对综合评价方法的优良性进行了验证。对于本书选取的五种评价方法，最优的方法为 T-S 模糊系统法，次优的方法为 Borda 法，由于两种评价方法用到的权重均是贝叶斯正则化神经网络赋权的，因此从评价结果上证明了本书引入的新的赋权方法的有效性。

需要注意的是，针对具体的问题，选用多种评价方法对其进行评价分析，然后对每一种评价方法的优劣进行比较、综合，最终才能得到最为合理的评价结果。通过对基尼系数法、Borda 法、Topsis 法、主成分分析法和 T-S 模糊系统法评价结果优劣检验，最终得到 T-S 模糊系统法最适用于城市生活评价研究，但具体问题具体分析，由于所选指标、数据、评价问题的不同，以上各评价方法的优劣适用领域会有所不同，甚至会发生变化。

四、Hopfield 网络法对半监督学习综合评价方法的结果验证

（一）Hopfield 网络及其算法简介

1982 年，美国物理学家 J. J Hopfield 教授提出了一种可模拟人脑联想记忆功能的新的人工神经元模型，后来被称为 Hopfield 网络。Hopfield 网络是一种单层全反馈网络，研究的是一种复杂的动力学系统，该系统通过神经元的状态变迁，最终稳定于某一稳定状态，获得联想记忆或神经计算的结果。本书采用二值型 Hopfield 网络进行城市环境竞争力的后综合评价，验证半监督学习评价结果的合理性。

离散 Hopfield 神经网络是一种单层、输出为二值神经网络，由 13 个神经元组成的离散 Hopfield 神经网络的结构如图 8-3 所示。这里出于稳定性考虑，选用 $\omega_{ij}=0$ 的无自反馈的 Hopfield 神经网络。每个神经元 t 时刻的输入值为 $x_i(t)$ ，二值化后的输出值为 $y_i(t)$ ，则 t 时刻神经元的输入值为：$x_i(t)=\sum_{j=1}^{13}\omega_{ij}y_j(t)+\theta$ ，其中 θ 为神经元的阈值即外部输入，ω_{ij} 为神经元 i 与神经元 j 之间的连接权值，则 $t+1$ 时刻的输出为：$y_i(t+1)=f(x_i(t))$ 。

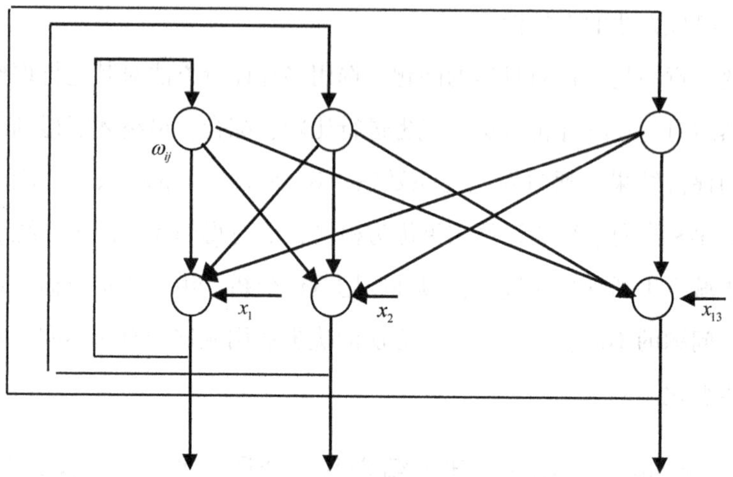

图 8-3　离散 Hopfield 网络结构图

在图 8-3 中，第 0 层仅仅作为网络的输入，它不是实际神经元，所以无计算功能；第 1 层是神经元，故而执行对输入信息与权系数的乘积求累加和，并经非线性函数 f 处理后产生输出信息。f 是一个简单的阈值函数，如果神经元的输出信息大于阈值 θ，神经元输出取值为 1；小于阈值 θ，神经元输出取值为-1。

对于二值神经元，它的计算公式如式(8-30)所示：

$$u_j = \sum_i \omega_{ij} y_i + x_j \tag{8-30}$$

式中，x_j 为外部输入，并且有

$$y_j = \begin{cases} 1, & u_j \geqslant \theta \\ -1, & u_j \geqslant \theta \end{cases} \tag{8-31}$$

一个离散型神经网络的网络状态是输出神经元信息的集合，对于一个输出层是 n 个神经元的网络，其 t 时刻的状态为一个 n 维向量：

$$\boldsymbol{Y}(\boldsymbol{t}) = [y_1(t),\ y_2(t),\ \cdots,\ y_n(t)]^{\mathrm{T}} \tag{8-32}$$

因为 $y_i(t)$ $(i = 1,\ 2,\ \cdots,\ n)$ 可以取值为 1 或 -1，故 n 维向量

$\boldsymbol{Y}(\boldsymbol{t})$ 有 2^n 种状态，即网络有 2^n 种状态。考虑离散型 Hopfield 神经网络的一般节点状态，用 $y_i(t)$ 表示第 j 个神经元，即节点 j 在时刻 t 的状态，则节点的下一个时刻 $t+1$ 的状态可以如式(8-33)、式(8-34)求得：

$$y_i(t+1)=f[u_j(t)]\begin{cases}1, & u_j(t)\geqslant 0\\ -1, & u_j(t)\leqslant 0\end{cases} \tag{8-33}$$

$$u_j=\sum_i \omega_{ij}y_i(t)+x_j-\theta_j \tag{8-34}$$

如果 ω_{ij} 在 $i=j$ 时等于 0，说明一个神经元的输出并不会反馈到其输入，此时离散型 Hopfield 神经网络称为无自反馈的网络。如果 ω_{ij} 在 $i=j$ 时不等于 0，说明一个神经元的输出会反馈到其输入端，这时离散型 Hopfield 神经网络称为自反馈的网络。

(二) Hopfield 网络工作方式

Hopfield 网络的工作方式主要有两种形式。

(1) 串行(异步)工作方式。在任一时刻 t，只有某一神经元 i（随机的或确定的选择）依据公式变化，而其他神经元的状态不变。

(2) 并行(同步)工作方式。在任一时刻 t，部分神经元或全部神经元的状态同时改变。

下面以串行(异步)工作方式为例说明 Hopfield 网络的运行步骤：

第一步，对网络进行初始化。

第二步，从网络中随机选取一个神经元 i。

第三步，计算该神经元 i 的输入 $u_i(t)$。

第四步，计算该神经元 i 的输出 $v_i(t+1)$，此时网络中其他神经元输出保持不变。

第五步，判断网络是否达到稳定状态，若达到稳定状态或满足给定条件则结束；否则转到步骤 2 继续运行。

这里网络的稳定状态定义为，若网络从某一个时刻以后状态不再发生变化，则称网络处于稳定状态。

$$v(t+\Delta t)=v(t),\quad \Delta t>0 \tag{8-35}$$

(三)网络稳定性简介

Coben 和 Grossberg 在 1983 年给出了关于 Hopfield 网络稳定的充分条件，他们在文献中指出：如果 Hopfield 网络的权系数矩阵 **W** 是一个对称矩阵，并且对角线元素为 0，则这个网络是稳定的。即在权系数矩阵**W** 中，如果：

$$\omega_{ij}=\begin{cases}0, & i=j\\ \omega_{ji}, & i\neq j\end{cases} \tag{8-36}$$

则 Hopfield 网络是稳定的，进一步推导过程见相关文献。①

(四)离散 Hopfield 神经网络学习规则

本书的学习规模主要是正交化法，总体算法过程如下：

第一步，输入 N 个输入模式 $t=\{t^2,\ t^2,\ \cdots,\ t^{N-1},\ t^N\}$ 及参数 τ，h。

第二步，计算 $A=\{t^2,\ t^2,\ \cdots,\ t^{N-1},\ t^N\}$。

第三步，对 A 做奇异值分解 $A=USV^T$，并计算 A 的秩 $K=\mathrm{rank}(A)$。

第四步，分别由 $U^p=\{U^1,\ U^2,\ \cdots,\ U^k\}$ 和 $u^m=\{u^{K+1},\ u^{K+2},\ \cdots,\ u^N\}$ 计算 $T^p=\sum_{i=1}^{K}u^i(u^i)^T$，$T^m=\sum_{i=K+1}^{N}u^i(u^i)^T$。

第五步，计算 $W^\tau=T^p-\tau\times T^m$，$b^t=t^N-W^\tau\times t^N$。

第六步，计算 $W=\exp(h\times W^\tau)$。

第七步，计算 $b=U\times\begin{bmatrix}C_1\times I(K) & 0(K,\ N-K)\\ 0(N-K,\ K) & C_2\times I(N-K)\end{bmatrix}\times U^T\times b^t$，

① 韩振东. 人工神经网络的数学模型建立及成矿预测的 BP 网络实现[D]. 吉林大学，2004；张良均，曹晶，蒋世均. 神经网络实用教程[M]. 北京：机械工业出版社，2008(2)：156-184.

其 $C_1 = \exp(h) - 1$， $C_2 = -[\exp(-\tau \times h) - 1]/\tau$，具体的公式推导和样本收敛证明可以参考相关文献。①

(五)城市生活环境综合评价结果

影响城市竞争力排名的因素有很多，本书通过第二章筛选出了 8 个影响因素作为评价指标。根据本书的数据量和综合指数，将城市竞争力分为四个等级：很好(Ⅰ)、好(Ⅱ)、较好(Ⅲ)、一般(Ⅳ)。本书结合离散 Hopfield 神经网络的联想记忆能力，建立离散 Hopfield 城市生活竞争力评价模型。

其核心思想是：首先建立典型分类等级所对应的 Hopfield 神经网络平衡点并进行学习，学习结果即为各分类等级所对应的评价指标并被存储记忆。当待分类指标进入时，Hophield 神经网络就会即根据其所存储的平衡点对分类指标进行分类。

1. 城市生活环境竞争力理想的等级评价指标

本书所用的 13 个城市的生活环境竞争力排名等级与 8 个评价指标之间的关系如表 8-20 所示。

将各个等级样本对应的各评价的平均值作为各个等级的理想评价指标，即为 Hopfield 神经网络的平衡点，如表 8-21 所示。

2. 理想的等级评价指标编码

由于离散型 Hopfield 神经网络神经元的状态只有 1 和−1 两种情况，编码规则为：当大于或等于某个等级的指标值时，对应的神经元状态设为"1"；否则为"−1"。理想的 4 个等级评价编码如图 8-4 所示，其中●表示神经元状态为"1"，即大于或等于对应等级的理想评价指标值，反之则用○表示。

① 张良均，曹晶，蒋世忠. 神经网络实用教程[M]. 北京：机械工业出版社，2008：156-184.

表 8-20 13 个城市竞争力等级及对应的评价指标

城市	X_1	X_2	X_3	X_4	X_5	X_6	X_7	X_8	等级
杭州	0.007274	0.002158	0.006426	0.005264	0.015454	0.009776	0.010926	0.010374	Ⅰ
天津	0.004020	0.000000	0.004950	0.006397	0.028530	0.006099	0.021465	0.011787	Ⅰ
广州	0.011307	0.011162	0.003926	0.006160	0.011888	0.015695	0.019424	0.016895	Ⅰ
重庆	0.009078	0.011266	0.004497	0.004964	0.039229	0.012466	0.000000	0.000000	Ⅰ
武汉	0.007072	0.008141	0.005068	0.005103	0.008321	0.006278	0.025262	0.009755	Ⅱ
郑州	0.005565	0.008885	0.005018	0.005637	0.091535	0.002511	0.000930	0.001186	Ⅱ
沈阳	0.000000	0.004792	0.006239	0.005473	0.000000	0.007444	0.021826	0.006335	Ⅱ
济南	0.005353	0.008438	0.005796	0.005534	0.002378	0.000000	0.037815	0.006250	Ⅲ
长沙	0.007412	0.011430	0.006258	0.006360	0.001189	0.010493	0.018003	0.010757	Ⅲ
南京	0.006498	0.014094	0.005038	0.000000	0.032097	0.007264	0.034431	0.007861	Ⅲ
成都	0.008532	0.011117	0.005382	0.004589	0.008321	0.009776	0.013586	0.006763	Ⅳ
上海	0.006984	0.005164	0.000000	0.004511	0.001189	0.015336	0.000594	0.011399	Ⅳ
北京	0.003579	0.019154	0.004890	0.003827	0.009510	0.005471	0.001188	0.011163	Ⅳ

表 8-21　四个等级理想评价指标

等级	X_1	X_2	X_3	X_4	X_5	X_6	X_7	X_8
Ⅰ	0. 00792	0. 006147	0. 00495	0. 005696	0. 023775	0. 011009	0. 012954	0. 009764
Ⅱ	0. 004212	0. 007273	0. 005442	0. 005404	0. 033285	0. 005411	0. 016006	0. 005759
Ⅲ	0. 006421	0. 011321	0. 005697	0. 003965	0. 011888	0. 005919	0. 030083	0. 008289
Ⅳ	0. 006365	0. 011812	0. 003424	0. 004309	0. 00634	0. 010194	0. 005123	0. 009775

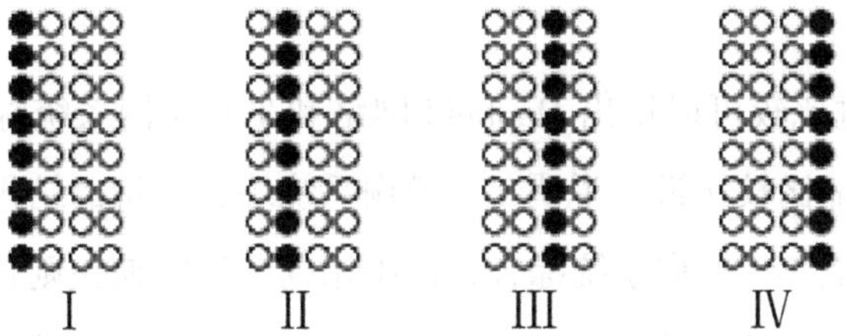

图 8-4　等级评价图

3. 待分类的等级评价指标编码实现

13 个待分类的城市竞争力评价指标根据上述规则设计好理想的 4 个等级评价指标及编码后，即可利用 MATLAB 自带的神经网络工具箱函数创建离散型 Hopfield 神经网络，如图 8-5 所示。将仿真结果与真实的等级进行比较，可以对该模型进行合理的评价。

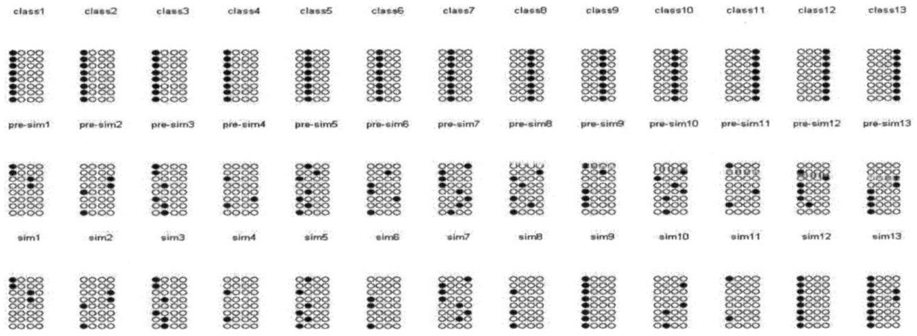

图 8-5　待分类的 13 个城市竞争力等级评价指标编码仿真结果

由图8-5可以看出：

(1)第一层是默认层，即按照理想指标进行分类。当某一城市属于具体某一个级别时，它所在的那一列便呈现出实点(黑色)状。

(2)第二层和第三层分别为实际层和训练层。实际层为第四章最终计算的得分分类结果，而训练层是经过Hopfield训练后的分类结果。本章以实际层为标准与训练层进行对比，可以发现，经过训练后的Hopfield分类实点与实际层的分类实点分布基本趋同，即二者分类效果较为一致；

(3)经过比较可以得出Hopfield网络和T-S模糊系统综合评价得到的分类结果都比较接近，说明T-S模糊系统综合评价的结果合理。由于城市生活环境T-S模糊系统综合评价中用到了贝叶斯正则化的神经网络赋权结果，因此此方法也验证了本书引入的新的赋权方法的合理性。

第九章　研究结论与研究展望

第一节　研究结论

在对已有的综合评价文献进行系统梳理的基础上，发现综合评价实践中的常见问题就是综合评价结果没有判断标准，主观随意性很大，导致人们对综合评价的可信度较低。本书对此展开了较为系统的研究，并提出了基于贝叶斯正则化神经网络综合评价的新方法，通过系列实际案例对提出的新综合评价方法进行了验证。现对全书的研究成果进行总结。

一、关于指标体系构建的优良标准研究

综合评价首先要构建优良的指标体系。现有研究结合实际问题，给出了综合评价单个指标筛选的方法，这些方法有许多，但存在不系统和不便综合考虑等问题。本书较为系统地讨论了综合评价指标体系建构的基本过程和程序，以及单一指标筛选和指标体系整体的优良性检验。

本书还利用城市生活环境评价的案例对指标体系整体优良标准检验方法进行了验证。

二、关于数据处理的合理性比较研究

在指标体系建立以后，数据处理成为综合评价的重要环节。数据处

理包括指标的无量纲化和一致性处理两个方面。首先，本书讨论了无量纲化方法的优良性问题，给出了无量纲化方法的优良性比较和无量纲化方法的性质分析，对于指导综合评价中数据处理方法的选择具有一定的理论意义。其次，本书也讨论了数据一致性处理的基本方法和优良性比较，针对不同的综合评价方法和数据特征进行一致性处理具有一定的差异性。

三、关于综合评价赋权方法优良标准研究

综合评价的重要问题之一是赋权问题。权重能否客观公正和符合实际，已经成为综合评价结果是否符合现实的重要影响因素。本书阐述了赋权方法的基本类型和不同赋权方法优良性的检验标准，并对近年来研究较多的普惠金融指标体系及其相关数据进行了验证性研究。

四、关于综合评价模型的优良标准研究

综合评价模型优良性选择是综合评价的最后一个重要环节，模型设定是否正确也直接决定了综合评价结果的合理性。本书在介绍了综合评价基本模型的类型及其特点以后，在一定的理论标准下给出了综合评价模型选择的优良标准，并以区域绿色发展水平指标体系和相关数据，对一定条件下综合评价模型优良标准的选择进行了验证。

五、关于一种基于贝叶斯正则化神经网络综合评价方法的研究

通过对综合评价各个环节的优良标准研究，结合现实需要，本书提出了相对优良的综合评价方法，即贝叶斯正则化的神经网络赋权方法。该方法实际上是一种赋权方法。该赋权方法相对较优，克服了传统的神经网络赋权方法的一些缺点，可以防止过拟合现象的出现。

对于贝叶斯正则化神经网络赋权方法的优良性的验证，通过评价结果可以分析赋权方法的合理性。

第二节 研究展望

从单一指标的筛选、指标体系整体检验、指标数据的处理、赋权方法以及评价模型比较分析等方面对综合评价优良标准问题进行了较为系统的研究，本书的研究对综合评价方法中存在的问题提出了一些改进和优化的方法。但是由于现实的综合评价问题太过庞杂，涉及的方面太多，希望能一次性将所有问题研究清楚的确不够现实，还有许多问题有待进一步的研究和思考。

第一，对于单一指标筛选和指标体系的整体优良性检验，还可以从如何实现联动互补和多目标角度来考察指标体系的优良标准。其一是单一指标筛选如何服务于指标体系整体的检验；其二是指标体系的整体性检验结果如何体现单一指标的筛选作用；其三是单一指标筛选是多样的，但指标体系整体检验方法单一；其四是无论是单一指标的筛选还是指标体系整体优良性检验都只是给出了单一指标和整个指标体系的一个相对优良标准，即比较标准，有没有绝对的优良标准？因此，关于指标及指标体系优良标准，我们需要继续研究。

第二，对于综合评价赋权方法的优良标准研究，本书只给出了在一定要求下赋权方法的优良标准，如何给出整体的、综合的和符合各种状况的检验标准？我们研究的综合评价赋权方法优良性的检验是根据一个个单一准则下的优良标准，如何获取满足所有准则的优良标准？这些都值得进一步研究。

第三，引入和介绍的新的综合评价方法实际上是一种赋权方法，也只是对传统的神经网络赋权方法进行了改进，相对来说对一些优良标准满足更多而已，还不能说本书提出的新的赋权方法就是最优的，真正满足所有优良标准的综合评价方法目前还值得我们进一步研究。可考虑利用更多的综合评价方法，通过机器学习和神经网络改进赋权方法，从而进行赋权优化研究，同时赋权方法的优良标准也需要进一步研究。

第四，对综合评价模型的优良标准研究，我们主要涉及的是线性模型，其实在现实中，这一假定在很多情况下并不符合需要，在非线性模型中如何实现综合评价模型的优良选择很大程度上还属于未知，需要我们投入更多精力进行研究。同时，综合评价模型优良标准的研究也是在单一准则下实现的所谓优良标准，有没有一个满足所有准则的优良标准？本书只是通过样本数据研究了合理性，不是放之四海而皆准的方法。随着样本数据的变化，这些所谓模型的优良标准可能发生改变。

第五，基于以上给出的综合评价优良标准，综合评价的应用程序化研究也是我们今后努力的方向之一。前面我们讨论了各个环节的优良标准，这些优良标准在本环节上是选择优良性综合评价方法的依据，但综合来看，在不同环节上的优良标准有可能失去优良性。如何综合各个环节的优良性选择，让综合评价优良选择问题简化和统一就成为今后应该认真研究的理论问题。同时关于综合评价优良标准选择的基本程序也是值得研究的问题。

附　录

附表1　城市生活环境指标原始数据(原始数据第一部分)

指标	北京	天津	沈阳	上海	南京	杭州
S_1年平均气温(℃)	14.10	14.00	9.20	17.00	16.40	17.50
S_2全年降水量(毫米)	461.50	441.40	362.9	1295.3	1091.10	1359.90
S_3绿地面积(公顷)	77129	25307	28724	125741	88069	18386
S_4森林覆盖率(%)	41	36	40	14.04	35	65
S_5城市绿化覆盖率(%)	47.4	34.53	37.75	38	44	35.98
S_6建成区绿化覆盖率(%)	60.41	41.82	41.78	38.5	42.69	40.47
S_7人均绿地面积(人/公顷)	0.0061	0.0030	0.0054	0.0092	0.0136	0.0035
S_8人均公园面积(平方米/人)	15.9	9.7	13.03	12.5	13.9	15.1
S_9市区总人口(万人)	1261.9	832.8	528.4	1370.9	648.7	525.1
S_{10}人口密度(人/平方千米)	1035.44	1125.53	1522.4	2659.38	984.85	1076.87
P_1工业废水排放量(万吨)	9174	19011	9134	43939	21561	35370
P_2城镇生活污水排放量(万吨)	141374	70303	38668	176940	55336	59060

续表

指标	北京	天津	沈阳	上海	南京	杭州
P_3工业化学需氧量排放量(吨)	6050	28269	9614	24766	21568	30639
P_4工业氨氮排放量(吨)	328	3708	842	1798	1221	1260
P_5生活化学需氧量排放量(吨)	82194	80459	12955	163438	58525	36603
P_6生活氨氮排放量(吨)	13672	15456	12185	39438	12860	7798
P_7污水处理厂集中处理率(%)	86.1	100	95	89.8	65.4	93.87
P_8工业废气排放量(万立方米)	35691664	87999769	21166401	130074256	81723953	44282996
P_9工业二氧化硫排放量(吨)	40347	195395	131344	155360	103949	80349
P_{10}工业氮氧化物排放量(吨)	64400	216947	80459	228621	103633	61627
P_{11}工业烟(粉)尘排放量(吨)	22710	112187	83226	131433	96177	70346
P_{12}生活二氧化硫排放量(吨)	38475	13767	7251	32765	1750	633
P_{13}生活氮氧化物排放量(吨)	14107	9517	2564	18734	400	335
P_{14}生活烟(粉)尘排放量(吨)	31556	21072	13115	4017	1000	135
P_{15}一般工业固体废物量(万吨)	1020.76	1734.62	813.14	1924.79	1750.68	719.86
P_{16}等效声级(dB(A))	69.1	67.5	69.9	69.8	67.2	68.6

续表

指标	北京	天津	沈阳	上海	南京	杭州
P_{17}交通噪声平均声级(dB(A))	55.8	59.5	62.6	57.5	53.2	57.7
P_{18}工业噪声平均声级(dB(A))	57.2	54.3	57.1	57	53.7	56.4
P_{20}生活噪声平均声级(dB(A))	52.2	52.5	54	55	54	56.1
P_{22}一般工业固体废物储量(万吨)	0.01	0.05	32.3	1.51	99.66	2.82
R_1一般工业固体废物利用率(%)	87.67	98.91	90.2	97.51	91.9	91.1
R_2生活垃圾无害化处理率(%)	99.59	96.23	100	95	92.2	100
R_3一般工业固体废物利用量(万吨)	894.98	1723.94	768.47	1876.86	1608.11	656.21
R_4一般工业固体废物处置量(万吨)	125.92	10.64	12.37	47.01	42.95	61.06
R_5二氧化硫年平均浓度(微克/立方米)	22.0	49.0	82.0	18.0	25.0	21.0
R_6二氧化氮年平均浓度(微克/立方米)	57.0	54.0	52.0	45.0	54.0	50.0
R_7可吸入颗粒物(PM10)年平均浓度(毫克/立方米)	116.0	133.0	124.0	71.0	124.0	98.0
R_8一氧化碳日均值第95百分位浓度(微克/立方米)	3.2	2.9	1.6	1.3	1.6	1.3
R_9臭氧最大8小时第90百分位浓度(微克/立方米)	200.0	157.0	165.0	149.0	183.0	169.0

续表

指标	北京	天津	沈阳	上海	南京	杭州
R_{10}细颗粒物 PM2.5 年平均浓度(微克/立方米)	86.0	83.0	74.0	52.0	74.0	65.0
R_{11}空气质量达到及好于二级的天数(天)	168.0	175.0	190.0	278.0	188.0	216.0
D_1道路总长度(米)	962668	509108	140800	211806	185516	689650
D_2路段平均宽度(米)	33	28	32	26	30	31
D_3平均车流量(辆/小时)	3683	2022	3242	512	3481	1556
D_4每万人拥有公共汽车量(辆)	18.76	13.41	10.55	11.78	12.54	16.49
D_5人均城市道路面积(平方米)	7.93	15.78	15.92	7.7	20.8	11.7
D_6第三产业从业人员比重(%)	78.7	50.28	53.06	64.38	50.03	45.38
D_7第三产业占 GDP 比重(%)	77.26	48.76	48.42	62.33	54.38	57.12
D_8万元地区生产总值能耗(吨标准煤)	0.36	0.54	0.5904	0.482	0.378	0.71
D_9万元地区生产总值能耗下降率(%)	5.29	6.04	5.08	8.71	5.92	6.11
D_{10}万元工业增加值能耗降低率(%)	10.9	10.9	6.1	7.63	8.07	8.17
D_{11}市辖区人均 GDP(元)	154323	159939	110867	156446	124600	147225
D_{12}市辖区人均 GDP 增长率(%)	9.06	10.41	10.51	6.99	23.89	6.87

附表 1 续表　城市生活环境指标原始数据(原始数据第二部分)

指标	济南	郑州	武汉	长沙	广州	重庆	成都
S_1 年平均气温(℃)	15.40	16.30	16.70	18.60	21.70	18.60	16.00
S_2 全年降水量(毫米)	521.40	551.60	1208.60	1386.80	2234.00	1452.10	975.00
S_3 绿地面积(公顷)	13337	15167	18679	10163	132448	53017	19757
S_4 森林覆盖率(%)	35.2	33.6	28	53.35	41.99	43.1	38.4
S_5 城市绿化覆盖率(%)	40.2	40.5	40	42.21	42.03	42.1	42
S_6 建成区绿化覆盖率(%)	39.77	40.17	39.18	35.16	41.50	41.02	32.50
S_7 人均绿地面积(人/公顷)	0.0037	0.0028	0.0036	0.0033	0.0191	0.0027	0.0034
S_8 人均公园面积(平方米/人)	11.3	10.2	10.54	11	16.5	18.04	13.5
S_9 市区总人口(万人)	361	533.2	514.9	303.5	695	1943.9	581.6
S_{10} 人口密度(人/平方千米)	1092.92	5279.21	2962.77	1589.06	1808.38	656.93	2677.85
P_1 工业废水排放量(万吨)	7880	13039	17097	4397	22444	34968	10064
P_2 城镇生活污水排放量(万吨)	31005	53122	71572	49006	142149	110705	112228
P_3 工业化学需氧量排放量(吨)	5289	12548	14874	13253	23341	53360	11600

续表

指标	济南	郑州	武汉	长沙	广州	重庆	成都
P_4工业氨氮排放量(吨)	346	568	1388	409	1565	3453	773
P_5生活化学需氧量排放量(吨)	28704	21398	82571	51021	104238	212663	100515
P_6生活氨氮排放量(吨)	4909	7888	11705	8021	17374	35407	12638
P_7污水处理厂集中处理率(%)	95.33	95.89	93	99.8	98.72	92.25	90.22
P_8工业废气排放量(万立方米)	38733326	44356467	58732007	6486475	37152076	92896041	24470757
P_9工业二氧化硫排放量(吨)	67842	90859	84481	19576	61059	474805	50754
P_{10}工业氮氧化物排放量(吨)	64861	115866	84202	14357	51607	233690	45249
P_{11}工业烟(粉)尘排放量(吨)	90082	46037	119433	17323	22136	214774	25574
P_{12}生活二氧化硫排放量(吨)	29270	13744	5720	3097	2363	52129	4814
P_{13}生活氮氧化物排放量(吨)	3629	1845	1416	203	720	4310	2071
P_{15}一般工业固体废物产生量(万吨)	1022.86	1400.13	1407.06	106.95	495.88	3067.78	452.74
P_{16}等效声级(dB(A))	69.7	62.2	69.2	69.8	68.9	66.6	69.2

续表

指标	济南	郑州	武汉	长沙	广州	重庆	成都
P_{17}交通噪声平均声级(dB(A))	54. 3	54. 1	60. 3	56. 1	55. 9	57. 1	57. 5
P_{18}工业噪声平均声级(dB(A))	53. 2	53. 7	56. 2	55. 2	54. 5	55. 2	54. 4
P_{20}生活噪声平均声级(dB(A))	54. 2	53. 4	53. 9	53. 6	54. 9	52. 5	53. 6
P_{22}一般工业固体废物储存量(万吨)	0. 02	39. 96	18	4. 34	2. 71	72. 37	0. 07
R_1一般工业固体废物综合利用率(%)	99. 56	76. 77	98. 71	85. 5	94. 47	84. 49	97. 44
R_2生活垃圾无害化处理率(%)	100	95	100	100	86. 8	99. 25	100
R_3一般工业固体废物综合利用量(万吨)	1019. 4	1027. 25	1285. 83	91. 48	468. 47	2648. 22	441. 13
R_4一般工业固体废物处置量(万吨)	4. 43	333. 14	139. 79	12. 2	24. 71	407. 45	10. 8
R_5二氧化硫年平均浓度(微克/立方米)	69. 0	43. 0	21. 0	24. 0	17. 0	24. 0	19. 0
R_6二氧化氮年平均浓度(微克/立方米)	57. 0	51. 0	55. 0	42. 0	48. 0	39. 0	59. 0

续表

指标	济南	郑州	武汉	长沙	广州	重庆	成都
R_7可吸入颗粒物(PM10)年平均浓度(毫克/立方米)	172.0	158.0	114.0	84.0	67.0	98.0	123.0
R_8一氧化碳日均值第95百分位浓度(微克/立方米)	2.4	3.1	1.8	1.8	1.5	1.8	2.0
R_9臭氧最大8小时第90百分位浓度(微克/立方米)	190.0	116.0	156.0	117.0	165.0	146.0	147.0
R_{10}细颗粒物PM2.5年平均浓度(微克/立方米)	87.0	88.0	82.0	74.0	49.0	65.0	77.0
R_{11}空气质量达到及好于二级的天数(天)	107.0	135.0	177.0	224.0	282.0	246.0	216.0
D_1道路总长度(米)	178311	131325	220502	355660	844555	656430	429162
D_2路段平均宽度(米)	42	31	21	36	27	23	39
D_3平均车流量(辆/小时)	2394	957	2255	2803	730	1999	3592

续表

指标	济南	郑州	武汉	长沙	广州	重庆	成都
D_4每万人拥有公共汽车量(辆)	14.13	11.81	15.08	18.18	19.58	4.45	19.68
D_5人均城市道路面积(平方米)	22.11	7.83	17.25	14.44	14.99	7.47	12.73
D_6第三产业从业人员比重(%)	55.79	43.53	53.73	62.16	64.07	52.17	55.76
D_7第三产业占GDP比重(%)	64.14	53.52	53.06	52.99	67.14	44.29	53.33
D_8万元地区生产总值能耗(吨标准煤)	0.91	0.537	0.44	0.5718	0.48	0.2043	0.1162
D_9万元地区生产总值能耗下降率(%)	5	4.06	5.24	6.24	3.56	3.74	4.64
D_{10}万元工业增加值能耗降低率(%)	7.22	11.29	8.42	11.9	9.25	8	8.03
D_{11}市辖区人均GDP(元)	110101	64521	141651	150667	205918	53849	114718
D_{12}市辖区人均GDP增长率(%)	7.59	18.63	12.06	11.69	13.58	9.85	13.08

数据来源：2015《环境统计年鉴》，《城市统计年鉴》中13个省市年鉴，以及13个省市统计发展公报。

附表 2 指标无量纲化后的数据

	北京	天津	沈阳	上海	南京	杭州	济南	郑州	武汉	长沙	广州	重庆	成都
S_1	0. 3500	0. 3500	0. 5800	0. 2200	0. 2400	0. 1900	0. 2900	0. 2500	0. 2300	0. 1400	0. 0000	0. 1400	0. 2600
S_2	0. 7900	0. 8000	0. 8400	0. 4200	0. 5100	0. 3900	0. 7700	0. 7500	0. 4600	0. 3800	0. 0000	0. 3500	0. 5600
S_3	0. 5476	0. 1238	0. 1518	0. 9452	0. 6371	0. 0672	0. 0260	0. 0409	0. 0696	0. 0000	1. 0000	0. 3504	0. 0785
S_4	0. 5290	0. 4309	0. 5094	0. 0000	0. 4113	1. 0000	0. 4152	0. 3838	0. 2739	0. 7714	0. 5485	0. 5703	0. 4780
S_5	1. 0000	0. 0000	0. 2502	0. 2696	0. 7358	0. 1127	0. 4406	0. 4639	0. 4250	0. 5967	0. 5828	0. 5882	0. 5804
S_6	1. 0000	0. 3339	0. 3325	0. 3852	0. 3651	0. 2856	0. 2605	0. 2748	0. 2393	0. 0953	0. 3225	0. 3053	0. 0000
S_7	0. 2073	0. 0191	0. 1659	0. 3947	0. 6644	0. 0474	0. 0592	0. 0072	0. 0551	0. 0380	1. 0000	0. 0000	0. 0410
S_8	0. 7434	0. 0000	0. 3993	0. 3357	0. 5036	0. 6475	0. 1918	0. 0600	0. 1007	0. 1559	0. 8153	1. 0000	0. 4556
S_9	0. 3500	0. 5700	0. 7300	0. 2900	0. 6700	0. 7300	0. 8100	0. 7300	0. 7300	0. 8400	0. 6400	0. 0000	0. 7000
S_{10}	0. 8000	0. 7900	0. 7100	0. 5000	0. 8100	0. 8000	0. 7900	0. 0000	0. 4400	0. 7000	0. 6600	0. 8800	0. 4900
P_1	0. 8792	0. 6304	0. 8802	0. 0000	0. 5659	0. 2167	0. 9119	0. 7814	0. 6788	1. 0000	0. 5436	0. 2269	0. 8567
P_2	0. 2437	0. 7307	0. 9475	0. 0000	0. 8333	0. 8078	1. 0000	0. 8484	0. 7220	0. 8767	0. 2384	0. 4539	0. 4434
P_3	0. 9842	0. 5220	0. 9100	0. 5948	0. 6614	0. 4727	1. 0000	0. 8490	0. 8006	0. 8343	0. 6245	0. 0000	0. 8687
P_4	1. 0000	0. 0000	0. 8479	0. 5651	0. 7358	0. 7243	0. 9947	0. 9290	0. 6864	0. 9760	0. 6340	0. 0754	0. 8683
P_5	0. 6533	0. 6620	1. 0000	0. 2465	0. 7718	0. 8816	0. 9211	0. 9577	0. 6514	0. 8094	0. 5429	0. 0000	0. 5616
P_6	0. 7462	0. 6945	0. 7893	0. 0000	0. 7697	0. 9163	1. 0000	0. 9137	0. 8032	0. 9099	0. 6390	0. 1167	0. 7762
P_7	0. 4017	0. 0000	0. 1445	0. 2948	1. 0000	0. 1772	0. 1350	0. 1188	0. 2023	0. 0058	0. 0370	0. 2240	0. 2827
P_8	0. 7637	0. 3404	0. 8812	0. 0000	0. 3912	0. 6942	0. 7391	0. 6936	0. 5773	1. 0000	0. 7519	0. 3008	0. 8545

续表

	北京	天津	沈阳	上海	南京	杭州	济南	郑州	武汉	长沙	广州	重庆	成都
P_9	0.9544	0.6138	0.7545	0.7017	0.8147	0.8665	0.8940	0.8434	0.8574	1.0000	0.9089	0.0000	0.9315
P_{10}	0.7718	0.0763	0.6986	0.0231	0.5930	0.7845	0.7697	0.5372	0.6816	1.0000	0.8302	0.0000	0.8592
P_{11}	0.9727	0.5196	0.6662	0.4221	0.6006	0.7315	0.6315	0.8546	0.4829	1.0000	0.9756	0.0000	0.9582
P_{12}	0.2651	0.7450	0.8715	0.3760	0.9783	1.0000	0.4439	0.7454	0.9012	0.9522	0.9664	0.0000	0.9188
P_{13}	0.2497	0.4974	0.8726	0.0000	0.9894	0.9929	0.8151	0.9114	0.9345	1.0000	0.9721	0.7784	0.8992
P_{14}	0.0000	0.3337	0.5869	0.8765	0.9725	1.0000	0.5642	0.4903	0.9724	0.9130	0.9975	0.8736	0.9836
P_{15}	0.6914	0.4503	0.7615	0.3860	0.4448	0.7930	0.6907	0.5632	0.5609	1.0000	0.8686	0.0000	0.8832
P_{16}	0.1039	0.3117	0.0000	0.0130	0.3506	0.1688	0.0260	1.0000	0.0909	0.0130	0.1299	0.4286	0.0909
P_{17}	0.7234	0.3298	0.0000	0.5426	1.0000	0.5213	0.8830	0.9043	0.2447	0.6915	0.7128	0.5851	0.5426
P_{18}	0.0000	0.7250	0.0250	0.0500	0.8750	0.2000	1.0000	0.8750	0.2500	0.5000	0.6750	0.5000	0.7000
P_{19}	1.0000	0.9231	0.5385	0.2821	0.5385	0.0000	0.4872	0.6923	0.5641	0.6410	0.3077	0.9231	0.6410
P_{20}	1.0000	0.9996	0.6760	0.9849	0.0000	0.9718	0.9999	0.5991	0.8195	0.9565	0.9729	0.2739	0.9994
R_1	0.4783	0.9715	0.5893	0.9100	0.6639	0.6288	1.0000	0.0000	0.9627	0.3831	0.7767	0.3387	0.9070
R_2	0.9689	0.7144	1.0000	0.6212	0.4091	1.0000	1.0000	0.6212	1.0000	1.0000	0.0000	0.9432	1.0000
R_3	0.3143	0.6385	0.2648	0.6983	0.5932	0.2209	0.3629	0.3660	0.4671	0.0000	0.1474	1.0000	0.1368
R_4	0.3014	0.0154	0.0197	0.1057	0.0956	0.1405	0.0000	0.8156	0.3359	0.0193	0.0503	1.0000	0.0158
R_5	0.9231	0.5077	0.0000	0.9846	0.8769	0.9385	0.2000	0.6000	0.9385	0.8923	1.0000	0.8923	0.9692
R_6	0.1000	0.2500	0.3500	0.7000	0.2500	0.4500	0.1000	0.4000	0.2000	0.8500	0.5500	1.0000	0.0000

续表

	北京	天津	沈阳	上海	南京	杭州	济南	郑州	武汉	长沙	广州	重庆	成都
R_7	0.5333	0.3714	0.4571	0.9619	0.4571	0.7048	0.0000	0.1333	0.5524	0.8381	1.0000	0.7048	0.4667
R_8	0.0000	0.1579	0.8421	1.0000	0.8421	1.0000	0.4211	0.0526	0.7368	0.7368	0.8947	0.7368	0.6316
R_9	0.0000	0.5119	0.4167	0.6071	0.2024	0.3690	0.1190	1.0000	0.5238	0.9881	0.4167	0.6429	0.6310
R_{10}	0.0513	0.1282	0.3590	0.9231	0.3590	0.5897	0.0256	0.0000	0.1538	0.3590	1.0000	0.5897	0.2821
R_{11}	0.3486	0.3886	0.4743	0.9771	0.4629	0.6229	0.0000	0.1600	0.4000	0.6686	1.0000	0.7943	0.6229
D_1	0.0000	0.4700	0.8500	0.7800	0.8100	0.2800	0.8100	0.8600	0.7700	0.6300	0.1200	0.3200	0.5500
D_2	0.2100	0.3300	0.2400	0.3800	0.2900	0.2600	0.0000	0.2600	0.5000	0.1400	0.3600	0.4500	0.0700
D_3	0.0000	0.4500	0.1200	0.8600	0.0500	0.5800	0.3500	0.7400	0.3900	0.2400	0.8000	0.4600	0.0200
D_4	0.9396	0.5883	0.4005	0.4813	0.5312	0.7905	0.6356	0.4833	0.6980	0.9015	0.9934	0.0000	1.0000
D_5	0.6400	0.2900	0.2800	0.6500	0.0600	0.4700	0.0000	0.6500	0.2200	0.3500	0.3200	0.6600	0.4200
D_6	1.0000	0.1919	0.2710	0.5928	0.1848	0.0526	0.3486	0.0000	0.2900	0.5297	0.5840	0.2457	0.3477
D_7	1.0000	0.1356	0.1253	0.5472	0.3060	0.3891	0.6021	0.2800	0.2660	0.2639	0.6931	0.0000	0.2742
D_8	0.6929	0.4661	0.4026	0.5392	0.6702	0.2520	0.0000	0.4699	0.5921	0.4261	0.5417	0.8890	1.0000
D_9	0.3359	0.4816	0.2951	1.0000	0.4583	0.4951	0.2796	0.0971	0.3262	0.5204	0.0000	0.0350	0.2097
D_{10}	0.8276	0.8276	0.0000	0.2638	0.3397	0.3569	0.1931	0.8948	0.4000	1.0000	0.5431	0.3276	0.3328
D_{11}	0.6607	0.6976	0.3749	0.6747	0.4653	0.6140	0.3699	0.0702	0.5774	0.6367	1.0000	0.0000	0.4003
D_{12}	0.1287	0.2080	0.2139	0.0071	1.0000	0.0000	0.0423	0.6910	0.3049	0.2832	0.3942	0.1751	0.3649

附表 3　相关系数表(一)

	S_1	S_2	S_3	S_4	S_5		D_8	D_9	D_{10}	D_{11}	D_{12}
S_1	1.000	.873	.363	.157	.222	……	-.154	-.149	.276	.252	.111
S_2	.873	1.000	.501	.187	.116	……	-.215	-.082	-.025	.392	.038
S_3	.363	.501	1.000	-.380	.293	……	-.262	.191	-.122	.465	.102
S_4	.157	.187	-.380	1.000	.003	……	.168	-.301	.199	.046	-.127
S_5	.222	.116	.293	.003	1.000	……	-.458	-.333	.230	-.068	.365
S_6	-.250	-.280	.422	-.093	.413	……	-.030	.086	.184	.199	-.145
S_7	.395	.561	.851	-.174	.284	……	-.088	-.029	-.125	.564	.372
S_8	.320	.479	.508	.344	.435	……	-.421	-.332	-.266	.008	-.105
S_9	.130	.143	.481	-.246	.196	……	-.522	.037	-.077	-.219	-.252
S_{10}	.060	-.089	-.140	-.407	-.067	……	-.079	-.090	.244	-.243	.321
P_1	.376	.480	.509	-.152	-.340	……	-.130	.375	-.310	.058	-.225
P_2	.362	.420	.764	-.372	.274	……	-.533	.185	.026	.362	-.244
P_3	.423	.481	.230	.157	-.243	……	-.311	-.048	-.107	-.183	-.100
P_4	.144	.188	.172	-.120	-.432	……	-.273	.020	-.027	-.031	-.135
P_5	.439	.475	.505	-.306	.151	……	-.624	.054	-.110	-.049	-.223
P_6	.225	.343	.614	-.460	-.035	……	-.453	.286	-.237	-.056	-.243
P_7	.076	.047	-.353	.207	-.471	……	.346	-.184	.259	.120	-.577
P_8	.125	.110	.482	-.586	-.263	……	-.188	.466	-.197	-.052	-.038
P_9	.053	.091	.088	-.095	-.159	……	-.337	-.166	-.235	-.516	-.138
P_{10}	-.044	-.074	.272	-.492	-.363	……	-.214	.270	-.104	-.266	-.137
P_{11}	-.034	.024	.060	-.317	-.305	……	-.122	.115	-.438	-.434	-.180
P_{12}	-.039	-.180	.206	-.296	.246	……	-.168	-.007	-.062	-.392	-.419
P_{13}	-.217	-.256	.452	-.551	-.020	……	-.101	.579	.061	.201	-.450
P_{14}	-.571	-.756	-.117	-.113	.136	……	.161	-.051	.378	-.074	-.178
P_{15}	.013	-.051	.216	-.421	-.069	……	-.298	.036	-.186	-.488	.049
P_{16}	-.113	.161	.144	.046	-.021	……	.138	.389	-.389	.571	-.549

续表

	S_1	S_2	S_3	S_4	S_5		D_8	D_9	D_{10}	D_{11}	D_{12}
P_{17}	-.499	-.155	-.228	-.026	-.551	……	-.045	.125	-.332	.116	-.449
P_{18}	-.295	.003	.189	.020	-.059	……	-.101	.406	-.176	.248	-.533
P_{19}	.285	.468	.189	.158	-.396	……	.449	.312	-.440	.354	-.141
P_{20}	-.007	.030	.116	-.071	.271	……	-.326	-.227	-.211	-.559	.682
R_1	-.064	.057	.141	-.335	-.329	……	.129	.339	-.441	.515	-.317
R_2	-.478	-.497	-.737	.246	-.095	……	.075	.117	-.125	-.409	-.499
R_3	-.016	-.057	.249	-.461	-.127	……	-.265	.124	-.235	-.403	-.007
R_4	.197	.026	-.077	-.040	.218	……	-.346	-.440	.169	-.699	.145
R_5	-.735	-.686	-.420	-.062	-.372	……	.560	-.131	-.301	-.319	-.111
R_6	-.482	-.560	-.237	-.164	.079	……	.068	-.095	-.117	.111	.152
R_7	-.536	-.793	-.599	-.118	-.051	……	.305	-.284	-.031	-.543	.214
R_8	-.312	-.669	-.309	-.107	.223	……	.013	-.276	.599	-.228	.085
R_9	-.275	-.199	.293	.006	.228	……	.174	.021	-.392	.290	-.158
R_{10}	-.534	-.805	-.706	-.008	.132	……	.144	-.204	.299	-.405	.171
R_{11}	.526	.792	.628	.033	-.024	……	-.422	.198	-.119	.396	-.152
D_1	.355	.353	.326	.480	.305	……	-.276	-.272	.304	.400	-.311
D_2	-.252	-.400	-.385	.270	.169	……	.321	-.039	.020	-.080	-.061
D_3	-.511	-.451	-.331	.210	.458	……	-.279	-.108	-.078	-.148	.187
D_4	.218	.181	.024	.270	.244	……	.051	.022	.349	.689	-.029
D_5	-.146	-.088	-.196	.005	-.108	……	.426	-.039	-.295	.211	.257
D_6	.076	.110	.509	-.157	.579	……	-.184	.172	.204	.510	-.323
D_7	.153	.056	.488	-.082	.470	……	.181	.109	.163	.531	-.207
D_8	-.154	-.215	-.262	.168	-.458	……	1.000	.215	-.056	.170	-.310
D_9	-.149	-.082	.191	-.301	-.333	……	.215	1.000	-.056	.349	-.282
D_{10}	.276	-.025	-.122	.199	.230	……	-.056	-.056	1.000	.186	.187
D_{11}	.252	.392	.465	.046	-.068	……	.170	.349	.186	1.000	-.196
D_{12}	.111	.038	.102	-.127	.365	……	-.310	-.282	.187	-.196	1.000

附表 4　相关系数表(二)

1.000	-.131	-.006	.354	-.388	.488	.452	-.276	-.272	.304	.400	-.311
-.131	1.000	.449	.428	.295	.107	.251	.321	-.039	.020	-.080	-.061
-.006	.449	1.000	.187	.333	.198	-.035	-.279	-.108	-.078	-.148	.187
.354	.428	.187	1.000	.172	.443	.580	.051	.022	.349	.689	-.029
-.388	.295	.333	.172	1.000	-.213	-.085	.426	-.039	-.295	.211	.257
.488	.107	.198	.443	-.213	1.000	.745	-.184	.172	.204	.510	-.323
.452	.251	-.035	.580	-.085	.745	1.000	.181	.109	.163	.531	-.207
-.276	.321	-.279	.051	.426	-.184	.181	1.000	.215	-.056	.170	-.310
-.272	-.039	-.108	.022	-.039	.172	.109	.215	1.000	-.056	.349	-.282

附表 5　相关系数表(三)

.499	.765	.578	.629	.745	……	.585	-.064	.047	.271	.417	.174
1.000	.256	.233	.745	.728	……	.206	.182	-.030	.381	-.025	-.234
.256	1.000	.830	.700	.652	……	.683	-.235	.071	.018	.001	.390
.233	.830	1.000	.630	.604	……	.699	-.169	.305	-.039	-.244	.206
.745	.700	.630	1.000	.899	……	.632	.056	.031	.173	-.216	.138
.728	.652	.604	.899	1.000	……	.684	.043	.133	.329	-.076	.182
-.062	-.004	.127	-.060	-.090	……	-.285	.069	.400	.067	.015	-.665
.437	.599	.678	.638	.774	……	.824	-.166	-.014	.067	-.006	.299
.159	.840	.791	.691	.691	……	.861	-.278	.179	.022	-.342	.489
.336	.668	.812	.639	.779	……	.883	-.304	.154	.058	-.264	.280
.050	.708	.717	.586	.644	……	.897	-.111	.241	.077	-.136	.467
.416	.330	.302	.611	.612	……	.663	-.080	-.129	.172	-.476	.088
.656	.026	.225	.436	.602	……	.354	.180	.089	.454	-.231	-.306
-.018	-.357	-.072	-.239	-.166	……	.066	-.175	-.005	.115	-.620	-.211
.206	.683	.699	.632	.684	……	1.000	-.404	-.022	-.025	-.349	.581
.182	-.235	-.169	.056	.043	……	-.404	1.000	.394	.454	.282	-.482
-.030	.071	.305	.031	.133	……	-.022	.394	1.000	.604	.011	-.260
.381	.018	-.039	.173	.329	……	-.025	.454	.604	1.000	.121	-.252
-.025	.001	-.244	-.216	-.076	……	-.349	.282	.011	.121	1.000	-.195

附表 6　相关系数表(四)

1.000	-.020	.034	-.672	.028	.433	-.040	-.272	.447	-.136	.076
-.020	1.000	-.058	.070	.254	.139	.315	.148	-.017	.516	-.389
.034	-.058	1.000	.533	-.033	-.294	.032	.012	.071	-.099	.080
-.672	.070	.533	1.000	-.162	-.401	.103	.268	-.343	.110	-.057
.028	.254	-.033	-.162	1.000	.261	.651	.255	.149	.436	-.594
.433	.139	-.294	-.401	.261	1.000	.626	.424	.531	.603	-.627
-.040	.315	.032	.103	.651	.626	1.000	.640	.174	.852	-.941
-.272	.148	.012	.268	.255	.424	.640	1.000	.047	.769	-.681
.447	-.017	.071	-.343	.149	.531	.174	.047	1.000	.082	-.233
-.136	.516	-.099	.110	.436	.603	.852	.769	.082	1.000	-.924
.076	-.389	.080	-.057	-.594	-.627	-.941	-.681	-.233	-.924	1.000

附表 7　小均方差表

指标	最小方差	指标	最小方差
年平均气温(℃)	2.9335	交通噪声平均声级(dB(A))	2.6311
工业废水排放量(万吨)	12291.7164	工业噪声平均声级(dB(A))	1.4057
城镇生活污水排放量(万吨)	46205.0965	施工噪声平均声级(dB(A))	2.6183
工业氨氮排放量(吨)	1095.2728	生活噪声平均声级(dB(A))	1.0936
污水处理厂集中处理率(%)	8.9449	其他噪声平均声级(dB(A))	2.2626
生活二氧化硫排放量(吨)	16773.7314	绿地面积(公顷)	43575.7179
生活氮氧化物排放量(吨)	5872.5625	建成区绿化覆盖率(%)	6.6853

续表

指标	最小方差	指标	最小方差
生活烟(粉)尘排放量(吨)	9923. 1657	市区总人口(万人)	471. 2244
一般工业固体废物综合利用量(万吨)	700. 5854	人口密度(人/平方公里)	1259. 3907
一般工业固体废物处置量(万吨)	130. 5421	市辖区人均 GDP(元)	40742. 9767
一般工业固体废物储存量(万吨)	32. 1488	市辖区人均 GDP 增长率(%)	4. 8108
一般工业固体废物综合利用率(%)	6. 8869	每万人拥有公共汽车量(辆)	4. 3273
生活垃圾无害化处理率(%)	4. 0898	人均城市道路面积(平方米)	4. 9375
二氧化硫年平均浓度(微克/立方米)	21. 1406	第三产业占 GDP 比重(%)	8. 9368
二氧化氮年平均浓度(微克/立方米)	6. 0690	人均公园面积(平方米/人)	2. 7386
一氧化碳日均值第 95 百分位浓度(微克/立方米)	0. 6635	森林覆盖率(%)	11. 9903
臭氧最大 8 小时第 90 百分位浓度(微克/立方米)	24. 8751	城市绿化覆盖率(%)	3. 4175
道路总长度(米)	284765. 8560	万元地区生产总值能耗(吨标准煤)	0. 2040
路段平均宽度(米)	5. 9775	万元地区生产总值能耗下降率(%)	1. 3427
平均车流量(辆/小时)	1090. 8681	万元工业增加值能耗降低率(%)	1. 7825
等效声级(dB(A))	2. 1150		

附表 8　极大极小离差法计算表

指标	极小离差	指标	极小离差
X_1年平均气温(℃)	0.1803	X_{34}交通噪声平均声级(dB(A))	0.0461
X_3工业废水排放量(万吨)	0.6441	X_{35}工业噪声平均声级(dB(A))	0.0254
X_4城镇生活污水排放量(万吨)	0.5404	X_{36}施工噪声平均声级(dB(A))	0.0464
X_6工业氨氮排放量(吨)	0.8063	X_{37}生活噪声平均声级(dB(A))	0.0246
X_9污水处理厂集中处理率(%)	0.0973	X_{38}其他噪声平均声级(dB(A))	0.0405
X_{14}生活二氧化硫排放量(吨)	1.0597	X_{39}绿地面积(公顷)	0.9050
X_{15}生活氮氧化物排放量(吨)	1.2756	X_{40}建成区绿化覆盖率(%)	0.1616
X_{16}生活烟(粉)尘排放量(吨)	1.1758	X_{41}市区总人口(万人)	0.6065
X_{18}一般工业固体废物综合利用量	0.6277	X_{43}人口密度(人/平方千米)	0.6690
X_{19}一般工业固体废物处置量(万吨)	1.3769	X_{44}市辖区人均 GDP(元)	0.3125
X_{20}一般工业固体废物储存量(万吨)	1.5263	X_{45}市辖区人均 GDP 增长率(%)	0.4056
X_{21}一般工业固体废物综合利用率(%)	0.0750	X_{46}每万人拥有公共汽车量(辆)	0.3017
X_{22}生活垃圾无害化处理率(%)	0.0421	X_{47}人均城市道路面积(平方米)	0.3634
X_{23}二氧化硫年平均浓度(微克/立方米)	0.6332	X_{49}第三产业占 GDP 比重(%)	0.1577

续表

指标	极小离差	指标	极小离差
X_{24}二氧化氮年平均浓度（微克/立方米）	0.1190	X_{50}人均公园面积（平方米/人）	0.2089
X_{26}一氧化碳日均值第95百分位浓度（微克/立方米）	0.3280	X_{51}森林覆盖率（%）	0.3089
X_{27}臭氧最大8小时第90百分位浓度（微克/立方米）	0.1570	X_{52}城市绿化覆盖率（%）	0.0844
X_{30}道路总长度（米）	0.6712	X_{53}万元地区生产总值能耗（吨标准煤）	0.4197
X_{31}路段平均宽度（米）	0.1948	X_{54}万元地区生产总值能耗下降率（%）	0.2507
X_{32}平均车流量（辆/小时）	0.4852	X_{55}万元工业增加值能耗降低率（%）	0.2000
X_{33}等效声级（dB（A））	0.0310		

附表9　城市生活环境载荷系数表

载荷系数	t_1	t_2	t_3	t_4	t_5	t_6	t_7	t_8	t_9	t_{10}
S_1	−0.33	0.08	0.38	−0.7	0.23	−0.07	0.19	0.06	0.32	−0.07
S_3	0.61	−0.49	−0.09	0.32	0.23	−0.32	−0.07	0.05	0.13	−0.08
S_4	−0.26	0	0	0.26	−0.16	0.81	−0.24	0.06	0.19	0.22
S_5	0.19	−0.03	0.6	0.58	0.28	0.12	0.23	0.12	−0.16	−0.02
S_6	0.4	−0.37	0.69	−0.08	0.1	−0.09	−0.13	0.14	0.37	0.08
S_8	0.58	−0.25	0.07	0.29	0.28	0.57	−0.11	0.13	0.05	−0.22
S_9	−0.94	0.03	−0.15	0.21	−0.07	−0.11	0	0.04	0.14	0

续表

载荷系数	t_1	t_2	t_3	t_4	t_5	t_6	t_7	t_8	t_9	t_{10}
S_{10}	0.09	-0.41	0.06	-0.19	0.46	0.53	-0.37	-0.17	-0.07	0.34
P_1	-0.72	0.17	0.55	0.1	-0.04	0.06	0.12	-0.15	-0.03	-0.07
P_2	-0.71	0.53	-0.05	-0.16	0.15	0.16	-0.24	0.08	0.14	0.2
P_4	-0.58	-0.14	0.32	0.32	-0.01	-0.04	0.28	0.58	-0.01	-0.11
P_7	0.18	0.02	0.14	0.26	0.81	-0.19	0.22	0.15	0.08	0.24
P_{12}	-0.67	-0.04	-0.42	0.38	0	-0.04	0.17	-0.18	0.39	0.04
P_{13}	-0.51	0.44	-0.31	0.43	0.15	0.42	-0.1	-0.06	0.1	-0.14
P_{14}	0	0.01	-0.85	0.36	0.18	0.19	0.21	0.04	-0.19	-0.04
P_{16}	0.25	0.78	0.14	0.25	-0.19	-0.25	-0.18	0.04	0.19	-0.04
P_{17}	0.08	0.15	0.27	0.67	0.12	-0.25	-0.31	0.31	-0.35	0.22
P_{18}	-0.29	0.48	-0.02	0.4	0.15	-0.26	-0.44	-0.24	-0.41	-0.02
P_{20}	0.22	0.38	0.7	-0.17	-0.01	0.04	0.11	-0.46	-0.11	0.11
P_{22}	-0.32	-0.62	0.07	-0.16	-0.64	-0.03	-0.01	-0.08	-0.19	-0.14
R_1	-0.23	-0.6	-0.29	-0.28	0.29	-0.24	-0.05	-0.39	-0.3	-0.15
R_2	-0.27	0.11	0.24	-0.58	-0.09	0.47	0.32	0.16	-0.26	0.12
R_3	0.73	0.29	-0.08	-0.4	0.31	-0.19	-0.17	-0.13	-0.12	0.09
R_4	0.61	0.66	0.17	0.04	-0.17	0.14	-0.02	0.15	0.01	-0.16
R_5	0.49	-0.27	-0.16	0.6	-0.13	0.07	0.34	-0.12	-0.14	0.19
R_6	0.54	0.18	-0.43	0.05	-0.29	0.29	-0.09	0.19	-0.03	0.31
R_8	0.08	-0.28	-0.82	0.08	0.29	0.26	0.16	0.21	0.02	0
R_9	0.03	0.55	-0.37	0.11	-0.6	-0.03	0.33	-0.04	-0.1	0.12
D_1	-0.4	0.47	-0.31	-0.3	0.22	-0.48	0.23	0.25	-0.1	0.05
D_2	0.67	0.08	-0.37	-0.07	-0.01	-0.1	0.06	-0.26	0.42	-0.04
D_3	0.37	-0.01	-0.52	0.06	-0.52	-0.35	-0.37	0.17	0.05	-0.17
D_4	-0.49	-0.59	0.17	0.5	-0.26	0.01	0.17	-0.16	-0.03	-0.02
D_5	0.67	0.07	0.19	-0.01	-0.55	0.11	0.28	0.23	0.07	-0.05

续表

载荷系数	t_1	t_2	t_3	t_4	t_5	t_6	t_7	t_8	t_9	t_{10}
D_7	0.04	−0.66	0.48	0.31	−0.07	−0.22	−0.15	0.29	−0.02	−0.11
D_8	0.52	0.13	0.13	0.26	0.18	0.15	0.6	−0.4	−0.1	−0.14
D_9	0.04	−0.43	−0.25	−0.35	−0.02	−0.38	0.26	0.22	−0.04	0.6
D_{10}	0.01	0.15	0.4	0.39	−0.61	−0.12	−0.03	−0.27	0.09	0.45
D_{11}	−0.13	−0.83	−0.15	0.24	−0.15	−0.15	−0.07	−0.29	0.22	0.14
D_{12}	−0.09	0.52	0.02	0.59	0.4	−0.32	0.14	−0.14	0.24	0.08

附表 10 特征向量正交标准化后的绝对值数据

城市 类型	北京	天津	沈阳	上海	南京	杭州	济南	郑州	武汉	长沙	广州	重庆	成都
u_{1j}	1.09	1.43	1.12	3.76	0.32	1.14	1.73	2.49	0.22	1	2.03	1.21	0.19
u_{2j}	3.41	1.74	1.5	1.61	0.73	2.87	1	1.26	0.81	2.36	0.86	2.48	0.37
u_{3j}	4.19	0.7	0.05	0.44	3.46	1.05	0.04	2.55	0.29	1.85	3.35	4.49	1.39
u_{4j}	2.36	1.56	3.11	1.42	7.75	4.99	1.86	5.57	2.16	1.27	3.8	2.71	1.26

附表 11 2006—2015 年 30 个省市基于加权乘积法的资源利用指数

地区	2006	2007	2008	2009	2010	2011	2012	2013	2014	2015
北京	0.413	0.386	0.386	0.381	0.391	0.396	0.402	0.428	0.394	0.433
天津	0.376	0.376	0.007	0.006	0.006	0.006	0.396	0.419	0.398	0.380
河北	0.278	0.358	0.364	0.375	0.357	0.361	0.394	0.401	0.390	0.405
山西	0.276	0.307	0.318	0.319	0.252	0.275	0.380	0.374	0.367	0.329
内蒙古	0.371	0.395	0.400	0.409	0.345	0.336	0.396	0.433	0.408	0.417
辽宁	0.330	0.361	0.361	0.368	0.351	0.374	0.413	0.420	0.394	0.366
吉林	0.380	0.408	0.426	0.408	0.408	0.396	0.473	0.481	0.459	0.481
黑龙江	0.419	0.450	0.453	0.430	0.424	0.424	0.448	0.474	0.447	0.467

续表

地区	2006	2007	2008	2009	2010	2011	2012	2013	2014	2015
上海	0.339	0.332	0.333	0.290	0.320	0.363	0.375	0.334	0.396	0.348
江苏	0.357	0.361	0.367	0.378	0.347	0.347	0.377	0.352	0.029	0.377
浙江	0.370	0.383	0.368	0.394	0.369	0.406	0.429	0.412	0.434	0.450
安徽	0.256	0.369	0.307	0.369	0.405	0.414	0.432	0.421	0.467	0.415
福建	0.016	0.016	0.293	0.355	0.371	0.380	0.441	0.441	0.419	0.452
江西	0.273	0.253	0.347	0.326	0.346	0.335	0.418	0.351	0.415	0.426
山东	0.361	0.381	0.387	0.385	0.364	0.355	0.022	0.445	0.359	0.361
河南	0.360	0.440	0.399	0.424	0.420	0.420	0.457	0.478	0.503	0.438
湖北	0.350	0.382	0.371	0.382	0.353	0.387	0.404	0.499	0.411	0.459
湖南	0.331	0.372	0.375	0.367	0.362	0.378	0.419	0.434	0.419	0.418
广东	0.366	0.329	0.355	0.006	0.367	0.414	0.416	0.430	0.358	0.352
广西	0.319	0.343	0.287	0.326	0.316	0.330	0.346	0.370	0.379	0.397
海南	0.423	0.445	0.445	0.482	0.419	0.373	0.455	0.485	0.434	0.034
重庆	0.435	0.429	0.445	0.453	0.475	0.451	0.532	0.534	0.497	0.523
四川	0.509	0.483	0.447	0.471	0.494	0.501	0.485	0.504	0.488	0.011
贵州	0.303	0.327	0.296	0.338	0.320	0.347	0.344	0.381	0.375	0.389
云南	0.358	0.338	0.356	0.365	0.343	0.373	0.362	0.412	0.358	0.381
陕西	0.404	0.452	0.438	0.454	0.444	0.451	0.449	0.459	0.444	0.433
甘肃	0.130	0.403	0.399	0.371	0.372	0.405	0.446	0.439	0.432	0.458
青海	0.308	0.301	0.317	0.415	0.315	0.008	0.389	0.360	0.426	0.371
宁夏	0.021	0.288	0.261	0.283	0.007	0.007	0.364	0.329	0.348	0.331
新疆	0.038	0.354	0.313	0.324	0.025	0.310	0.200	0.256	0.312	0.340

附表 12　2006—2015 年 30 个省市基于加权重置理想法的资源利用指数

地区	2006	2007	2008	2009	2010	2011	2012	2013	2014	2015
北京	0.029	0.030	0.028	0.028	0.030	0.031	0.031	0.036	0.034	0.039
天津	0.028	0.028	0.031	0.024	0.028	0.025	0.028	0.031	0.028	0.027
河北	0.022	0.027	0.024	0.024	0.022	0.023	0.027	0.027	0.025	0.025

续表

地区	2006	2007	2008	2009	2010	2011	2012	2013	2014	2015
山西	0.023	0.028	0.027	0.022	0.021	0.020	0.025	0.023	0.022	0.021
内蒙古	0.025	0.025	0.027	0.025	0.020	0.020	0.025	0.031	0.024	0.026
辽宁	0.021	0.026	0.024	0.024	0.023	0.023	0.025	0.029	0.023	0.022
吉林	0.024	0.029	0.026	0.023	0.022	0.021	0.028	0.030	0.025	0.028
黑龙江	0.023	0.025	0.026	0.024	0.024	0.025	0.026	0.031	0.028	0.030
上海	0.024	0.025	0.025	0.019	0.023	0.027	0.028	0.024	0.035	0.026
江苏	0.021	0.022	0.022	0.022	0.019	0.019	0.022	0.022	0.022	0.024
浙江	0.024	0.025	0.022	0.026	0.021	0.024	0.027	0.024	0.026	0.027
安徽	0.021	0.024	0.015	0.021	0.023	0.022	0.023	0.022	0.027	0.023
福建	0.022	0.023	0.023	0.022	0.020	0.020	0.028	0.027	0.023	0.028
江西	0.021	0.020	0.024	0.020	0.022	0.020	0.027	0.019	0.023	0.024
山东	0.023	0.027	0.026	0.025	0.024	0.025	0.025	0.035	0.023	0.024
河南	0.021	0.030	0.024	0.024	0.025	0.023	0.028	0.028	0.032	0.025
湖北	0.022	0.026	0.020	0.021	0.019	0.021	0.022	0.037	0.022	0.028
湖南	0.020	0.026	0.023	0.022	0.021	0.022	0.027	0.029	0.024	0.023
广东	0.024	0.021	0.019	0.017	0.021	0.030	0.027	0.027	0.020	0.021
广西	0.021	0.025	0.019	0.024	0.021	0.021	0.021	0.023	0.023	0.025
海南	0.030	0.030	0.029	0.035	0.028	0.030	0.032	0.034	0.031	0.029
重庆	0.024	0.023	0.024	0.025	0.027	0.025	0.033	0.037	0.028	0.030
四川	0.028	0.025	0.022	0.025	0.027	0.028	0.026	0.029	0.026	0.025
贵州	0.022	0.029	0.021	0.025	0.023	0.026	0.025	0.028	0.025	0.025
云南	0.023	0.021	0.022	0.024	0.024	0.026	0.025	0.031	0.025	0.028
陕西	0.022	0.026	0.024	0.026	0.024	0.024	0.024	0.025	0.023	0.024
甘肃	0.022	0.024	0.025	0.021	0.020	0.022	0.025	0.024	0.022	0.025
青海	0.024	0.025	0.026	0.038	0.022	0.022	0.031	0.024	0.033	0.029
宁夏	0.018	0.027	0.018	0.019	0.019	0.016	0.025	0.020	0.021	0.020
新疆	0.016	0.019	0.014	0.015	0.015	0.016	0.012	0.014	0.016	0.018

附表 13　2006—2015 年 30 个省市基于 TOPSIS 法的资源利用指数

地区	2006	2007	2008	2009	2010	2011	2012	2013	2014	2015
北京	0. 528	0. 528	0. 524	0. 521	0. 536	0. 540	0. 542	0. 576	0. 547	0. 587
天津	0. 503	0. 501	0. 519	0. 469	0. 494	0. 477	0. 506	0. 531	0. 506	0. 494
河北	0. 467	0. 506	0. 487	0. 487	0. 469	0. 477	0. 515	0. 515	0. 497	0. 497
山西	0. 455	0. 499	0. 499	0. 455	0. 433	0. 428	0. 484	0. 473	0. 461	0. 441
内蒙古	0. 495	0. 494	0. 509	0. 498	0. 441	0. 440	0. 496	0. 541	0. 491	0. 507
辽宁	0. 451	0. 491	0. 479	0. 480	0. 469	0. 472	0. 495	0. 516	0. 476	0. 465
吉林	0. 484	0. 520	0. 504	0. 472	0. 466	0. 459	0. 529	0. 537	0. 505	0. 529
黑龙江	0. 486	0. 506	0. 513	0. 490	0. 495	0. 493	0. 512	0. 548	0. 517	0. 534
上海	0. 476	0. 482	0. 483	0. 425	0. 464	0. 504	0. 518	0. 476	0. 568	0. 499
江苏	0. 455	0. 464	0. 463	0. 468	0. 436	0. 438	0. 467	0. 467	0. 467	0. 491
浙江	0. 474	0. 485	0. 462	0. 493	0. 454	0. 481	0. 504	0. 480	0. 498	0. 512
安徽	0. 438	0. 483	0. 379	0. 458	0. 483	0. 476	0. 487	0. 473	0. 522	0. 474
福建	0. 452	0. 459	0. 461	0. 458	0. 444	0. 447	0. 516	0. 507	0. 478	0. 518
江西	0. 451	0. 428	0. 479	0. 444	0. 460	0. 438	0. 509	0. 430	0. 477	0. 486
山东	0. 475	0. 509	0. 505	0. 499	0. 491	0. 495	0. 500	0. 575	0. 479	0. 494
河南	0. 455	0. 532	0. 481	0. 495	0. 498	0. 488	0. 525	0. 536	0. 560	0. 498
湖北	0. 462	0. 497	0. 451	0. 460	0. 434	0. 457	0. 474	0. 576	0. 469	0. 522
湖南	0. 448	0. 498	0. 474	0. 463	0. 458	0. 464	0. 507	0. 524	0. 488	0. 481
广东	0. 483	0. 437	0. 436	0. 408	0. 451	0. 516	0. 510	0. 517	0. 443	0. 448
广西	0. 453	0. 492	0. 430	0. 481	0. 450	0. 452	0. 458	0. 480	0. 480	0. 492
海南	0. 514	0. 529	0. 524	0. 560	0. 512	0. 498	0. 542	0. 568	0. 529	0. 503
重庆	0. 482	0. 475	0. 490	0. 495	0. 516	0. 494	0. 568	0. 580	0. 527	0. 549
四川	0. 545	0. 520	0. 484	0. 509	0. 536	0. 542	0. 527	0. 552	0. 525	0. 483
贵州	0. 458	0. 507	0. 444	0. 487	0. 467	0. 493	0. 486	0. 510	0. 487	0. 490
云南	0. 475	0. 455	0. 462	0. 485	0. 483	0. 499	0. 489	0. 546	0. 488	0. 512

续表

地区	2006	2007	2008	2009	2010	2011	2012	2013	2014	2015
陕西	0.465	0.505	0.493	0.499	0.492	0.486	0.487	0.499	0.485	0.481
甘肃	0.466	0.487	0.491	0.456	0.446	0.466	0.502	0.489	0.480	0.505
青海	0.473	0.475	0.483	0.573	0.456	0.436	0.521	0.479	0.548	0.507
宁夏	0.404	0.484	0.412	0.422	0.409	0.373	0.481	0.434	0.447	0.435
新疆	0.407	0.442	0.388	0.401	0.386	0.398	0.347	0.377	0.412	0.436

附表 14　城市生活环境指标筛选后的指标再处理数据表

	S_1 年平均气温(℃)	S_5城市绿化覆盖率(%)	S_{10}人口密度(人/平方千米)	P_7 污水处理厂集中处理率(%)	P_{16}等效声级(dB(A))	R_{11}空气质量达到及好于二级的天数(天)	D_5 人均城市道路面积(平方米)	D_{11}市辖区人均 GDP(元)
北京	4309.5	47.4	2.65	86.1	69.1	168	7.93	154323
天津	4166.5	34.53	2.59	100	67.5	175	15.78	159939
沈阳	5472	37.75	1.28	95	69.9	190	15.92	110867
上海	3203.5	38	7.62	89.8	69.8	278	7.7	156446
南京	3361.5	44	2.5	65.4	67.2	188	20.8	124600
杭州	3109.5	35.98	1.09	93.87	68.6	216	11.7	147225
济南	3733.5	40.2	1.73	95.33	69.7	107	22.11	110101
郑州	3664.5	40.5	2.52	95.89	62.2	135	7.83	64521
武汉	3175	40	2.47	93	69.2	177	17.25	141651
长沙	3064.5	42.21	1.26	99.8	69.8	224	14.44	150667
广州	1799.5	42.03	3.63	98.72	68.9	282	14.99	205918
重庆	2523.5	42.1	3.05	92.25	66.6	246	7.47	53849
成都	2701	42	2.15	90.22	69.2	216	12.73	114718

附表 15　主成分评价特征值与累计贡献率

成分	初始特征值			提取平方和载入		
	合计	方差的百分比	累积百分比	合计	方差的百分比	累积百分比
1	2. 245	28. 065	28. 065	2. 245	28. 065	28. 065
2	1. 836	22. 945	51. 01	1. 836	22. 945	51. 01
3	1. 541	19. 264	70. 274	1. 541	19. 264	70. 274
4	0. 818	10. 223	80. 497	0. 818	10. 223	80. 497
5	0. 604	7. 549	88. 045			
6	0. 539	6. 738	94. 784			
7	0. 306	3. 824	98. 608			
8	0. 111	1. 392	100			

附表 16　主成分评价因子载荷矩阵

指标	成分			
	1	2	3	4
P_{16}等效声级(dB(A))	0. 849	−0. 233	0. 107	−0. 189
D_{11}市辖区人均 GDP(元)	0. 796	0. 154	0. 129	0. 278
S_{10}人口密度(人/平方公里)	−0. 66	0. 358	0. 198	0. 344
S_1年平均气温(℃)	0. 234	0. 716	−0. 279	0. 473
R_{11}空气质量达到及好于二级的天数(天)	0. 534	0. 711	−0. 091	−0. 244
D_5人均城市道路面积(平方米)	0. 34	−0. 71	0. 037	0. 548
S_5城市绿化覆盖率(%)	−0. 027	0. 043	−0. 862	0. 032
P_7污水处理厂集中处理率(%)	0. 019	0. 326	0. 802	0. 041

附表 17　主成分评价标准化正交特征向量矩阵

指标	成分			
	1	2	3	4
P_{16}等效声级(dB(A))	0. 56663	-0. 17196	0. 086195	-0. 20897
D_{11}市辖区人均 GDP(元)	0. 531257	0. 113654	0. 103917	0. 307375
S_{10}人口密度(人/平方千米)	-0. 44049	0. 264208	0. 159501	0. 380349
S_1年平均气温(℃)	0. 156174	0. 528417	-0. 22475	0. 522979
R_{11}空气质量达到及好于二级的天数(天)	0. 356396	0. 524727	-0. 07331	-0. 26978
D_5人均城市道路面积(平方米)	0. 226919	-0. 52399	0. 029806	0. 605904
S_5城市绿化覆盖率(%)	-0. 01802	0. 031735	-0. 69439	0. 035381
P_7污水处理厂集中处理率(%)	0. 012681	0. 240592	0. 64606	0. 045332

附表 18　主成分评价得分表

城市	f_1	f_2	f_3	f_4
北京	1. 618806	0. 17262	0. 319732	-0. 83164
天津	-0. 11261	1. 278884	-1. 09738	0. 802196
沈阳	0. 924033	0. 258957	-0. 00034	-0. 28773
上海	-0. 1902	-0. 09104	1. 404371	-0. 7214
南京	-1. 00126	-0. 91611	0. 213056	2. 142042
杭州	-0. 7699	0. 798878	0. 144201	0. 04763
济南	-0. 15661	0. 132022	-0. 85764	1. 141128
郑州	0. 123101	-2. 23472	-3. 08538	-2. 41312
武汉	-0. 06951	-0. 48228	-0. 17044	0. 723997
长沙	0. 222037	0. 661598	0. 814193	0. 367371
广州	-0. 19448	1. 20787	1. 326795	1. 680994
重庆	-0. 62174	-0. 07919	0. 428699	-2. 11053
成都	0. 22834	-0. 70748	0. 560133	-0. 54096

附表 19　Borda 评价 Wilcoxon 检验结果

	假设检验汇总			
	原假设	测试	sig.	决策者
1	主成分得分与 topsis 得分之间差异的中位数等于 0	相关样本符号检验	0.022[1]	拒绝原假设。
2	topsis 得分与主成分得分之间差异的中位数等于 0	相关样本 Wilcoxon 符号秩检验	0.005	拒绝原假设。
显示渐进显著性，显著性水平是 0.05				

注：1. 对此检验显示准确显著性

附表 20　Borda 评价 Spearman 相关系数矩阵

		topsis 得分	主成分得分
topsis 得分	Pearson 相关性	1	-0.038
	显著性(双侧)		0.903
	N	13	13
主成分得分	Pearson 相关性	-0.038	1
	显著性(双侧)	0.903	
	N	13	13
在置信度(双侧)为 0.01 时，相关性是显著的			

附表 21　城市绿化覆盖率-环境竞争力基尼系数

城市	综合经济竞争力指数	S_5 城市绿化覆盖率(%)	比值	累积综合竞争力指数	累积城市绿化覆盖率	累积综合竞争力指数(%)	累积城市绿化覆盖率(%)	基尼系数	单个城市的基尼系数
济南	0.2000	40.2000	0.0050	0.2000	40.20	0.0459	0.0763	0.0333	0.0333
重庆	0.2100	42.1000	0.0050	0.4100	82.30	0.0942	0.1563	0.0682	0.0349
长沙	0.2280	42.2100	0.0054	0.6380	124.51	0.1465	0.2364	0.1032	0.0350
郑州	0.2350	40.5000	0.0058	0.8730	165.01	0.2005	0.3133	0.1368	0.0336

续表

城市	综合经济竞争力指数	S_5 城市绿化覆盖率(%)	比值	累积综合竞争力指数	累积城市绿化覆盖率	累积综合竞争力指数(%)	累积城市绿化覆盖率(%)	基尼系数	单个城市的基尼系数
沈阳	0. 2290	37. 7500	0. 0061	1. 1020	202. 76	0. 2531	0. 3850	0. 1681	0. 0313
杭州	0. 2240	35. 9800	0. 0062	1. 3260	238. 74	0. 3045	0. 4533	0. 1979	0. 0298
成都	0. 2660	42. 0000	0. 0063	1. 5920	280. 74	0. 3656	0. 5330	0. 2328	0. 0348
南京	0. 2910	44. 0000	0. 0066	1. 8830	324. 74	0. 4325	0. 6166	0. 2692	0. 0365
武汉	0. 2940	40. 0000	0. 0074	2. 1770	364. 74	0. 5000	0. 6925	0. 3024	0. 0332
北京	0. 4430	47. 4000	0. 0093	2. 6200	412. 14	0. 6017	0. 7825	0. 3417	0. 0393
天津	0. 4300	34. 5300	0. 0125	3. 0500	446. 67	0. 7005	0. 8481	0. 3703	0. 0286
广州	0. 5260	42. 0300	0. 0125	3. 5760	488. 70	0. 8213	0. 9279	0. 4052	0. 0348
上海	0. 7780	38. 0000	0. 0205	4. 3540	526. 70	1. 0000	1. 0000	0. 4367	0. 0315

附表 22　人口密度-环境竞争力基尼系数

城市	综合经济竞争力指数	S_{10} 人口密度(人/平方千米)	比值	累积综合竞争力指数	累积人口密度	累积综合竞争力指数(%)	累积人口密度(%)	基尼系数	单个城市的基尼系数
郑州	0. 2350	5279. 2100	0. 0000	0. 2350	5279. 21	0. 0540	0. 2157	0. 0794	0. 0794
武汉	0. 2940	2962. 7700	0. 0001	0. 5290	8241. 98	0. 1215	0. 3368	0. 1239	0. 0446
成都	0. 2660	2677. 8500	0. 0001	0. 7950	10919. 83	0. 1826	0. 4462	0. 1642	0. 0403
长沙	0. 2280	1589. 0600	0. 0001	1. 0230	12508. 89	0. 2350	0. 5112	0. 1881	0. 0239
沈阳	0. 2290	1522. 4400	0. 0002	1. 2520	14031. 33	0. 2876	0. 5734	0. 2110	0. 0229
济南	0. 2000	1092. 9200	0. 0002	1. 4520	15124. 25	0. 3335	0. 6180	0. 2274	0. 0164
杭州	0. 2240	1076. 8700	0. 0002	1. 6760	16201. 12	0. 3849	0. 6620	0. 2436	0. 0162
广州	0. 5260	1808. 3800	0. 0003	2. 2020	18009. 50	0. 5057	0. 7359	0. 2708	0. 0272
上海	0. 7780	2659. 3800	0. 0003	2. 9800	20668. 88	0. 6844	0. 8446	0. 3108	0. 0400
南京	0. 2910	984. 8500	0. 0003	3. 2710	21653. 73	0. 7513	0. 8849	0. 3256	0. 0148

续表

城市	综合经济竞争力指数	S_{10}人口密度(人/平方千米)	比值	累积综合竞争力指数	累积人口密度	累积综合竞争力指数(%)	累积人口密度(%)	基尼系数	单个城市的基尼系数
重庆	0. 2100	656. 9300	0. 0003	3. 4810	22310. 66	0. 7995	0. 9117	0. 3355	0. 0099
天津	0. 4300	1125. 5300	0. 0004	3. 9110	23436. 19	0. 8983	0. 9577	0. 3524	0. 0169
北京	0. 4430	1035. 4400	0. 0004	4. 3540	24471. 63	1. 0000	1. 0000	0. 3680	0. 0156

附表 23　污水处理厂集中处理率-环境竞争力基尼系数

城市	综合经济竞争力指数	P_7 污水处理厂集中处理率(%)	比值	累积综合竞争力指数	累积污水处理厂集中处理率	累积综合竞争力指数(%)	污水处理厂集中处理率(%)	基尼系数	单个城市的基尼系数
重庆	0. 2100	98. 7200	0. 0021	0. 2100	98. 7200	0. 0482	0. 0826	0. 0200	0. 0200
济南	0. 2000	90. 2200	0. 0022	0. 4100	188. 9400	0. 0942	0. 1581	0. 0384	0. 0183
沈阳	0. 2290	99. 8000	0. 0023	0. 6390	288. 7400	0. 1468	0. 2415	0. 0586	0. 0203
杭州	0. 2240	95. 8900	0. 0023	0. 8630	384. 6300	0. 1982	0. 3218	0. 0781	0. 0195
郑州	0. 2350	93. 0000	0. 0025	1. 0980	477. 6300	0. 2522	0. 3996	0. 0970	0. 0189
武汉	0. 2940	100. 0000	0. 0029	1. 3920	577. 6300	0. 3197	0. 4832	0. 1173	0. 0203
成都	0. 2660	89. 8000	0. 0030	1. 6580	667. 4300	0. 3808	0. 5583	0. 1355	0. 0182
南京	0. 2910	95. 0000	0. 0031	1. 9490	762. 4300	0. 4476	0. 6378	0. 1548	0. 0193
长沙	0. 2280	65. 4000	0. 0035	2. 1770	827. 8300	0. 5000	0. 6925	0. 1681	0. 0133
北京	0. 4430	95. 3300	0. 0046	2. 6200	923. 1600	0. 6017	0. 7723	0. 1874	0. 0194
天津	0. 4300	92. 2500	0. 0047	3. 0500	1015. 4100	0. 7005	0. 8494	0. 2061	0. 0187
广州	0. 5260	86. 1000	0. 0061	3. 5760	1101. 5100	0. 8213	0. 9215	0. 2236	0. 0175
上海	0. 7780	93. 8700	0. 0083	4. 3540	1195. 3800	1. 0000	1. 0000	0. 2427	0. 0191

附表 24　等效声级集中处理率-环境竞争力基尼系数

城市	综合经济竞争力指数	P_{16}等效声级（dB(A)）	比值	累积综合竞争力指数	累积等效声级	累积综合竞争力指数（%）	累积等效声级（%）	累计基尼系数	单个城市的基尼系数
济南	0. 2000	67. 5000	0. 0030	0. 2000	67. 5000	0. 0459	0. 0760	0. 0182	0. 0182
重庆	0. 2100	69. 1000	0. 0030	0. 4100	136. 6000	0. 0942	0. 1539	0. 0368	0. 0186
杭州	0. 2240	69. 8000	0. 0032	0. 6340	206. 4000	0. 1456	0. 2325	0. 0555	0. 0188
沈阳	0. 2290	69. 9000	0. 0033	0. 8630	276. 3000	0. 1982	0. 3113	0. 0743	0. 0188
长沙	0. 2280	69. 2000	0. 0033	1. 0910	345. 5000	0. 2506	0. 3892	0. 0930	0. 0186
郑州	0. 2350	67. 2000	0. 0035	1. 3260	412. 7000	0. 3045	0. 4649	0. 1110	0. 0181
成都	0. 2660	69. 7000	0. 0038	1. 5920	482. 4000	0. 3656	0. 5434	0. 1298	0. 0188
武汉	0. 2940	68. 6000	0. 0043	1. 8860	551. 0000	0. 4332	0. 6207	0. 1482	0. 0185
南京	0. 2910	62. 2000	0. 0047	2. 1770	613. 2000	0. 5000	0. 6908	0. 1650	0. 0167
天津	0. 4300	68. 9000	0. 0062	2. 6070	682. 1000	0. 5988	0. 7684	0. 1835	0. 0185
北京	0. 4430	69. 8000	0. 0063	3. 0500	751. 9000	0. 7005	0. 8470	0. 2023	0. 0188
广州	0. 5260	66. 6000	0. 0079	3. 5760	818. 5000	0. 8213	0. 9220	0. 2202	0. 0179
上海	0. 7780	69. 2000	0. 0112	4. 3540	887. 7000	1. 0000	1. 0000	0. 2388	0. 0186

附表 25　空气质量达到及好于二级的天数-环境竞争力基尼系数

城市	综合经济竞争力指数	空气质量达到及好于二级的天数	比值	累积综合竞争力指数	累积空气质量达到及好于二级的天数	累积综合竞争力指数（%）	累积空气质量达到及好于二级的天数（%）	累计基尼系数	单个城市的基尼系数
济南	0. 2000	278	0. 0007	0. 2000	278	0. 0459	0. 1068	0. 0275	0. 0275
沈阳	0. 2290	224	0. 0010	0. 4290	502	0. 0985	0. 1929	0. 0497	0. 0222
杭州	0. 2240	190	0. 0012	0. 6530	692	0. 1500	0. 2659	0. 0685	0. 0188
成都	0. 2660	216	0. 0012	0. 9190	908	0. 2111	0. 3490	0. 0899	0. 0214

续表

城市	综合经济竞争力指数	空气质量达到及好于二级的天数	比值	累积综合竞争力指数	累积空气质量达到及好于二级的天数	累积综合竞争力指数(%)	累积空气质量达到及好于二级的天数(%)	累计基尼系数	单个城市的基尼系数
重庆	0.2100	168	0.0013	1.1290	1076	0.2593	0.4135	0.1066	0.0166
郑州	0.2350	188	0.0013	1.3640	1264	0.3133	0.4858	0.1252	0.0186
长沙	0.2280	175	0.0013	1.5920	1439	0.3656	0.5530	0.1425	0.0173
天津	0.4300	282	0.0015	2.0220	1721	0.4644	0.6614	0.1704	0.0279
北京	0.4430	246	0.0018	2.4650	1967	0.5661	0.7560	0.1948	0.0244
南京	0.2910	135	0.0022	2.7560	2102	0.6330	0.8078	0.2082	0.0134
武汉	0.2940	107	0.0027	3.0500	2209	0.7005	0.8490	0.2187	0.0106
广州	0.5260	177	0.0030	3.5760	2386	0.8213	0.9170	0.2363	0.0175
上海	0.7780	216	0.0036	4.3540	2602	1.0000	1.0000	0.2577	0.0214

附表 26 人均城市道路面积-环境竞争力基尼系数

城市	综合经济竞争力指数	D_5 人均城市道路面积(平方米)	比值	累积综合竞争力指数	累积人均城市道路面积	累积综合竞争力指数(%)	累积人均城市道路面积(%)	基尼系数	单个城市的基尼系数
济南	0.2000	22.1100	0.0090	0.2000	22.1100	0.0459	0.1252	0.0421	0.0421
南京	0.2910	20.8000	0.0140	0.4910	42.9100	0.1128	0.2429	0.0816	0.0396
沈阳	0.2290	15.9200	0.0144	0.7200	58.8300	0.1654	0.3330	0.1119	0.0303
长沙	0.2280	14.4400	0.0158	0.9480	73.2700	0.2177	0.4148	0.1394	0.0275
武汉	0.2940	17.2500	0.0170	1.2420	90.5200	0.2853	0.5124	0.1722	0.0328
杭州	0.2240	11.7000	0.0191	1.4660	102.2200	0.3367	0.5787	0.1944	0.0223
成都	0.2660	12.7300	0.0209	1.7320	114.9500	0.3978	0.6507	0.2186	0.0242
天津	0.4300	15.7800	0.0272	2.1620	130.7300	0.4966	0.7401	0.2487	0.0300

续表

城市	综合经济竞争力指数	D_5 人均城市道路面积(平方米)	比值	累积综合竞争力指数	累积人均城市道路面积	累积综合竞争力指数(%)	累积人均城市道路面积(%)	基尼系数	单个城市的基尼系数
重庆	0.2100	7.4700	0.0281	2.3720	138.2000	0.5448	0.7823	0.2629	0.0142
郑州	0.2350	7.8300	0.0300	2.6070	146.0300	0.5988	0.8267	0.2778	0.0149
广州	0.5260	14.9900	0.0351	3.1330	161.0200	0.7196	0.9115	0.3063	0.0285
北京	0.4430	7.9300	0.0559	3.5760	168.9500	0.8213	0.9564	0.3214	0.0151
上海	0.7780	7.7000	0.1010	4.3540	176.6500	1.0000	1.0000	0.3360	0.0146

附表 27　市辖区人均 GDP-环境竞争力基尼系数

城市	综合经济竞争力指数	D_{11} 辖区人均 GDP(元)	比值	累积综合竞争力指数	累积市辖区人均 GDP	累积综合竞争力指数(%)	累积市辖区人均 GDP(%)	基尼系数	单个城市的基尼系数
长沙	0.2280	150667	0.000002	0.2280	150667	0.0524	0.0889	0.0174	0.0174
杭州	0.2240	147225	0.000002	0.4520	297892	0.1038	0.1758	0.0344	0.0170
济南	0.2000	110101	0.000002	0.6520	407993	0.1497	0.2407	0.0471	0.0127
沈阳	0.2290	110867	0.000002	0.8810	518860	0.2023	0.3061	0.0600	0.0128
武汉	0.2940	141651	0.000002	1.1750	660511	0.2699	0.3897	0.0763	0.0164
成都	0.2660	114718	0.000002	1.4410	775229	0.3310	0.4574	0.0896	0.0133
南京	0.2910	124600	0.000002	1.7320	899829	0.3978	0.5309	0.1040	0.0144
广州	0.5260	205918	0.000003	2.2580	1105747	0.5186	0.6524	0.1278	0.0238
天津	0.4300	159939	0.000003	2.6880	1265686	0.6174	0.7468	0.1462	0.0185
北京	0.4430	154323	0.000003	3.1310	1420009	0.7191	0.8378	0.1641	0.0178
郑州	0.2350	64521	0.000004	3.3660	1484530	0.7731	0.8759	0.1715	0.0075
重庆	0.2100	53849	0.000004	3.5760	1538379	0.8213	0.9077	0.1778	0.0062
上海	0.7780	156446	0.000005	4.3540	1694825	1.0000	1.0000	0.1958	0.0181

参 考 文 献

[1]白宪春. 统计综合评价方法与应用[M]. 北京：中国统计出版社，2013.

[2]白雪梅，赵松山. 指标选择与简化的定量分析方法探讨[J]. 财经问题研究，1995(4).

[3]曹贤忠，曾刚. 基于熵权 TOPSIS 法的经济技术开发区产业转型升级模式选择研究——以芜湖市为例[J]. 经济地理，2014(4).

[4]陈衍泰，陈国宏，李美娟. 综合评价方法分类及研究进展[J]. 管理科学学报，2004(4).

[5]陈述云，张崇甫. 多指标综合评价方法及其优化选择研究[J]. 数理统计与管理，1994(3).

[6]陈正伟. 综合评价技术及应用[M]. 成都：西南财经大学出版社，2013.

[7]陈战波. 综合评价研究回顾与其优良标准的简单认识[J]. 科教导刊，2013(29).

[8]陈战波，朱喜安. 科技型中小企业持续创新能力评价体系研究[J]. 技术经济与管理，2015(3).

[9]陈战波. 综合评价指标筛选与赋权方法改进研究——以城市生活环境评价为例[D]. 中南财经政法大学，2017.

[10]陈孝新. 几种综合评价方法的实证比较[J]. 江西财经大学学报，2004(3).

[11]程砚秋，迟国泰. 基于核主成分分析的生态评价模型及其应用研究[J]. 中国管理科学，2011(3).
[12]迟国泰. 基于聚类赋权的科学发展评价模型及实证[J]. 运筹与管理，2011(5).
[13]迟国泰，张楠. 基于AHM-关联分析的生态评价模型及辽宁14个城市的实证[J]. 管理评论，2011(7).
[14]迟国泰，程砚秋，李刚. 基于支持向量机的人的全面发展评价模型及省份实证[J]. 管理工程学报，2012(1).
[15]迟国泰. 基于改进群组G1赋权的生态评价模型及省份实证[J]. 系统工程度程理论与实践，2012(7).
[16]迟国泰. 基于灰色聚类的社会评价模型及省辖市的实证[J]. 中国管理科学，2010(6).
[17]迟国泰. 基于相关-主成分分析的人的全面发展评价指标体系构建[J]. 系统工程理论与实践，2012(1).
[18]邓德胜，尹少华. 对湖南绿色城市发展战略的探讨[J]. 经济地理，2004(7).
[19]邓聚龙. 灰理论基础[M]. 武汉：华中科技大学出版社，2002.
[20]邓雪，李家铭，曾浩健，陈俊平，赵俊峰. 层次分析法权重计算方法分析及其应用研究[J]. 数学的实践与认识，2012(7).
[21]杜俊慧. 基于灰色粗糙集的评价指标筛选方法研究[J]. 中北大学学报(自然科学版)，2012(5).
[22]董晓峰，杨保军. 宜居城市研究进展[J]. 地球科学进展，2008(3).
[23]代雪静，田卫. 水质模糊评价模型中赋权方法的选择[J]. 中国社会科学院研究生院学报，2011(2).
[24]傅德印. 因子分析统计检验体系的探讨[J]. 统计研究，2007(6).
[25]范柏乃，单世涛，陆长生. 城市技术创新能力评价指标筛选方法研究[J]. 科学学研究，2002(12).
[26]范雪莉等. 基于互信息的主成分分析特征选择算法[J]. 控制与决

策，2013(6).
[27]顾成林，李雪铭. 基于模糊综合评价法的城市生态环境质量综合评价——以大连市为例[J]. 环境科学与管理，2012(3).
[28]高长元，彭定洪，钟怡. 综合评价模型自动选择研究[J]. 哈尔滨理工大学学报，2011(6).
[29]国家统计局能源统计司. 绿色发展指数计算方法[N]. 中国信息报，2017-12-29.
[30]高杰，孙林岩，李满圆. 区间估计：AHP 指标筛选的一种方法[J]. 系统工程理论与实践，2005(10).
[31]桂文林，舒晓惠，伍超标，刘建平. 上市公司经营业绩综合评价方法的比较与实证研究[J]. 经济管理，2005(2).
[32]郭玲玲. 中国绿色增长程度评价及实现路径研究[D]. 大连理工大学，2016.
[33]郭显光. 改进的熵值法及其在经济效益评价中的应用[J]. 系统工程理论与实践，1998(12).
[34]郭亚军. 综合评价结果的敏感性问题及其实证分析[J]. 管理科学学报，1998(3).
[35]郭亚军. 综合评价理论、方法与拓展[M]. 北京：科学出版社，2012.
[36]郭亚军，唐海勇，曲道钢. 基于最小方差的动态综合评价方法及应用[J]. 系统工程与电子技术，2010(6).
[37]郭亚军，马凤妹，董庆兴. 无量纲化方法对拉开档次法的影响分析[J]. 管理科学学报，2011(5).
[38]郝淑双，朱喜安. 中国区域绿色发展水平影响因素的空间计量[J]. 经济经纬，2019(1).
[39]郝淑双. 中国绿色发展水平时空分异及影响因素分析[D]. 中南财经政法大学，2018.
[40]韩明. 贝叶斯统计学及其应用[M]. 上海：同济大学出版社，2015.

[41]韩铁，唐小我. 满足一定分布规律的多指标综合评价方法的优化选择[J]. 管理工程学报，1999(3).
[42]胡文斌，孟波，王少梅. 基于贝叶斯网络的权重自学习方法研究[J]. 计算机集成制造系统，2005(12).
[43]胡祖光. 基尼系数理论最佳值及其简易计算公式研究[J]. 经济研究，2004(9).
[44]黄娴静. 浅析城市化进程与城市生活环境的协调发展[J]. 中国地产市场，2007(1).
[45]杭州商学院省自然科学基金课题组. "序号总和理论"及其在综合经济效益排序中的应用[J]. 数量经济技术经济研究，1996(1).
[46]姜爱林. 城市环境治理的发展模式与实践措施[J]. 国家行政学院院报(决策咨询与参考)，2008(4).
[47]柯雄，陈英耀，胡献之，刘文彬，谷茜，邓伟，赵列宾，董斌，施李正. 公立医疗机构公益性指标赋权中的方法比较与权重优化[J]. 中国卫生经济，2013(8).
[48]李博. 多指标综合评价方法应用中存在的问题与对策[J]. 沈阳工程学院学报(社会科学版)，2010(2).
[49]李陈. 中国城市人居环境评价研究[D]. 华东师范大学，2015.
[50]李红，朱建平. 综合评价方法研究进展评述[J]. 统计与决策，2012(9).
[51]李刚，程砚秋，董霖哲，王文君. 基尼系数客观赋权方法研究[J]. 管理评论，2014(1).
[52]李刚，周立斌. 基于理想排序群组 G2 赋权的科技评价模型与实证[J]. 科技与管理，2010(12).
[53]李家凯. 中国宜居城市建设与改造研究[D]. 中央民族大学，2013.
[54]李建平，李闽榕，王金南. 全球环境竞争力报告 2015[M]. 北京：社会科学文献出版社，2015.
[55]李杰，韩正之. 神经网络的学习误差函数及泛化能力[J]. 控制与决

策，2000(1).
[56]李劲，王兵，徐瑞红，李书军. 城市生活环境质量要素总体评价分析方法探索[J]. 环境与可持续发展，2006(6).
[57]李靖华，郭耀辉. 主成分分析用于多指标评价的方法研究——主成分评价[J]. 管理工程学报，2002(16).
[58]李丽，张海涛. 基于BP人工神经网络的小城镇生态环境质量评价模型[J]. 应用生态学报，2008(12).
[59]李丽萍，郭宝华. 关于宜居城市的几个基本问题[J]. 重庆工商大学学报，2006(6).
[60]李良. 中国普惠金融进展及特征研究[D]. 中南财经政法大学，2017.
[61]李美娟，陈国宏，陈勃，徐林明. 基于方法集化的动态组合评价方法研究[J]. 中国管理科学，2013(4).
[62]李鹏，俞国燕. 多指标综合评价方法研究综述 [J]. 机电产品开发与创新，2009(7).
[63]李晓康. 几种数据处理方法及其在综合评价中的应用[J]，统计与决策，2015(13).
[64]李彦斌，于心怡，王致杰. 采用灰色关联度与TOPSIS发的光伏发电项目风险评估研究[J]. 电网技术，2013(6).
[65]李玉照，刘永，颜小品. 基于DPSIR模型的流域生态安全评价指标体系研究[J]. 北京大学学报(自然科学版)，2012(6).
[66]李远远，云俊. 多属性综合评价指标体系理论综述[J]. 武汉理工大学学报，2009(4).
[67]林海明. 因子分析模型的改进与应用[J]. 数理统计与管理，2009(6).
[68]林海明，杜子芳. 主成分分析综合评价应该注意的问题[J]. 统计研究，2013(8).
[69]林同智，唐国强，罗盛锋，高伟，覃良文. 基于改进熵值赋权法和

TOPSIS 模型的综合评价应用[J]. 桂林理工大学学报，2015，25(13).
[70]刘春艳. 一种循环修正的组合评价方法[J]. 数学的实践与认识，2007(4).
[71]刘贤龙，胡国亮. 综合评价结果的合理性研究[J]. 统计研究，1998(1).
[72]刘树梅，何锦义. 综合评价活动的发展、问题、建议[J]. 统计研究，2002(12).
[73]柳顺，杜树新. 基于数据包络分析的模糊综合评价方法[J]. 模糊系统与数学，2010(2).
[74]茆诗松，汤银才. 贝叶斯统计[M]. 北京：中国统计出版社，2012.
[75]孟雪井，杨亚飞，赵新泉. 财经新闻与股市投资策略研究——基于财经网站的文本挖掘[J]. 投资研究，2016(8).
[76]马亚龙，张伟，朱敏洁，丁月祥. 评估方法的效度分析[J]，系统工程与电子技术，2007(6).
[77]倪渊. 高校综合评价模式[M]. 北京：社会科学文献出版社，2014.
[78]彭张林，张强，杨山林. 综合评价理论与方法研究综述[J]. 中国管理科学，2015(11).
[79]彭张林. 综合评价过程中的相关问题及方法研究[D]. 合肥工业大学，2015.
[80]浦军，刘娟. 综合评价体系指标的初选方法[J]. 统计与决策，2009(22).
[81]秦迪岚，韦安磊，卢少勇，罗岳平，廖岳华，易敏，宋冰冰. 基于环境基尼系数的洞庭湖区水污染总量分配[J]. 环境科学研究，2013(3).
[82]秦东钦. 基于生态城市构建的资源型城市可持续发展研究[D]. 中国海洋大学，2011.
[83]秦寿康. 综合评价原理与应用[M]. 北京：电子工业出版社，2003.

[84]邱东，宋旭光. 观念创新与政策实施之桥：现代可持续发展指标[M]. 北京：中国财政经济出版社，2012.
[85]邱东，汤光华. 对综合评价几个阶段的再思考[J]. 统计教育，1997(4).
[86]邱东. 多指标综合评价的系统分析[M]. 北京：中国统计出版社，1991.
[87]申志东. 运用层次分析法构建国有企业绩效评价体系[J]. 审计研究，2013(2).
[88][日]三浦武雄，浜冈尊. 现代系统工程学导论[M]. 北京：中国社会科学出版社，1985.
[89]宋雷，黄腾，方剑，周旭华. 基于贝叶斯正则化 BP 神经网络的 GDP 预测[J]. 西南交通大学学报，2008(12).
[90]苏为华. 多指标综合评价理论方法研究[M]. 北京：中国物价出版社，2001.
[91]苏为华. 商贸流通综合评价体系研究[M]. 北京：中国市场出版社，2005.
[92]苏为华. 社会经济和谐发展度综合评价体系研究[M]. 杭州：浙江工商大学出版社，2009.
[93]苏为华. 统计指标理论与方法问题研究[M]. 北京：中国物价出版社，1998.
[94]苏为华. 我国多指标综合评价技术与应用研究的回顾与认识[J]. 统计研究，2012(8).
[95]苏为华. 综合评价技术的扩展与集成问题研究[M]. 北京：中国统计出版社，2007.
[96]苏为华. 多指标综合评价理论与方法问题研究[D]. 厦门大学，2000.
[97]苏为华. 综合评价学[M]. 北京：中国市场出版社，2005.
[98]尚卫平. 多指标综合评价方法的优选[J]. 南京经济学院学报，2003

(2).
[99]孙博文，刘春艳. 基于模糊 Borda 组合评价法的电力行业上市公司经营绩效评价[J]. 管理科学，2013(5).
[100]孙成勋，李红彦，李润琴，王旭. 层次分析法在管理水平综合评价中的应用[J]. 工业技术经济，2013(9).
[101]孙刘平，钱吴永. 基于主成分分析法的综合评价方法的改进[J]. 数学的实践与认识，2009(18).
[102]孙振球，王乐三. 综合评价方法及其医学应用[M]. 北京：人民卫生出版社，2014.
[103]孙友良，闫滨，赵波，张超，刘桐渤，张贺. 基于改进广义灰色关联分析法的水闸安全评价指标的选取[J]. 水电能源科学，2014(4).
[104]石宝峰，迟国泰. 基于信息含量最大的绿色产业评价指标筛选模型及应用[J]. 系统工程理论与实践，2014(7).
[105]汤新云. 中国城市生活环境对城市化进程的影响研究[J]. 经济问题探索，2015(10).
[106]唐建荣，张承煊. 基于 BP 人工神经网络的企业环境绩效评价[J]. 统计与决策，2006(22).
[107]田平. 基于环境基尼系数最小化模型的水污染物总量分配优化——以张家港平原水网区为例[J]. 中国环境科学，2014(3).
[108]陶菊春，吴建民. 综合加权评分法的综合权重确定新探[J]. 系统工程理论与实践，2001(8).
[109]陶晓燕. 基于改进广义熵值法的城市竞争力研究[J]. 科技进步与对策，2009(26).
[110]王春枝. 综合评价指数模型的比较与选择[J]. 统计教育，2008(4).
[111]王海政，仝允桓，徐明强. 多维集成视角下面向公共决策技术评价方法体系构建与评价方法选择[J]. 科学学与科学技术管理，

2006(8).
[112]王建国. 生态原则与绿色城市设计[J]. 建筑学报，1997(7).
[113]王道平，王煦. 基于AHP/熵值法的钢铁企业绿色供应商选择指标权重研究[J]. 软科学，2010(24).
[114]王硕，张礼兵，金菊良. 系统预测与综合评价方法[M]. 合肥：合肥工业大学出版社，2006.
[115]王旭，谢敏，林云. TOPSIS定权的模糊综合评判法及其应用[J]. 统计决策，2011(20).
[116]王晓娟，朱喜安，赵宁宁. 改进的模糊聚类方法在R&D资源分类中的应用[J]. 统计与决策，2016(17).
[117]王宗军. 综合评价的方法、问题及其研究趋势[J]. 管理科学学报，1998(1).
[118]韦来生. 贝叶斯分析[M]. 安徽合肥：中国科学技术大学出版社，2013.
[119]吴成茂，樊相宇. 基于模糊熵的人力资源结构优化配置[J]. 中国管理科学，2002(10).
[120]温婷，林静，蔡建明，杨振山，丁悦. 城市舒适性：中国城市竞争力评估的新视角及市政研判[J]. 地理研究，2016(2).
[121]许涤龙，封艳红. 金融状况指数赋权方法的比较与选择[J]. 中国统计，2014(3).
[122]许芳. 中国区域R&D综合实力评价方法的比较[J]. 统计与决策，2015(11).
[123]徐吉辉，谢文俊. 综合评价理论、方法与军事应用[M]. 北京：国防工业出版社，2014.
[124]徐明明，张立军，张潇. 综合评价指标体系的优良标准及测度方法[J]. 统计与决策，2015(3).
[125]徐明强，谈毅，仝允桓. 基于属性的技术评价方法匹配研究[J]中国管理科学，2005(1).

[126]徐小东. 基于生物气候条件的绿色城市设计生态策略研究[D]. 东南大学，2005.
[127]易欣，张飞涟，邱慧. 基于vague集和IAHP组合赋权的建设项目群优选[J]. 统计与决策，2013(20).
[128]阎小妍，孟虹，汤明新. 综合评价中不同赋权方法的比较探讨[J]. 中国卫生质量管理，2006(8).
[129]颜涛. 对指标体系好坏衡量标准的探讨[J]. 统计科学与实践，2000(3).
[130]殷春武. 基于时间权重的区间型组合预测权重确定方法[J]. 统计与决策，2013(10).
[131]殷俊明，王平心. 基于DEA的高等学校内部院系绩效评价[J]. 管理评论，2011(7).
[132]杨秩，陈嫒. 企业财务评价指标体系构建及其优良性研究[J]. 财会通讯，2008(7).
[133]杨国梁，刘文斌，郑海军. 数据包络分析方法(DEA)综述[J]. 系统工程学报，2013(6).
[134]俞立平，潘云涛，武夷山. 科技评价中不同客观评价方法权重的比较研究[J]. 科技管理研究，2009(7).
[135]俞立平，潘云涛，武夷山. 学术期刊综合评价数据标准化方法研究[J]. 图书情报工作，2009(12).
[136]俞立平，潘云涛，武夷山. 比较不同评价方法评价结果的两个新指标——以《泰晤士报高等教育副刊》大学排名为例[J]. 南京师大学报(自然科学版)，2008(3).
[137]袁妙彧，魏雷，陈战波. 低碳社区建设方案及评价指标体系[M]. 武汉：湖北人民出版社，2015.
[138]张朝阳，赵涛，王春红. 基于粗糙集的属性约简方法在指标筛选中的应用[J]. 科技管理研究，2009(1).
[139]张恒喜. 小样本多元数据分析方法及应用[M]. 西安：西北工业大

学出版社，2002.
[140]张昆，迟国泰. 基于相关分析-粗糙集理论的生态评价指标体系构建[J]. 系统工程学报，2012(1).
[141]张良均，曹晶，蒋世忠. 神经网络实用教程[M]. 北京：机械工业出版社，2008.
[142]张立军，陈跃，袁能文. 基于信度分析的加权组合评价模型研究[J]. 管理评论，2012(5).
[143]张立军，王叶平. 综合评价模型相对有效性测度方法研究[J]. 统计与决策，2011(20).
[144]张立军，罗珍. 上市公司经营业绩评价指标的筛选方法[J]. 统计与决策，2008(18).
[145]张目，李伟，贺颖. 基于模糊 Borda 法的战略性新兴产业企业信用评价[J]. 科技管理研究，2014(5).
[146]张天云，陈奎，王秀丽. 基于改进熵权法确定工程材料评价指标的客观权重[J]. 机械工程材料，2012(3).
[147]张天云，陈奎，魏伟，杨扬. BP 神经网络法确定工程材料评价指标的权重[J]. 材料导报 B：研究篇，2012，26(1).
[148]张平，马力. 组合赋权和灰色关联分析在房地产投资决策中的应用[J]. 建筑经济，2013(10).
[149]张菀洺. 我国教育资源配置分析及政策选择——基于教育基尼系数的测算[J]. 中国人民大学学报，2014(4).
[150]张尧庭，王国梁，许中元，童召勇. 从一组指标中选择部分有代表性指标的方法[J]. 统计研究，1989(5).
[151]张尧庭，张璋. 几种选取部分代表性指标的统计方法[J]. 统计研究，1990(1).
[152]张尧庭. 指标量化、序化的理论和方法[M]. 北京：科学出版社，1999.
[153]张悦玫. 基于熵权法的人的全面发展评价模型及十五期间的实证

[J]. 管理学报, 2009(8).
[154]张卫华, 赵铭军. 指标无量纲化方法对综合评价结果可靠性的影响及其实证分析[J]. 统计与信息论坛, 2005(3).
[155]张卫华, 靳翠翠. 多指标综合评价方法及方法选优研究[J]. 统计与咨询, 2007(1).
[156]张燕妮, 刘纯. 基于关联矩阵法的上海城市综合竞争力分析[J]. 上海大学学报(自然科学版), 2004(3).
[157]章穗, 张梅, 迟国泰. 基于熵权法的科学技术评价模型及其实证研究[J]. 管理学报, 2010(1).
[158]章志敏, 张菊亮, 李继乾. 左右特征向量几何平均排序法[J]. 系统工程理论与实践, 1999(5).
[159]赵丽, 朱永明, 付梅臣, 张蓬涛, 曹银贵. 主成分分析法和熵值法在农村居民点集约利用评价中的比较[J]. 农业工程学报, 2012(7).
[160]赵明旺. 一种具有自学习能力的神经网络规则基控制方法[J]. 信息与控制, 1994(12).
[161]朱斌, 姚琴琴. 福建省绿色城市发展的综合评价与思路分析[J]. 发展研究, 2013(11).
[162]朱喜安. 国民经济运行质量评价指标体系初探[J]. 中南财经大学学报, 1998(5).
[163]朱喜安, 王晓娟. 基于TARCH-CAViaR模型的股指期货市场波动特性研究[J]. 统计与决策, 2015(6).
[164]朱喜安, 李良. 综合评价赋权优良标准的研究[J]. 统计与决策, 2016(19).
[165]朱喜安, 李良. 粮食最低收购价通知对粮食价格的影响——基于事件分析方法的研究[J]. 社会科学家, 2016(5).
[166]朱喜安, 郝淑双. 国际能源价格波动对中国PPI的结构性冲击[J]. 统计信息论坛, 2017(1).

[167]朱喜安，肖腊珍. 综合国力的比较方法研究[J]. 统计与决策，1999(1).

[168]朱喜安，魏国栋. 熵值法中无量纲化方法优良标准的探讨[J]. 统计决策，2015(2).

[169]朱喜安，李文静. 股票流动性对定向增发绩效影响的实证分析[J]. 统计决策，2018(21).

[170]朱喜安，李文静. 金融发展与实体经济区域差异研究[J]. 经济问题探索，2019(2).

[171]Atici K B，Podinovski V V. Using Data Envelopment Analysis for the Assessment of Technical Efficiency of Units with Different Specializations：An Application to Agriculture[J]. Omega，2015.

[172]Baptista D，Morgado-Dias F. A Survey of Artificial Neural Network Training Tools[J]. Neural Comput Appl，2013.

[173]Basle M. Huaulme M. Comparing Outcomes Profiles of Public Programmes with ELECTRE Assistance Instead of Observing Evolution of a Synthetic Impact Index：Illustration of the Benefits of a Multicriteria Evaluation Approach[J]. International Journal of Multicriteria Decision Making，2011.

[174]Battiston S. Inner Structure of Capital Control Networks[J]. Physica A：Statistical Mechanics and Its Applications，2004.

[175]Behrend T S，Sharek D J，Meade A W，et al. The Viability of Crowdsourcing for Survey Research[J]. Behavior Research Methods，2011.

[176]ButlerJD，Morrice DJ，Mullarkey P W. A Multiple Attribute Utility Theory Approach to Ranking and Selection[J]. Management Science，2001.

[177]Caldarelli G，Catanzaro M. The Corporate Boards Networks[J]. Physica A：Statistical Mechanics and Its Applications，2004.

[178] Celotto A, Loia V, Senatore S. Fuzzy Linguistic Approach to Quality Assessment Model for Electricity Network Infrastructure[J]. Information Sciences, 2015.

[179] Charnea A. Cooper W W. Lewin A Y. Basic DEA Models, Data Envelopment Analysis: Theory, Methodology, and Applications [M]. Springer Netherlands, 1994.

[180] Chen Guohong, Chen Yantai. The Research Progress & Development Trend of Comprehensive Evaluation Methods, Proceedings of 2002 Intemationai Conference on Management Science & Engineering[M]. Harbin: Harbin Institute of Technology(HIT) Press, 2002.

[181] Chun-Hsiang Tan, Peter A. McNaughton. The TRPM2 ion Channel is Required for Sensitivity to Warmth[J]. Nature, 2016.

[182] Crama Y, Hansen P. An Introduction to the Electre Research Programme, Essays and Surveys on Multipie Criteric Decision Making [J]. Springer Berlin Heidelberg, 1983.

[183] David B. Audretsch. The Innovative Advantage of US Cities[J]. European Planning Studies, 2002.

[184] Davis P M. Eigenfactor: Does the Principle of Repeated Improvement Result in Better Estimates than Raw Citation Counts[J]. Journal of the American Society for Information Science and Technology, 2008.

[185] Dillman I M. Comparing Evaluation Activities Across Multipie Theories of Practice[J]. Evaluation and Program Planning, 2013.

[186] Dyer J S, Fishburn P C, Steuer R E, et al. Multiple Criteria Decision Making, Multiattribute Utility Theory: The Next ten Years[J]. Management Science, 1992.

[187] Florida R, Mellander C, Stolarick K. Inside the Black Box of Regional Development: Human Capital, the Creative Class and Tolerance[J]. Journal of Economic Geography, 2008.

[188] Fredericks K A, Carman J G, Birkland T A. Program Evaluation in a Challenging Authorizing Environment: Intergovernmental and Interoganizational Factors[J]. New Directions for Evaluation, 2002.

[189] G Li, C Jin. Fuzzy Comprehensive Evaluation for Carrying Capacity of Regional Water Resources[J]. Water Resources Management, 2009.

[190] Greene J C. A value-engaged Approach for Evaluating the Bunche-Da Vinci Learning Academy[J]. New Directions for Evaluation, 2005.

[191] H Lin, Y Li, B Yang, H Ma, C Zhang. Seismic Random Noise Elimination by Adaptive Time-frequency Peak Filtering[J]. IEEE Geoscience and Remote Sensing Letters, 2014.

[192] Hanse M, Alkin M C, Wallace T L. Depicting the Logic of Three Evaluation Theories[J]. Evaluation and Program Planning, 2013.

[193] Hecht-Nielsen R. Theory of the Back Propagation Neural Network [EB/OL]. [1989-11-09]. http://dx.doi.org/10.1109/IJCNN.1989.118638.

[194] Hongbo Lin, Yue Li, Baojun Yang, Haitao Ma. Seismic Random Noise Elimination by Adaptive Time-Frequency Peak Filtering [J]. IEEE Geoscience and Remote Sensing Letters 2014.

[195] Huynh H T, Won Y. Regularized Online Sequential Learning Algorithm for Single-hidden Layer Feedforward Neural Networks[J]. Pattern Recognit Lett, 2011.

[196] Hwang C L, Yoon KS. Multiple Attribute Decision Making: Methods and Applications[M]. New York: Springer-Verlag, 1981.

[197] Jiuping Xu, Zongmin Li, Wenjing Shen, et al. Multi-attribute Comprehensive Evaluation of Individual Research Output Based on Published Research Paper[M]. Knowledge-based Systems, 2013(43).

[198] Kosmulski M. Successful Papers: A New Idea in Evaluation of Scientific Output[J]. Journal of Informetrics, 2011.

[199]Lakhani K R, Jeppesen L B, Lohse P A, et al. The Value of Openness in Scientific Problem Solving[J]. Division of Research, Harvard Business School, 2007(1).

[200]Larsen J, Svarer C, Andersen L N. Adaptive Regularization in Neural Network mo Deling[J]. Lecture Notes in Computer Science, Berlin: Springer Verlag, 2012(7700).

[201]Laursen K, Salter A. Open for Innovation: The Role of Openness in Explaining Innovation Performance Among UK Manufacturing Firms [J]. Strategic Management Journal, 2006.

[202]Leila Aliouane, Sid-Ali Ouadfeul, Amar Boudella. A Modified Hidden Weight Optimization Algorithm Based Neural Network Model for Permeability Prediction from Well-Logs Data[J]. Neural Information Processing, 20th International Conference, ICONIP, 2013.

[203]Luskin R J C, Ho T. Comparing the Intended Consequences of Three Theories of Evaluation[J]. Evaluation and Program Planning, 2013.

[204] M Santamouris. A Review of Reflective and Green Roof Mitigation Technologies to Fight Heat Island and Improve Comfort in Urban Environments[J]. Solar Energy, 2014.

[205]P-L Shui, H-Y Shang, Y-B Zhao. Instantaneous Frequency Estimation Based on Directionally Smoothed Pseudo-Wigner-Ville Distribution Bank[J]. IET Radar Sonar Navig, 2007.

[206]Roy B. The Outranking Approach and the Foundations of Electre Methods[J]. Theory and Decision, 1993.

[207]Saaty T L. Theory and Applications of the Analytis Network Process: Decision Making with Benefitis, Opportunities, Costs, and Risks [M]. Pittsburgh. PA: RWS, 2009.

[208]Saaty T L, Tran L T. On the Invalidity of Fuzzifying Numercical Judgments in the Analytic Hierarchy Process[J]. Mathematical and Com-

puter Modelling, 2007.

[209] Sinha S. Evidence for Power-Law Tail of the Wealth Distribution in India[J]. Physica A: Statistical Mechanics and its Applications, 2006.

[210] Sollich P, Krogh A. Learning with Ensembles, How Over-fitting can be useful[M]// Touretzky D, Mozer M, Hasselmo Meds, Advances in Neural Information Processing Systems (Volume 8), Cambridge, MA: MIT Press, 1996.

[211] Sridharan S, Nakaima A. Ten Steps to Making Evaluation Matter[J]. Evaluation and Program Planning, 2011.

[212] Vinkler P. Introducing the Current Contribution Index for Characterizing the Recent, Relevant Impact of Journals [J]. Scientometrics, 2008.

[213] Wallenius J, Dyer J S. Stever KE, et al. Multiple Criteria Decision Making, Multiattribute Utility Theory: Recent Sccomplishments and What Lies Ahead[J]. Management Science, 2008.

[214] Wang Yingmiing, Parkan C. A General Multiple Attribute Decision-Marking Approach for Integrating Subjective Preferces and Objective Information[J]. Fuzzy Sets and Systems, 2006.

[215] Wu W, Yang J. L. 1/2 Regularization Methods for Weights Sparsication of Neural Networks[J]. Scientia Sinica, 2015(9).

[216] Networks(in Chinese), Sci sin Math, 2015.

[217] Xu L, Chen J, Huang. Analysis of Boundedness and Convergence of Online Gradient Method for Two-layer Feed Forward Neural Networks [J]. IEEE Trans Neural Netw Learn Syst, 2013.

[218] Yang Jianbo, Xu Dongling. On the Evidential Reasoning Algorithm for Multiple Attribute Decision Analysis Under Uncertainty [J]. IEEE Transactions on Systems, Man and Cybernetics, Part A: Systems and

Humans, 2002.

[219] Yang Jianbo, B, Singh MG. An Evidential Reasoning Approach for Multiple-attribute Decision Making with Uncertainty[J]. IEE Transactions on Systems, Man and Cybernetics, 1994.

[220] Yang Jianbo, Xu Dongling. Evidential Reasoning Rule for Evidence Combination[J]. Artificial Intelligence, 2013.

[221] YY Wang, HP Zhong. A Study of Comprehensive Evaluation Methods on the Development of Water Resources[J]. China Rural Water & Hydropwer, 2011.

[222] Zongmin Li, Merrill Liechty, Jiuping Xu, et al. A Fuzzy Multicriteria Group Decision Making Method for Individual Research Output Evaluation with Maximum Consensus[J]. Knowledge-Based Systems, 2014.

